Stephen R. Covey

Die 12 Gründe des Gelingens

*»Es gibt keinen besseren Weg,
fortlaufend den Geist zu erweitern,
als es sich zur Gewohnheit zu machen,
regelmäßig gute Literatur zu lesen.«*

STEPHEN R. COVEY

Weitere Bücher von Stephen R. Covey

Die 7 Wege zur Effektivität
978-3-86936-894-8

Die 7 Wege zur Effektivität – Workbook
978-3-86936-106-2

Die 7 Wege zur Effektivität für unterwegs
978-3-96739-068-1

Die 3. Alternative
978-3-86936-428-5

Der 8. Weg
978-3-86936-895-5

Der 8. Weg – Workbook
978-3-86936-329-5

Die 7 Wege zur Effektivität für starke Familien
978-3-96739-014-8

Die 7 Wege zu glücklichen Beziehungen
978-3-96739-041-4

Außerdem von Sean Covey

Die 7 Wege zur Effektivität für Jugendliche
978-3-86936-940-2

Die 6 wichtigsten Entscheidungen für Jugendliche
978-3-86936-969-3

Stephen R. Covey

Die 12 Gründe des Gelingens

oder das Geheimnis wahrer Größe

Aus dem Amerikanischen
von Nikolas Bertheau

GABAL

FranklinCovey
THE ULTIMATE COMPETITIVE ADVANTAGE

Die amerikanische Originalausgabe »Primary Greatness. The 12 Levers to Success« erschien 2015 bei Simon & Schuster, New York, USA.

Bibliografische Information der Deutschen Nationalbibliothek

Die Deutsche Nationalbibliothek verzeichnet diese Publikation in der Deutschen Nationalbibliografie; detaillierte bibliografische Informationen sind im Internet über http://dnb.d-nb.de abrufbar.

ISBN 978-3-86936-722-4

Programmleitung: Dr. Sandra Krebs, GABAL Verlag GmbH
Lektorat: Sabine Rock, Frankfurt | www.druckreif-rock.de
Umschlaggestaltung: Martin Zech Design, Bremen | www.martinzech.de
Satz und Layout: Das Herstellungsbüro, Hamburg | www.buch-herstellungsbuero.de
Druck und Bindung: Salzland Druck, Staßfurt

4. Auflage 2022

Wir drucken in Deutschland.

www.gabal-verlag.de
www.gabal-magazin.de
www.franklincovey.de
www.franklincovey.com

PEFC
PEFC/04-31-2251

PEFC zertifiziert
Dieses Produkt stammt aus nachhaltig bewirtschafteten Wäldern und kontrollierten Quellen.

www.pefc.de

Inhalt

»Lebe im Crescendo!
Deine wichtigste Aufgabe liegt stets vor Dir –
und niemals hinter Dir:
Egal, was Du bislang erreicht oder nicht erreicht hast,
Du hast noch einen wichtigen Beitrag zu leisten.«

Stephen R. Covey

Vorwort von Sean Covey

Auf meinen Vater Stephen R. Covey wartete ein Job. Sein Vater besaß eine erfolgreiche Hotelkette, die sein ältester Sohn einmal übernehmen sollte.

Eine kurze Tätigkeit als Lehrer weckte in ihm jedoch den Wunsch, seine Talente anders einzusetzen. Seine eigene Stimme – eine Mischung aus Leidenschaft, Talent und Gewissen – verlangte danach, gehört zu werden. Nachdem er gespürt hatte, welches Potenzial in seinen Schülern schlummerte, brannte er nun darauf, dieses Potenzial freizulegen. Dabei war ihm bewusst, dass der Vater ihn für seine Nachfolge vorgesehen hatte. Und weil er die Antwort seines Vaters fürchtete, zögerte er lange, ihm seinen Wunsch vorzutragen.

Eines Tages jedoch nahm er all seinen Mut zusammen und verkündete seinem Vater, dass er Lehrer werden wolle. Sein Vater erwiderte: »Das ist schön, mein Sohn. Du wirst ein guter Lehrer sein. Um ehrlich zu sein, ich war selbst nie gern Geschäftsmann.« Und so wurde Covey Universitätsprofessor, Schriftsteller und schließlich einer der weltweit meistbeachteten Vordenker in Fragen der Mitarbeiter- und Unternehmensführung und des Familienlebens – und das alles, weil er den Mut hatte, auf seine eigene Stimme zu hören und sich entschlossen einzubringen.

Er half auch anderen, ihre Stimme zu finden. Einmal fragte ich meinen Vater nach seiner Definition von Führung. Er sagte: »Führung heißt, anderen Menschen ihren Wert und ihr Potenzial so klar zu spiegeln, dass sie selbst an sich zu glauben beginnen.« Es war das erste Mal, dass ich eine solche Definition hörte, und mir kamen fast die Tränen. Warum? Weil sie für alles stand, was mein Vater war und tat. Er spiegelte mir ständig meinen Wert und mein Potenzial, auch wenn ich selbst daran zweifelte. Er gab mir das Gefühl, zu allem fähig zu sein und dass auf mich im Leben eine wichtige Aufgabe wartete. Er ging genauso mit meinen Geschwistern um und mit so gut wie jedem Menschen, dem er begegnete. Er war überzeugt, dass auf jeden Menschen im Leben eine einzigartige Aufgabe wartet und dass jeder Mensch einen unvergleichlichen Wert und ein unerschöpfliches Potenzial besitzt.

Er war ein großartiger Lehrer – durch sein Beispiel, aber auch durch seine Worte – und seine Einsichten haben mich zutiefst geprägt. Zu den grundlegenden Dingen, die er mir unermüdlich beibrachte, gehörte, dass es zwei Arten zu leben gibt: ein Leben, das nach primärer Größe strebt, und eines, das sich mit sekundärer Größe zufrieden gibt. Primäre Größe beschreibt das, was ein Mensch wirklich ist – seinen Charakter, seine Authentizität, seine tiefsten Motive und Wünsche. Sekundäre Größe steht für Beliebtheit, Titel, Stellung, Ansehen, Reichtum und Ehre. Mein Vater lehrte mich, keinen Gedanken an die sekundäre Größe zu verschwenden und mich stattdessen ganz auf die primäre Größe zu konzentrieren. Er meinte, primäre Größe belohne den Menschen auf ihre eigene Weise, mit Seelenfrieden, Stolz auf die eigene Leistung und erfüllenden und lohnenden Beziehungen, ganz abgesehen davon, dass jemand, der es zu primärer Größe bringe, die sekundäre Größe häufig dazu geschenkt bekomme. Und diese Belohnungen seien viel wertvoller als die Versprechungen der sekundären Größe wie Geld, Beliebtheit und jenes ichbezogene, ganz dem Genuss verschriebene Leben, das wir so häufig mit dem Wort »Erfolg« verbinden.

Das vorliegende Buch fasst einige der besten Essays meines Vaters zusammen, die niemals zuvor in Buchform erschienen sind und auch sonst kaum bekannt wurden. Sie sind bezeichnend für Stephen R. Covey und stellen einige seiner besten Gedanken vor. Meine Kollegen und ich hielten es deshalb für angemessen, sie der Welt nicht länger vorzuenthalten. Jetzt, wo ich dieses Vorwort schreibe, ist es drei Jahre her, dass mein Vater starb. Durch diese Essays spricht seine kenntnisreiche und durchdringende Stimme noch einmal zu uns und erreicht unser Herz. Die Texte wurden so gut wie nicht verändert. Wir haben sie lediglich zu einem Erzählstrang verwoben, der von einem Leben handelt, das ganz der primären Größe verschrieben war. Einige dieser Texte entstanden während der Zeit, als mein Vater an den *7 Wegen zur Effektivität* arbeitete, und es ist faszinierend zu beobachten, wie sich in ihnen Ideen formen, die später die Welt der Unternehmen und das Leben vieler Millionen Menschen von Grund auf verändern sollten. Dennoch haben wir es hier keineswegs mit einer Neuauflage der *7 Wege* zu tun. Vielmehr enthält der vorliegende Band erfrischende Gedanken dazu, wie sich ein Leben, das sich ausschließlich den äußeren Symbolen des Erfolgs widmet, in ein Leben verwandeln lässt, das von innerer Ruhe, Zufriedenheit und Weisheit geprägt ist.

Viele Menschen leiden. Sie kämpfen mit chronischen Problemen und sind mit sich und dem Leben unzufrieden und voller Enttäuschungen. Mutlosigkeit ist ein weit verbreitetes Phänomen, und vieles, was als »Heilmittel« angepriesen wird, bleibt an der Oberfläche. In einer Welt voller Aspirin und Pflaster verspricht nun dieses Buch wahre Heilung. Ich selbst hatte in meinem Leben so manchen Härtetest zu bestehen, und so weiß ich aus eigener Erfahrung, dass die Prinzipien, die mein Vater mir beibrachte und die er in diesem Buch so klar beschreibt, in meiner Familie und mir den nötigen Mut und die Zuversicht weckten, um nicht aufzugeben, sondern uns einzubringen und so zu erfahren, was Glück bedeutet.

Dasselbe werden diese Prinzipien auch für Sie tun.

Primäre und sekundäre Größe

Als die *Titanic* zu ihrer ersten und letzten Reise aufbrach, hatte sie 614 Liegestühle an Bord. Jeden Morgen band die Crew sie los und stellte sie einladend auf, damit die Passagiere es sich an Deck gemütlich machen konnten. Den Passagieren stand es frei, sie nach Belieben umzustellen.[1]

Vermutlich hat sich zu dem Zeitpunkt, als die *Titanic* sank, niemand an den Liegestühlen zu schaffen gemacht. Dennoch ist das »Umstellen der Liegestühle auf der *Titanic*« zu einer Kurzformel für die Beschäftigung mit Unwichtigem und Trivialem geworden, während es im Leben so viel wichtigere Dinge zu tun gibt.

Liegestühle hin- und herzurücken, ist sicherlich das Letzte, was Sie täten, wenn das Schiff unter Ihren Füßen gerade zu sinken drohte.

Warum ist es dann das erste, was so viele Menschen tun?

Wer Liegestühle schön ordentlich arrangiert, zeigt damit, dass ihm mehr am Schein als am Sein, mehr am Bild als an der Sache selbst gelegen ist. Er zieht seine Prioritätenliste rückwärts auf.

Und genau das tun wir auch. Wir setzen die letzten Dinge an die erste Stelle.

Und das Ergebnis? Verpasste Ziele, gescheiterte Karrieren, zerbrochene Familien, ruinierte Gesundheit, strauchelnde Unternehmen, verlorene Freunde und ein Leben, das in einem Trümmerhaufen unüberlegter Entscheidungen versinkt.

Das passierte auch mit der *Titanic*, die im Jahr 1912 unterging und dabei 1517 Menschen in den Tod riss. »Safety first« stand ganz unten auf der Liste. Das Schiff hatte mit voller Fahrt gefährliche Eisfelder durchpflügt. Die Rettungsboote reichten nicht für alle Passagiere. Es hatte keine Rettungsübungen gegeben, und als das Unglück geschah, wusste niemand, was zu tun war.[2]

Wie viele Menschen neigen dazu, unwichtigen Dingen den Vorrang vor wichtigen zu geben?

Wie viele Menschen stellen ihren Eigennutz über das Wohl der Menschen, die ihnen anvertraut sind?

Begegnen wir anderen mit freundlichem Gesicht, nur um hinter ihrem Rücken schlecht über sie zu reden?

Behandeln wir Fremde besser als unsere eigenen Familienangehörigen, an denen uns doch am meisten gelegen sein sollte?

Versuchen wir, möglichst wenig zu geben und dafür möglichst viel zu bekommen?

Riskieren wir für kurzfristige Erfolge das langfristige Gelingen?

Sind uns die Symbole des Erfolgs (Liegestühle) wichtiger als innere Ruhe und Zufriedenheit, Dinge, die sich einstellen, sobald wir einen echten Beitrag leisten (das Schiff retten)?

Stephen R. Covey definiert *primäre Größe* als die Art von Erfolg, die sich aus echtem inneren Engagement speist. Die üblichen Erfolgsattribute wie Titel, Beliebtheit, öffentliches Ansehen bezeichnet er hingegen als *sekundäre Größe*. Das, was wir von Personen der Öffentlichkeit, berühmten Sportlern, Firmenlenkern, Filmautoren und so weiter üblicherweise zu sehen bekommen, ist lediglich die sekundäre Größe.

»Vielen Leuten mit sekundärer Größe – das heißt sozialer Anerkennung für ihre Talente – fehlt es in ihrem Charakter an primärer Größe oder Menschlichkeit. Das zeigt sich früher oder später in all ihren Beziehungen, im Geschäftsleben, in der Ehe, im Freundeskreis oder im Umgang mit einem heranwachsenden Kind, das eine Identitätskrise durchmacht. Was sich letztlich doch konsequent mitteilt, ist der Charakter. Emerson hat das so formuliert: ›Meine Ohren sind so voll von dem, was du bist, dass ich nicht einmal hören kann, was du sagst.‹«[3]

Ein gelungenes Leben ist von primärer Größe geprägt – es zeichnet sich durch Pflichterfüllung, Ehrenhaftigkeit, Authentizität, Beharrlichkeit, Selbstzurücknahme und Dienstbereitschaft aus, ungeachtet der Umstände und des materiellen Lohns. Alle diese Qualitäten beruhen auf natürlichen, universellen und unverbrüchlichen Prinzipien. Diese Prinzipien gelten für jeden Menschen an jedem Ort und zu jeder Zeit. Ohne primäre Größe gibt es auch keine sekundäre Größe. Auf dem Treibsand äußerlicher Moden lässt sich kein gelungenes Leben führen. Dafür braucht es ein Fundament aus unveränderlichen Prinzipien.

Interessanterweise gesellt sich zur primären Größe häufig, wenn auch nicht immer, die sekundäre Größe. Menschen mit gutem Charakter sind auch im Leben erfolgreich, weil andere ihnen Vertrauen schenken. Mit ihrer Bereitschaft, hart zu arbeiten, erwerben sie sich ein gewisses Maß an Sicherheit und manchmal sogar Wohlstand. Mit ihrer Dienstbereitschaft verdienen sie sich die Liebe und Loyalität anderer. Das alles ist eine natürliche Folge der primären Größe.

Natürlich gibt es dafür keine Garantie. Menschen mit gutem Charakter können dennoch krank werden oder Pech haben wie jeder andere auch. Es gibt anständige und authentische Menschen zuhauf, die ihr Leben lang hart arbeiten, ohne finanziell jemals auf einen grünen Zweig zu kommen. Wer jedoch nach primärer Größe strebt, kommt zumindest in den Genuss einer inneren Ruhe und Zufriedenheit – etwas, was jenen Menschen vorenthalten bleibt, die nur die sekundäre Größe im Blick haben und insgeheim wissen, dass sie in Wahrheit nichts Substanzielles zu bieten haben.

Viele Menschen verwechseln ein gelungenes Leben mit sekundärer Größe. Sie tun, was sie können, um nach außen hin erfolgreich zu sein, und verschließen dabei die Augen vor dem, was sie in ihrem Innern sind. Sie sind nicht bereit, den Preis für ein wahrhaft gelungenes Leben zu zahlen. Sie suchen nach dem Erfolg, der sie keine Anstrengung kostet. Sie vermitteln ein Bild von sich, das nicht der Wahrheit entspricht. Sie gaukeln Freundschaft vor. Fast jeder von uns erliegt irgendwann in seinem Leben solchen oder ähnlichen Versuchungen.

Es sollte jedem klar sein, dass negative Eigenschaften wie Selbstsucht, Faulheit, Aufschieberitis und Unaufrichtigkeit natürliche Konsequenzen haben, so wie auch Tugenden ihre natürlichen Früchte tragen. Im Zeitalter der sekundären Größe jedoch scheinen Umfragen den Menschen mehr zu bedeuten als moralische Überzeugungen und Äußerlichkeiten mehr als innere Werte.

Und doch wissen wir im tiefsten Herzen, dass kein Leben wirklich gelingen kann, das nicht an Prinzipien ausgerichtet ist. »Gallup-Umfragen belegen: Über 90 Prozent der erwachsenen US-Amerikaner sind der Ansicht, dass Ehrlichkeit, Demokratie, Toleranz gegenüber Menschen anderer Herkunft, Patriotismus, Hilfsbereitschaft für Familienangehörige und Freunde, Zivilcourage und die goldene Regel in den Schulunterricht gehören.«[4] Im Kern ist uns allen bewusst, dass äußerer Erfolg nichts wert ist, solange er nicht mit einer Art innerem Erfolg oder Gelingen gepaart ist.

Dieses intuitive Wissen wird durch handfeste Daten belegt. Wissenschaftler auf der Suche nach der Erfolgsformel konzentrieren sich mittlerweile weniger auf Intelligenz und Begabung als auf den Charakter als weitaus signifikantere Erfolgsdeterminante. Im Rahmen des berühmten Perry-Preschool-Projekts beispielsweise wurden Lebenswege über Jahrzehnte verfolgt; man wollte auf diese Weise jene Faktoren herausdestillieren, die letztlich darüber entscheiden, ob jemand ein erfüllendes Leben führt und dabei Großes vollbringt. Seit 1965 wird das Leben von 123 früheren Vorschulkindern dokumentiert, die aus armen Bevölkerungsschichten in den Innenstädten stammen und denen stets beigebracht wurde, »[auch] langweilige und undankbare Aufgaben zu erledigen … auf eine schnelle Belohnung zu verzichten … [und] Pläne konsequent umzusetzen« – mit anderen Worten, grundlegende Charakterstärken zu entwickeln. Ein halbes Jahrhundert später zahlen sich diese Grundfähigkeiten im Leben der Studienteilnehmer noch immer aus. Im Vergleich zu ihren Altersgenossen haben sehr viel mehr von ihnen einen akademischen Abschluss erworben. Mit doppelt so hoher Wahrscheinlichkeit hatten bzw. haben sie einen Job und verdienen gutes Geld, und mit halb so hoher Wahrscheinlichkeit gerieten sie mit dem Gesetz in Konflikt oder waren bzw. sind auf Sozialhilfe angewiesen.[5]

Ursprünglich bestand das Ziel des Perry-Projekts darin, den Intelligenzquotienten der Schüler zu heben. Das ist nicht gelungen. Umso deutlicher zeigt sich jedoch, wie die Verinnerlichung der Prinzipien eines guten Charakters den Erfolgsquotienten eines Menschen hebt.

Stephen R. Covey war zutiefst davon überzeugt, dass Charakter ein weit maßgeblicherer Erfolgsfaktor ist als Talent, Intelligenz oder die Umstände. Sein Leben lang half er Menschen in aller Welt, diese fundamentale Wahrheit zu erkennen und ihr Leben daran auszurichten. Tausende haben deswegen seine Trainingsseminare besucht oder seine Bestseller gelesen. Im Rahmen von *The Leader in Me,* einem von FranklinCovey angebotenen Programm, werden heute Schüler und Studenten überall auf der Welt mit diesen Prinzipien vertraut gemacht. Die Ergebnisse sind nichts weniger als spektakulär. Die jungen Menschen lernen hier den Unterschied zwischen primärer und sekundärer Größe kennen, und sie erfahren, wie sie ein Leben führen können, das ganz der primären Größe verschrieben ist.

Wie lassen sich die Prinzipien primärer Größe verinnerlichen? Kommt der Mensch nicht schon mit seinem vollständigen Charakter zur Welt? Lässt sich dieser Charakter denn überhaupt verändern?

Es ist kein einfaches Unterfangen, aber Charakterveränderungen sind möglich. Stephen R. Covey war überzeugt: Wir können uns deshalb verändern, weil wir die Freiheit haben, über unser Handeln zu entscheiden. Der menschliche Charakter lässt sich vielleicht mit einer Zutatenliste vergleichen – man nehme eine Tasse Genetik, einen Esslöffel Umwelt und eine Prise Glück –, aber es liegt an uns, was wir aus diesen Zutaten machen.

Entscheidend für ein gelungenes Leben ist, dass wir uns auf seine unveränderlichen Prinzipien besinnen und aufhören, ständig Umwege zu gehen. Wer zum Nordpol will, sollte sich in die Richtung bewegen, in die die Kompassnadel weist. Jede Abweichung davon bringt uns von unserem Ziel ab. Das ist schlicht die Wahrheit. Die Prinzipien, die in der Natur gelten, entscheiden auch über Erfolg und Misserfolg, und wer diesen Prinzipien zuwiderhandelt, bekommt zwangsläufig die Rechnung präsentiert.

Wer einem Prinzip zuwiderhandelt, muss sich nicht notgedrungen schuldig oder unwohl fühlen, zumindest nicht unmittelbar. Es stellt sich vielleicht sogar ein Gefühl ein, das die Forscher als *Cheater's High* bezeichnen – die Hochstimmung des Betrügers, der unerkannt davonkommt. Manche Menschen genießen es geradezu, das Finanzamt hinters Licht zu führen, ihrem Arbeitgeber eine überhöhte Spesenrechnung unterzujubeln oder andere schlechtzumachen. Sie beglückwünschen sich dafür und blicken mitleidig auf jene hinab, die sich nicht trauen, es ihnen gleichzutun.[6]

Und doch wissen die meisten Menschen in ihrem Innersten, wann sie anderen – und sich selbst – Leid oder Schaden zufügen. Und sie ahnen, dass die Konsequenzen für ihren Charakter unausweichlich sind.

Wer das Prinzip des Sparens ignoriert und zu viel ausgibt, läuft Gefahr zu verarmen. Wer gewohnheitsmäßig die Prinzipien des körperlichen Wohlbefindens verletzt, zu wenig Sport treibt und sich nicht vernünftig ernährt, riskiert, schwach und krank zu werden. Wer die Prinzipien der Freundlichkeit und des Respekts außer Acht lässt, wird über kurz oder lang mehr Feinde als Freunde haben.

Nun ist es nicht so, dass diese Konsequenzen eines schlechten Verhaltens absolut unausweichlich wären. Aber wenn Sie das Leben durch die kalte, realistische Brille der Wahrscheinlichkeit betrachten, sind die Chancen, dass diese Konsequenzen nicht eintreten, denkbar schlecht.

Die Prinzipien, denen die Realität gehorcht, stehen außer Zweifel.

An ihnen ist nicht zu rütteln. Ob wir an sie glauben, interessiert nicht – sie sind schlicht und einfach da. Daraus folgt, dass unsere Chancen auf ein gelungenes Leben steigen, wenn wir uns an diesen Prinzipien orientieren und sie nicht länger zu ignorieren versuchen.

Dazu müssen wir uns zunächst über unseren Charakter und unsere inneren Motive klar werden. Wenn wir uns nach einem gelungenen Leben sehnen, müssen wir unseren Charakter und unsere Motive möglicherweise an anderen Prinzipien ausrichten als bisher. Vielleicht ist es an der Zeit, einen Charaktermangel zu beheben – zum Beispiel die Angewohnheit, alles auf die lange Bank zu schieben, Neid, Eifersucht oder eine egoistische Grundhaltung. In jedem Fall müssen wir uns damit auseinandersetzen, wer wir in unserem Innersten wirklich sind, und unser Leben an jenen Prinzipien ausrichten, ohne die es nicht gelingen kann.

Es kann schwierig sein, in den, wie Stephen R. Covey es nennt, »geheimen Garten« unseres Lebens vorzudringen und zu ergründen, was dort tatsächlich so alles wächst. Sich an den wahren Prinzipien auszurichten, ist unter Umständen nicht einfach, aber nur so kann ein Leben gelingen.

Prinzipien sind wie Hebel. Vielleicht ist es schwierig, einen großen Stein nur mit den Händen vom Fleck zu bewegen. Mit dem richtigen Werkzeug aber ist es einfacher. Und je länger und kräftiger unsere Brechstange ist, desto leichter gelingt es uns. Wie Archimedes sagte: »Gebt mir einen Hebel, der lang genug ist, und ich bewege die Welt!« Prinzipien wie Authentizität, Dienstbereitschaft und Prioritätensetzung wohnt eine gewaltige Hebelkraft inne. Nur wer diese Hebel konsequent anwendet, hat die Chance, die größten Hindernisse auf dem Weg zu einem gelungenen Leben hinter sich zu lassen – Charakterschwächen wie übertriebene Ichbezogenheit, Opfergehabe oder die Empfänglichkeit für Ablenkungen, die uns unsere wahren Prioritäten vergessen lassen. Wer nach außen zu erkennen gibt, wer er wirklich ist, dem vertrauen die Menschen. Wer andere Menschen wahrnimmt und sie nicht mit Gleichgültigkeit straft, findet offene Türen vor. Wer seine wahren Prioritäten lebt, zahlt nicht den hohen Preis der Verschwendung von Zeit und Leben.

In diesem Buch beschreibt Stephen R. Covey, wie es möglich ist, die Fixierung auf die sekundäre Größe hinter sich zu lassen und sich auf die primäre Größe zu konzentrieren. Anschließend geht es um die zwölf Prinzipien mit der größten Hebelkraft, an denen sich der wahre

»Erfolgsmensch« ausrichtet, und darum, wie wir diese Prinzipien verinnerlichen können:

> Authentisch sein
> Sich einbringen
> Die eigenen Prioritäten leben
> Sich zurücknehmen
> Das Gegenüber wahrnehmen
> Verantwortung übernehmen
> Nicht schlecht über Dritte reden
> Gewinn / Gewinn denken
> Vielfalt suchen und fördern
> Nicht aufhören zu lernen
> Kraft aus der eigenen Erneuerung schöpfen
> Gelerntes weitervermitteln

Das erste Prinzip, Authentizität, bedeutet nichts anderes, als dass wir ganz und ungeteilt sind. Menschen, die diesem Prinzip genügen, sind im Innern nicht anders, als sie sich nach außen geben. Sie hegen keine verborgenen Hintergedanken und verfolgen keine heimlichen Ziele. Sie leben, wie Stephen R. Covey sagt, »in perfekter Übereinstimmung mit bestimmten unverbrüchlichen Prinzipien«.

Wir können nur dann ein gelungenes Leben führen, wenn wir uns das Ziel setzen, nach außen hin genau die Person zu sein, die wir in unserem Innersten tatsächlich sind. Nur mit diesem Ziel ist uns die Chance gegeben, primäre Größe zu erfahren. Die zwölf Prinzipien führen uns vom vermeintlich erfolgreichen zum wahrhaft gelungenen Leben, von der tiefen Verunsicherung zur inneren Zuversicht, wie sie Menschen verspüren, die ihr Leben auf naturgegebene Prinzipien gründen.

Warum diese zwölf Prinzipien?

Seit der Antike haben nachdenkliche Menschen viele solcher Listen nützlicher Prinzipien erstellt, man denke zum Beispiel an Aristoteles' *Libellus de virtutibus* oder Benjamin Franklins dreizehn Tugenden. In unserer Zeit hat der bekannte Psychologe Martin Seligman auf der Grundlage sorgfältiger Forschungsarbeiten 24 Charakterstärken identifiziert, die ein gutes Leben ermöglichen.[7]

Stephen R. Coveys zwölf Prinzipien sind das Ergebnis seiner eigenen Untersuchungen und Erfahrungen aus der Arbeit mit Tausenden von Menschen aus aller Welt. Für ihn waren sie fundamental und unausweichlich und es existiert so etwas wie eine Hierarchie zwischen ihnen. Wie bereits gesagt, bildet *Authentizität* die Grundlage jedes gelungenen Lebens, zusammen mit dem *Sich-Einbringen* – dem Prinzip, ein bedeutsames Vermächtnis zu hinterlassen und auf den Lauf der Dinge positiv einzuwirken. Das Prinzip der *Prioritätensetzung* hilft uns, uns dabei nicht im Dickicht von Banalitäten zu verlieren.

Ein nachhaltiges Vermächtnis schaffen wir nicht, ohne dass wir *uns selbst zurücknehmen*. Indem wir uns fragen, was wir tun können, um *anderen Menschen und ihren Bedürfnissen gerecht zu werden*, beginnen wir zu verstehen, was es heißt, über das eigene Ich hinauszuwachsen und am wahren Erfolg teilzuhaben.

Das natürliche Prinzip der *Verantwortung* findet in unserer Welt immer weniger Beachtung. Niemand hat ein Problem damit, sich mit Erfolgen zu schmücken. Der Unterschied zwischen Menschen von primärer und sekundärer Größe zeigt sich jedoch in dem Augenblick, in dem es darauf ankommt, auch für Dinge geradezustehen, die sich nicht so entwickelt haben wie erhofft. Menschen von primärer Größe verzichten in diesem Fall darauf, die Schuld bei anderen zu suchen; sie stehen unumwunden zu ihrer Verantwortung und halten, wenn nötig, den eigenen Kopf hin.

Wenn ich die Person mir gegenüber wirklich wahrnehme, verhalte ich mich auch dann loyal zu ihr, wenn sie gerade nicht da ist; ich tue das, indem ich *nicht schlecht über sie rede*. Je besser wir einander kennenlernen, desto verlässlicher und unverbrüchlicher gestaltet sich unsere Beziehung. Eng damit verbunden ist das *Gesetz der Reziprozität*, das dem Gesetz der Gravitation in universeller Gültigkeit nicht nachsteht. Wir alle haben in jeder Minute unseres Lebens die Konsequenzen unseres täglichen Handelns zu tragen, und diese Konsequenzen können uns nützen oder schaden. Wir werden so behandelt, wie wir andere behandeln. Wer Vertrauen missbraucht, muss damit rechnen, dass auch ihm übel mitgespielt wird. Nicht immer wird uns die Rechnung sofort präsentiert, aber am Ende muss sie doch beglichen werden.

Nur wer *Vielfalt* von Herzen begrüßt, wird es im Leben zu etwas bringen. Ob in der Biologie oder in der Wirtschaft, in der Politik oder in der Produktentwicklung – die Natur feiert die Unterschiede, während Gleichheit Stillstand und Tod bedeutet. Wie Stephen R. Covey sagt: »Wo immer zwei Menschen gleicher Meinung sind, ist eine davon überflüssig.« Wer die unterschiedlichen Stärken der Menschen zu schätzen und zu nutzen weiß, hat weit bessere Chancen auf ein gelungenes Leben.

Und wer schließlich nicht ständig *weiterlernt* und sich regelmäßig *erneuert*, läuft Gefahr zu stagnieren und in die Bedeutungslosigkeit zu verfallen. Wir erneuern uns, indem wir uns körperlich betätigen, lesen, Zeit mit geliebten Menschen verbringen und uns mit Meditation und anderen Übungen beschäftigen, die einen verjüngenden Einfluss auf uns haben. Wir verinnerlichen die Prinzipien der primären Größe, indem wir sie an andere *weitervermitteln* und so nicht nur zum Vorbild, sondern zum Lehrer für primäre Größe werden.

In ihrer Gesamtheit machen die zwölf Prinzipien das Leben einfacher und reicher. Indem wir uns an ihnen orientieren, stärken wir unseren Charakter und unseren Einfluss auf andere Menschen. Wir tragen immer noch schwer an den Lasten des Lebens, aber unsere Anstrengungen bleiben nicht länger ohne Früchte.

Es mag sicherlich noch weitere Erfolgsprinzipien geben – diese zwölf stellen jedoch das unverzichtbare Minimum dar. Ohne sie kann kein Leben wahrhaft gelingen. Das vorliegende Buch nimmt diese Prinzipien gründlich unter die Lupe und hilft uns zu verstehen, wie wir sie zu einem Teil unserer Identität machen können.

Solange wir diese Prinzipien in Ehren halten und unser Leben an ihnen ausrichten, stellt sich primäre Größe ganz von allein ein.

Von einer Geste der Freundlichkeit geht eine gewaltige Kraft aus.

Ein verständiger Freund kann viel bewirken.

Ein verantwortungsbewusster Mitarbeiter erhält mehr und mehr Einfluss.

Ein Mensch, der sich nicht im Mindesten verstellt, hat großes moralisches Gewicht.

Wie Stephen R. Covey uns beibrachte: »Wenn Sie sich eine glückliche Ehe wünschen, sollten Sie positive Energie hervorbringen und negative Energie meiden, anstatt ihr Macht über sich einzuräumen. Wenn Sie sich umgänglichere und kooperativere Kinder wünschen, sollten Sie selbst verständnisvoller, einfühlsamer und verlässlicher sein und aus Ihrer Liebe zu Ihren Kindern keinen Hehl machen. Wenn Sie sich mehr Freiheit und einen selbstbestimmteren Berufsalltag wünschen, sollten Sie häufiger bereit sein, Verantwortung zu übernehmen, anderen unter die Arme zu greifen und sich aktiv einzubringen. Wenn Sie wollen, dass andere Ihnen vertrauen, müssen Sie beweisen, dass Sie dieses Vertrauen wert sind. Und wenn Sie möchten, dass man Ihre

Talente wahrnimmt und würdigt – ein Wunsch, der in den Bereich der sekundären Größe fällt –, sollten Sie sich zunächst auf die primäre Größe des Charakters konzentrieren.«[8]

Der Einfluss von Stephen R. Covey ist ein wahrhaft globales Phänomen. Seit dem Erscheinen seines Buches *Die 7 Wege zur Effektivität* im Jahr 1989 haben sich Millionen Führungskräfte, Pädagogen und Familien aus aller Welt von seiner festen und eindringlichen Stimme inspirieren und ermutigen lassen. Wenn Ihnen diese Stimme vertraut vorkommt, dann deshalb, weil seine Sprache zur Sprache unserer Zeit geworden ist – wo Formulierungen wie »pro-aktiv sein«, »Gewinn/Gewinn denken« und »erst verstehen, dann verstanden werden« die Kultur, in der wir leben, neu geformt haben.

Aber Stephen R. Covey hatte über die *7 Wege* hinaus noch viel mehr zu sagen. Die Herausgeber dieses neuen Buches haben aus Dutzenden seiner Artikel Erkenntnisse über die Prinzipien eines gelungenen Lebens zusammengetragen. Die hier versammelten Texte waren in dieser Form bislang nicht zugänglich. Wenn es Ihnen wie Millionen anderen geht, wird es Ihnen mithilfe von Coveys Meditationen über die Prinzipien der primären Größe gelingen, Ihrem Leben eine ganz neue Qualität zu geben.

Stephen R. Coveys Kollegen

Teil I

Wie wir primäre Größe erreichen

1 Das geheime Leben

»Wenn du nur richtig hinschaust, kannst du sehen, dass die ganze Welt ein Garten ist.«
Frances Hodgson Burnett

Wir alle führen drei Leben, ein öffentliches, ein privates und ein geheimes. Unser geheimes Leben spielt sich dort ab, wo unser Herz ist – und unser wahres Streben. Dieser innere Kern ist zugleich die Wurzel primärer Größe. Indem Sie Ihren Mut zusammennehmen und zu Ihrem inneren Kern vorstoßen und ihn ergründen, erschließt sich Ihnen die wahre Natur Ihres Strebens und Ihrer Motive. Sind Sie bereit, diese Motive umzuschreiben und sie an den Prinzipien eines wahrhaft gelungenen Lebens auszurichten?

Unser geheimes Leben ist der Schlüssel zur primären Größe.

Vor langer Zeit sah ich am New Yorker Broadway ein Stück mit dem Titel *Der geheime Garten*. Diese Aufführung war für mich ein denkwürdiges Ereignis, da kurz zuvor meine Mutter gestorben war.

Die Story des preisgekrönten Musicals handelt von einem jungen Mädchen, dessen Eltern zu Beginn der Handlung in Indien an der Cholera sterben. Das Mädchen wird daraufhin zu einem Onkel nach England auf sein großes Gut geschickt. Das alte Haus ist voller romantischer Geister. Als das rastlose Mädchen das Grundstück erkundet, entdeckt es den Eingang zu einem geheimen Garten, einem Ort, an dem alles möglich ist. Als sie ihn zum ersten Mal betritt, erscheint er ihr tot, so ähnlich wie ihr Cousin, der ans Bett gefesselt ist, oder ihr Onkel, den noch immer die Erinnerungen an seine geliebte Frau plagen, die bei der Geburt des Jungen gestorben ist. Gemäß den Gesetzen und Prinzipien der Natur sät und pflanzt das Mädchen und bringt neues Leben in den Garten. Indem es die Wurzeln wärmt und den Garten pflegt, erreicht es, dass sich die gesamte Familienkultur innerhalb einer einzigen Saison grundlegend verändert.

In meinen vielen Jahren als Lehrer und Trainer habe ich mehrere solcher Veränderungen erlebt, bewirkt von pro-aktiven Personen, die ihr öffentliches, privates und geheimes Leben gleichermaßen nach den Prinzipien wahrer Größe führten.

Als ich am nächsten Tag nach Hause zurückkehrte, um auf der Beerdigung meiner Mutter zu sprechen, erwähnte ich das Theaterstück, weil das Zuhause meiner Mutter für mich und viele andere ein geheimer Garten gewesen war, in dem wir Zuflucht nehmen und positive Bestätigung erfahren konnten. In ihren Augen war alles an uns gut, und alles, was gut war, war möglich.

Unsere drei Leben

In unserem öffentlichen Leben werden wir von Kollegen, Partnern und anderen Menschen aus unserem Umfeld gesehen und gehört. In unserem privaten Leben kommen wir intimer mit Lebenspartnern, Familienangehörigen und engen Freunden in Berührung. Unser geheimes Leben ist Bestandteil der beiden anderen.

Das geheime Leben ist die treibende Kraft hinter den anderen Leben. Viele Menschen kommen mit ihrem geheimen Leben niemals in Berührung. Ihr öffentliches und privates Leben läuft im Wesentlichen nach einem Skript ab, das die Umwelt ihnen vorgibt. Folglich praktizieren sie niemals jene einzigartige Kunst der Selbstwahrnehmung, die es ihnen erlauben würde, zu ihrem innersten Kern vorzustoßen und sich von dieser Perspektive aus selbst zu beobachten.

Die Erforschung unseres eigenen geheimen Lebens erfordert Mut, weil wir uns zuerst von dem gesellschaftlichen Spiegel zurückziehen müssen – jenem Spiegelbild, das die Gesellschaft uns zurückwirft, das aber möglicherweise wenig mit unserem wahren Wesen zu tun hat. Wir gewöhnen uns nur allzu leicht daran, uns als die Person zu begreifen, die wir in diesem Spiegel zu erblicken meinen. Manchmal entscheiden wir uns sogar bewusst gegen die eigene Selbsterforschung und verbringen unsere Zeit lieber mit Tagträumen und oberflächlicher Rationalisierung. In dieser mentalen Verfassung verfügen wir über wenig Identitätsgefühl, Zuversicht oder Gewissheit.

Untersuchen Sie Ihre Motive

Die Augenblicke im Leben, auf die es letztlich ankommt, ereignen sich, wenn wir uns auf unser geheimes Leben besinnen und uns fragen: »Was denke ich wirklich? Was ist meiner innersten Überzeugung nach wahr und richtig? Wonach sollte ich streben?« Das sind die Augenblicke, in denen ich mich auf meinen Kern besinne und entscheide, was mir wichtig ist. »Warte einen Moment«, sage ich dann zu mir selbst. »Es ist mein Leben. Ich kann selbst entscheiden, wie ich meine Zeit und Kraft nutzen will. Ich kann selbst entscheiden, ob ich mich aufregen will oder nicht. Ich kann selbst entscheiden, ob ich mich mit jemandem versöhnen will oder nicht. Ich kann selbst entscheiden, was mir wichtig ist.«

> Unser geheimes Leben spielt sich dort ab, wo unser Herz ist – und unser wahres Streben.

Zu den aufregendsten Früchten des geheimen Lebens gehört die Fähigkeit, selbst zu entscheiden, was uns wichtig ist. Solange wir diese Entscheidung nicht treffen, können wir auch nicht unser eigenes Leben leben. Aus dem, was uns wirklich wichtig ist und im Innersten antreibt, folgt alles Übrige. Die Frage lautet also, welchem unserer inneren Antriebe wir den absoluten Vorrang geben.

In Situationen, die mich frustrieren oder aus dem Konzept bringen, sehe ich mich auf meinen inneren Kern zurückgeworfen. Das ist der Augenblick, in dem ich mich frage: »Richte ich mein Leben an korrekten Prinzipien aus, oder erliege ich den Versuchungen der sekundären Größe?«

Indem ich lerne, mein geheimes Leben pro-aktiv auszuloten, erlange ich die Fähigkeit, mir meiner eigenen Person bewusst zu werden, meine Fantasie spielen zu lassen, auf mein Gewissen zu hören und frei zu entscheiden, was mir wichtig ist.

Wenn Sie beispielsweise über Ihre berufliche Zukunft nachdenken, könnten Sie sich fragen: »Was ist mir wirklich wichtig?« N. Eldon Tanner, ehemaliger Sprecher der Gesetzgebenden Versammlung von Alberta und ehemaliges Kabinettsmitglied, sagte einmal: »Wann immer ich eine wichtige Berufsentscheidung zu treffen habe, befrage ich mein Herz: ›Bin ich ganz und gar bereit, das Wichtigste zuerst zu tun, und werde ich in dieser beruflichen Stellung meinen Prioritäten treu bleiben?‹ Diese Frage ließ mir keine Ruhe, bis ich eine Antwort darauf gefunden hatte.« Nachdem er eine Entscheidung getroffen hatte, bestand der nächste Schritt in der Überlegung: »Wenn mir diese Position gestattet, die Anliegen, die mir wichtig sind, voranzubringen, dann will ich meinen Dienst dort verrichten.« Und er wurde im ganzen Land respektiert und geachtet.

> Solange ich nicht selbst entscheide, was mir wichtig ist, kann ich auch nicht mein eigenes Leben leben. Aus dem, was mir wirklich wichtig ist und mich im Innersten antreibt, folgt alles Übrige.

Ich begegnete diesem großen Mann einmal in meiner Eigenschaft als Mitglied eines Findungsausschusses für einen neuen Universitätspräsidenten. Als ich sein Büro betrat, kam er hinter seinem Schreibtisch hervor, setzte sich neben mich und sagte: »Was sollte ich aus Ihrer Sicht verstehen?« Er hörte mir aufmerksam und gewissenhaft zu und sagte dann: »Sie sollen wissen, wie viel Respekt ich vor Ihnen habe.« Das hat mich zutiefst beeindruckt.

Menschen, die regelmäßig in ihr Inneres blicken und sich fragen, was sie wirklich wollen, können auch besser in die Herzen anderer blicken, sich in sie hineinversetzen, ihnen Kraft geben und sie in ihrem Selbstwertgefühl und in ihrer Identität bestärken.

Ein gesunder innerer Kern wirkt sich auf vielfältige Weise auf unser privates und öffentliches Leben aus. Wenn ich mich beispielsweise auf einen Vortrag vorbereite, lese ich mir laut eine Rede vor, die ich als inspirierend empfinde, weil mir das hilft, mir meine eigenen Ziele bewusst zu machen. Ich verliere dann alles Interesse daran, oberflächlich Eindruck zu schinden. Mein Wunsch beschränkt sich darauf, anderen einen Dienst zu erweisen. Und wenn ich mit dieser Einstellung öffentlich auftrete, empfinde ich Zuversicht und inneren Frieden. Ich spüre mehr Liebe für die Menschen und komme mir sehr viel authentischer vor.

Führungskräfte, denen ich beratend zur Seite stand, haben mir erzählt: »Dies ist das erste Mal seit langen Jahren, dass ich mein Gewissen erforscht habe. Ich habe mich zum ersten Mal selbst gesehen und beschlossen, dass ich mein Leben ändern muss. Ich werde versuchen, getreu meinen wahren Überzeugungen zu leben.« Über die Jahre haben mir viele Menschen etwas Ähnliches geschrieben: »Ihre Prinzipien gaben den Ausschlag. Über manche von ihnen habe ich mir nie wirklich Gedanken gemacht, und doch erzeugen sie in mir einen Widerhall.« Der Grund ist, dass sie sich in ihrem Innersten dieser Prinzipien stets bewusst waren.

Nichtsdestotrotz verbringen die meisten von uns ihre geschäftigen Tage auch privat mit lauter Dingen, die keinen Raum lassen, um innezuhalten und mit unserem geheimen Leben Zwiesprache zu halten – jenem inneren Garten, in dem wir Meisterwerke schaffen, große Wahrheiten entdecken und unser öffentliches und privates Leben in jeder Hinsicht bereichern können.

Ein gesundes geheimes Leben ist der Schüssel zu primärer Größe.

Selbstbestätigung

Eine entscheidende Voraussetzung für einen gesunden inneren Kern ist Selbstbestätigung. Zu den wichtigsten Botschaften, die wir uns und anderen zukommen lassen, gehören solche der Bestätigung.

Eine gute Selbstbestätigung hat fünf Eigenschaften:

- Sie ist persönlich – sie steht in der ersten Person.
- Sie ist positiv und vermeidet negative Formulierungen – sie bestätigt das, was gut und richtig ist.
- Sie verwendet die Gegenwartsform – sie nennt das beim Namen, was wir jetzt tun oder tun könnten.
- Sie ist visuell – wir können sie klar vor unserem inneren Auge sehen.
- Sie ist emotional – sie weckt in uns starke Gefühle.

Die folgenden zwei Beispiele illustrieren diese fünf Eigenschaften.

Überreaktion. Angenommen, ein Vater, der sich über jede Kleinigkeit übermäßig aufregt, gelobt Besserung. Er beschließt, in Stresssituationen künftig klug, liebevoll, unaufgeregt, gerecht, geduldig und kontrolliert zu reagieren. Anschließend gießt er diesen Entschluss in die Form einer Selbstbestätigung:

»Wie sehr stellt es mich (persönlich) zufrieden (emotional), wenn ich selbst im Zustand der Ermüdung, des Stresses, des Leistungsdrucks oder der Enttäuschung (visuelle Bedingungen) kontrolliert, klug, unaufgeregt, geduldig und liebevoll (positiv) reagiere (gegenwärtig).«

Aufschieberitis. Angenommen, eine Person möchte etwas gegen ihre Angewohnheit tun, ständig alles auf die lange Bank zu schieben. Weil dieses Verhalten zwanghaften Charakter hat und Krisen mittlerweile zum Alltag gehören, beschließt sie, dass es an der Zeit ist, die Dinge in die eigenen Hände zu nehmen und werteorientiert vorzugehen. Ihre Selbstbestätigung sieht so aus:

»Wie befriedigend und beglückend ist es doch, die eigene Situation im Griff zu haben, das eigene Schicksal selbst zu bestimmen, in aller Ruhe zu planen, diesen Plan dann auch auszuführen und zu delegieren, was immer sich delegieren lässt.«

Die Kraft der Selbstbestätigung

Norman Cousins, Autor der Bücher *Der Arzt in uns selbst* und *Human Options*, hat uns gezeigt, wie die Macht der Bestätigung uns befähigt, emotionale Stärken in uns selbst zu mobilisieren, die nur allzu oft brachliegen.

Eine Woche nach seiner Rückkehr von einer Auslandsreise musste Cousins auf einmal feststellen, dass er Hals, Arme, Hände, Finger und Beine kaum noch bewegen konnte. Im Krankenhaus wurde daraufhin eine schwerwiegende Bindegewebserkrankung diagnostiziert. Sein Arzt eröffnete ihm: »Ihre Chancen auf eine vollständige Genesung stehen eins zu fünfhundert.«

Anfangs ließ Cousins seinen Arzt und das Krankenhaus gewähren. Er bekam Medikamente – häufig im Übermaß. Er wurde häufigen und mitunter redundanten Untersuchungen unterzogen. All dies, zusammen mit der niederschmetternden Diagnose seines Arztes, gaben Cousins eine Menge zu denken. »Mir wurde bewusst«, schrieb er später, »dass ich mich nicht auf die Rolle des passiven Beobachters beschränken durfte, wenn ich jener eine unter fünfhundert sein wollte.«

Vertraut mit wissenschaftlichen Studien, wonach negative Gefühle sich negativ auf die Körperchemie auswirken, fragte er sich deshalb: »Wirken sich positive Gefühle nicht womöglich positiv aus? Ist es denkbar, dass Liebe, Hoffnung, Glaube, Lachen, Zuversicht und der Wille zu leben einen therapeutischen Wert haben?«

Cousins war überzeugt, dass aus der Gültigkeit der negativen Richtung die Gültigkeit der positiven folgte. Und so begann er, einen Plan für die Erzeugung positiver Gefühle zu formulieren. Dieser Plan handelte von medizinischen Ressourcen, professionellem Beistand, Lachen und der Liebe seiner Familie. Er verließ das Krankenhaus, mietete sich in ein Hotel ein, engagierte eine Krankenschwester und schaute sich Marx-Brothers-Filme und Fernsehkomödien an. Zehn Minuten herzerfrischendes Lachen reichten aus, damit er zwei oder drei Stunden schmerzfrei schlafen konnte – zum ersten Mal seit Monaten. Sein Geist erwies sich als wandelnde Apotheke.

Mit jeder Woche wurde Norman Cousins kräftiger. Jahr um Jahr verbesserte sich seine Beweglichkeit. Manche Menschen mutmaßten, dass seine Genesung mit alledem nichts zu tun hatte und er auch dann genesen wäre, wenn er nichts davon unternommen hätte. Cousins sah jedoch in seinen Erfahrungen den Beweis dafür, welch enorme Kräfte der Überlebenswille und die Vorstellungskraft in uns freisetzen können.

Drei hilfreiche Techniken

Die folgenden drei Selbstbestätigungstechniken haben sich für mich als besonders hilfreich erwiesen.

1. **Selbstbestätigung funktioniert am besten in einer Atmosphäre der Entspannung.** Im Trubel des Alltags finden selbstbestätigende Botschaften häufig kein Gehör. Wenn wir entspannen, kommen wir zur Ruhe. Im Zustand tiefer Entspannung werden unsere Gehirnwellen sehr langsam und sind dann besonders gut beeinflussbar. Durch visuelle und emotionale Bestätigung können wir Ideen und Bilder tief in unser Bewusstsein eindringen lassen. Der schwierigste Teil der Übung ist jedoch, überhaupt erst einmal zu entspannen.

   Dafür gibt es diverse Techniken. Eine gute Methode besteht darin, Gruppen von Muskeln bewusst anzuspannen und anschließend zu lockern. Die Theorie dahinter: Muskeln, die wir anspannen können, können wir logischerweise auch lockern. Eine andere Technik ist die mentale Entspannung, bei der wir uns vorstellen, wir seien so schlaff wie eine Stoffpuppe. Oder wir stellen uns vor, alle unsere Muskeln würden schlaff und lang. Wir sehen vor unserem geistigen Auge, wie wir von den Füßen über die Beine, den

Rumpf und den Rücken bis zu den Armen, dem Hals und dem Gesicht ganz schwer werden.

In der Dämmerungszeit morgens nach dem Aufstehen und abends vor dem Zubettgehen sind die Gehirnwellen sehr viel langsamer. Hier bietet sich eine besondere Chance zur Programmierung, weil das Unterbewusstsein empfänglicher ist als zu anderen Tageszeiten. Ich habe das Prinzip der Entspannung im Zusammenhang mit der Vermittlung bestätigender Botschaften an meinen Kindern mit teilweise überwältigendem Erfolg getestet.

2. **Wiederholung verbessert die Erfolgsquote.** Wenn Sie mit Ihren bestätigenden Botschaften Veränderungen bewirken oder sich auf ein zukünftiges Ereignis einstimmen wollen, müssen Sie sie häufig genug wiederholen. Formulieren, visualisieren und fühlen Sie sie. Identifizieren Sie sich vollkommen mit ihnen. Denken Sie daran: Sie sind gerade dabei, sich umzuprogrammieren. Sie überschreiben oder relativieren frühere Skripte. Anstatt lediglich die Skripte auszuführen, die Sie von Ihren Eltern, Freunden, der Gesellschaft, Ihrem Umfeld oder Ihren Genen übermittelt bekamen, leben Sie jetzt nach neuen Skripten, die Sie sich selbst gegeben haben. Durch wiederholte Selbstbestätigungen können Sie wachsen und sich weiterentwickeln.

3. **Malen Sie sich Veränderungen bildlich aus.** Je mehr Details Sie vor Ihrem inneren Auge erblicken, und je klarer und lebendiger Sie jedes dieser Details wahrnehmen – die Farbe Ihrer Bürovorhänge, das Gefühl des Bodens unter Ihren bloßen Füßen, während Sie den Frühstückstisch decken, das aufgeschlagene Planungsbuch auf Ihrem Schreibtisch, das Schulzeugnis Ihrer Tochter –, desto unmittelbarer sprechen die bestätigenden Botschaften Sie persönlich an. Je mehr Sinne Sie in die Visualisierung einer Veränderung einbeziehen, desto größer ist die Chance, dass es Ihnen gelingt, Ihrem Leben ein neues Skript zu verpassen. Die meisten von uns machen von dieser kreativen Kraft viel zu wenig Gebrauch.

Wir leben zu sehr aus unseren Erinnerungen und zu wenig aus unserer Fantasie heraus. Das, was war, hat zu großes Gewicht im Vergleich zu dem, was sein wird. Es ist, als würden wir beim Autofahren unentwegt in den Rückspiegel schauen.

In der bemannten Raumfahrt gehört es zum Astronautentraining, viele Stunden in Raumschiffsimulatoren zu verbringen. Geist und Körper werden darauf eingestimmt, Aufgaben in Situationen zu meistern, die noch kein Mensch je erlebt hat. Astronauten, die diese Aufgaben zum ersten Mal im Weltall bewältigen mussten, hatten damit nach den Simulationserfahrungen erstaunlich wenige Schwierigkeiten. Mit Vorstellungskraft und Kreativität war es ihnen gelungen, sich mentale Bilder von Situationen zu machen, die sich in der Zukunft ereignen sollten. Ihr Geist, von konventionellen Beschränkungen befreit, erwies sich als flexibel, anpassungsfähig, ungehemmt – als wahrhaft kreativ und innovativ.

Wir leben zu sehr aus unseren Erinnerungen und zu wenig aus unserer Fantasie heraus. Das, was war, hat zu großes Gewicht im Vergleich zu dem, was sein wird. Es ist, als würden wir beim Autofahren unentwegt in den Rückspiegel schauen.

Nutzen Sie die Kraft der Selbstbestätigung täglich in Ihrem geheimen Garten, um dort Ihr eigenes bedeutsames Leben zu kultivieren.

ANWENDUNG & EMPFEHLUNGEN

- **Überlegen Sie, ob Sie nicht ein persönliches Tagebuch führen wollen, um Ihre Fortschritte in Richtung primärer Größe festzuhalten. Viele der Anwendungsvorschläge in diesem Buch beinhalten das Protokollieren von Gedanken und das Verfassen schriftlicher Pläne.**
- **Notieren Sie in Ihrem persönlichen Tagebuch die Antworten auf folgende Fragen:**
  - **Gibt es Bereiche, in denen Sie auf Kosten primärer Größe lediglich der sekundären Größe hinterhergelaufen sind?**
  - **Fragen Sie sich: »Was ist in meinen Augen richtig? Wie lauten meine tiefsten moralischen Überzeugungen? Was sollte ich aus meinem Leben machen?« Notieren Sie, was Sie über sich selbst herausfinden.**

- **Zu den spannendsten Früchten des »geheimen Gartens« gehört die Fähigkeit, sich bewusst für bestimmte Ziele zu entscheiden. Welche Ziele brauchen Sie, um sich zu verändern? Notieren Sie Ihre besten Ziele und was Sie tun können, um sie zu erreichen.**
- **Überlegen Sie sich Schritte hin zur Formulierung einer guten Selbstbestätigung. Notieren Sie das, was Sie sich normalerweise sagen. Formulieren Sie dieses Skript jetzt um. Was können Sie Positives über sich sagen? Was ist an Ihnen und an dem, was Sie beitragen können, gut oder sogar wunderbar?**

2 Charakter: die Quelle primärer Größe

> *»Unser Charakter ist das, was wir tun, wenn wir annehmen, dass es keiner sieht.«*
> H. Jackson Browne

Unser Charakter – das, was wir sind – ist letztlich wichtiger als unsere Kompetenz – das, was wir können. Primäre Größe ist letztlich eine Frage des Charakters.

Ich lege so viel Wert auf die herausragende Bedeutung des Charakters für unser Leben, weil ich überzeugt bin, dass der Charakter, der beschreibt, wer wir in Wahrheit sind, am Ende mehr zählt als irgendwelche Fähigkeiten, die wir uns im Lauf des Lebens aneignen. Natürlich ist beides wichtig, aber der Charakter ist grundlegender. Alles andere baut auf ihm auf. Keine Struktur, kein System, kein Stil und keine noch so überragenden Fähigkeiten können charakterliche Mängel vollständig kompensieren.

Charakter – was wir sind – ist am Ende wichtiger als Kompetenz – was wir können.

Für mich sind Mut und Rücksicht die wichtigsten Bausteine der emotionalen Reife, die wiederum das Fundament für alle Entscheidungen und alle Beziehungen darstellt.

Emotional reife Menschen sind hochgradig effektiv. Sie verfügen einerseits über ein gesundes Selbstbewusstsein, empfinden aber andererseits Achtung und Respekt vor anderen Menschen. Zu dem Mut, den sie in ihrem eigenen Handeln zeigen, gesellen sich Prinzipien, die von der Rücksicht gegenüber anderen handeln.

Reife – das Gleichgewicht von Mut und Rücksicht

Dass Reife gleichbedeutend ist mit einem Gleichgewicht von Mut und Rücksicht, lernte ich zuerst von Hrand Saxenian, einem meiner Professoren an der Harvard Business School. Damals arbeitete Hrand an seiner eigenen Doktorarbeit zu dem Thema.

Und so brachte er es uns bei: Emotionale Reife ist die Fähigkeit, Gefühle und Überzeugungen mutig zu äußern und dabei zugleich Rücksicht auf die Gefühle und Überzeugungen anderer zu nehmen.

Die Wahrheit hinter dieser Idee leuchtete mir unmittelbar ein. Noch stärker beeindruckte mich jedoch, wie er sie selbst vorlebte. Als wir beispielsweise zum statistischen Teil des Kurses kamen, gestand er den Teilnehmern freimütig, dass er wenig über Statistik wisse und sich den Lernstoff gemeinsam mit uns aneignen wolle. Ihm sei im Übrigen bewusst, wie sich das für uns anfühlen müsse, da wir mit anderen Studenten im Wettstreit stünden und eine zentrale Prüfung abzulegen hätten.

Aus reinem Selbstschutz sandten wir eine Delegation zum Dekan und baten um einen anderen Statistiklehrer. Wir erzählten ihm, dass wir Mr. Saxenian als Lehrer schätzten, dass sein Mangel an statistischem Wissen uns aber ins Hintertreffen brächte, sobald die Prüfungen anstünden. Zu unserem Verdruss erwiderte der Dekan lediglich: »Dann machen Sie eben das Bestmögliche daraus.« Wir gingen also zurück zu Hrand, beschafften uns mit seiner Hilfe einiges an hilfreicher Literatur und reichten sie herum. In gewissem Sinne brachten wir uns gegenseitig Statistik bei. Am Ende bestand unser Kurs als einer von acht die Prüfungen mit dem zweitbesten Notenschnitt.

Ich bin überzeugt, dass wir deshalb so gut in den Prüfungen abschnitten, weil Hrand den Mut gehabt hatte, seine Unkenntnis einzugestehen, und die Rücksicht, uns bei der Suche nach einer Lösung zu helfen. Hrand zeigte uns, dass die Kombination von Mut und Rücksicht etwas ist, das alle großen Führungspersönlichkeiten auszeichnet. Überall in der Geschichte gab es diese wahrhaft herausragenden Figuren, die starke Kulturen auf der Grundlage einer gemeinsam getragenen Vision schufen, und alle verfügten sie über diese beiden Charakteristika emotionaler Reife und paarten Mut mit Rücksicht.

Auch ich habe diese Idee noch einmal überprüft. Zunächst bin ich die Geschichte der Theorien des Managements, der zwischenmenschlichen Beziehungen und der Humanpsychologie durchgegangen und habe überall dieselben Konzepte vorgefunden. So hatte beispielsweise die von Thomas Harris in seinem Buch *Ich bin o.k., Du bist o.k.* einem breiteren Publikum vorgestellte Theorie der Transaktionsanalyse ihre Wurzeln sowohl in Eric Bernes Buch *Spiele der Erwachsenen* als auch in Sigmund Freud und seinen psychoanalytischen Theorien. Was ist »ich bin ok, du bist ok« auch anderes als Mut gepaart mit Rücksicht? »Ich bin ok, du bist nicht ok« bedeutet, dass ich mutig bin, aber wenig Respekt und Rücksicht für den anderen empfinde. »Ich bin nicht ok, du bist ok« steht für mangelndes Selbstbewusstsein und fehlenden Mut. Und »ich bin nicht ok, du bist nicht ok« deutet auf fehlenden Mut und mangelnde Rücksicht hin.

Anschließend schaute ich mir die Forschungsergebnisse von Robert Blake und Jane Mouton an, zwei Theoretikern, die das Phänomen des Erfolgs in zwei Dimensionen untersuchten: »Sind Sie aufgaben- oder personenorientiert?« Manche zeigen Schwächen auf einem, andere auf beiden Gebieten. Ideal ist natürlich eine starke Personenorientierung gepaart mit einer starken Aufgabenorientierung oder, anders ausgedrückt, ein starker Mut, Aufgaben bis zu Ende auszuführen, sowie Respekt für und Rücksicht auf andere Menschen.

Das Gewinn / Gewinn-Konzept läuft im Prinzip auf dasselbe hinaus: Wir haben großen Respekt vor uns selbst und wollen gewinnen, aber wir tun es in einer Art und Weise, die es auch anderen Beteiligten ermöglicht zu gewinnen. Wer den synergetischen Ansatz wählt und seine eigenen Stärken mit denen anderer Menschen kombiniert, kommt zu besseren Lösungen, wenn es um Leitbilder, Entscheidungen, strategische Partnerschaften und Beziehungen zu Kunden und Mitarbeitern geht. Der Gewinn / Verlust-Ansatz ist symptomatisch für ein hohes Selbstbewusstsein bei gleichzeitigem Mangel an Rücksicht auf andere Personen und ihre Situation. Der Verlust / Gewinn-Ansatz steht für ein geringes Selbstbewusstsein und eine hohe Meinung von anderen Menschen.

Ich habe noch weitere psychologische Theorien untersucht und festgestellt, dass sie sich allesamt auf zwei Faktoren konzentrieren. Manchmal wird statt von *Mut* von *Selbstachtung, Selbstvertrauen, Kompromisslosigkeit* oder *Ich-Stärke* und statt von *Rücksicht* von *Empathie, Einfühlungsvermögen* oder *Herzensgüte* gesprochen. Denselben Kombinationen begegnete ich auch in der großen philosophischen und religiösen Literatur: »Behandle andere, wie du selbst behandelt werden möchtest« ist so eine Möglichkeit, diesen synergistischen Ansatz in Worte zu fassen.

Darüber hinaus habe ich mit diversen Gewinnern des Malcolm-Baldrige-Preises gesprochen; er wird regelmäßig an Personen und Organisationen verliehen, die spektakuläre Verbesserungen in der Qualität ihrer Produkte oder Dienstleistungen vorweisen können. Ich habe sie gefragt: »Was war für Sie die größte Herausforderung?« Und jedes Mal gaben sie zur Antwort: »Der Verzicht auf Kontrolle.« Damit wollten sie sagen: »Wir mussten synergistische Beziehungen zu allen Beteiligten eingehen. Wir mussten an den Punkt gelangen, an dem wir anderen Menschen vollstes Vertrauen schenkten, und zwar auf eine tiefempfundene Weise und nicht bloß aus einem persönlichkeitsethischen Prinzip heraus. Wir mussten lernen, unsere Sichtweise der Dinge anderen verständlich zu machen.«

Was die Baldrige-Preisträger in Wahrheit gelernt hatten, war, Gewinn / Gewinn zu denken, erst zu verstehen und dann verstanden zu werden und Synergien zu schaffen (die Wege 4, 5 und 6 von meinen 7 Wegen). Indem sie diese Gewohnheiten praktizierten, erwarben sie neue Kenntnisse und Fähigkeiten, sie schufen neue Optionen, ließen sich verstärkt auf Partnerschaften und Beziehungen ein und sprühten vor Kreativität. Aber der Ursprung von alledem ist dieser tiefe Geist des Gewinn / Gewinn-Denkens, das Gleichgewicht von Mut und Rücksicht.

Verbesserte Ergebnisse und Beziehungen

Die Kombination von Mut und Rücksicht ist eine gute Möglichkeit, bessere Resultate zu erzielen und bessere Beziehungen zu schaffen. Ohne dieses Gleichgewicht erreichen wir bestenfalls das eine auf Kosten des anderen. Ich erinnere mich, dass ich einmal den Präsidenten eines großen Unternehmens beriet, der einseitig aufgabenorientiert war. Wenn er Beziehungen brauchte, um bestimmte Ergebnisse zu erzielen, konnte er einen überwältigenden Charme an den Tag legen, aber für ihn selbst stand immer die Aufgabe im Vordergrund. Die Aufgabe definierte die Beziehung. Sobald die Beziehung hergestellt war, wandte er seine ganze Aufmerksamkeit wieder der Aufgabe zu. Ich kenne auch Menschen, die das genaue Gegenteil sind. Sie brauchen Beziehungen so sehr, dass sie ihre Aufgaben nur um der Beziehungen willen verfolgen.

Auf der Suche nach den Faktoren, die in geschäftlichen Dingen über Erfolg und Misserfolg entscheiden, entwickelte der große Harvard-Psychologe David McClelland seine Theorie von der Rolle des Leistungsbedürfnisses und der Leistungsmetaphorik. Er legte Versuchspersonen Bilder vor und ließ sie dazu eine Geschichte erfinden. Auf der Grundlage dieser Geschichten erstellte er Profile der Kandidaten mitsamt Empfehlungen für potenzielle Arbeitgeber hinsichtlich ihrer Eignung für bestimmte Jobanforderungen. Im Grundsatz klassifizierte er die Menschen gemäß ihrem Bedürfnis nach Macht, Zugehörigkeit und Leistung. Letztlich ging es also auch McClelland um die Frage der inneren Motivation, die uns hier beschäftigt. Er identifizierte den Charakter als den entscheidenden Faktor für langfristigen Erfolg.

Charakter ist wichtiger als Kompetenz

Jemand mag noch so gebildet sein, aber wenn die emotionale Reife fehlt, kann ihm gerade dieses Wissen zum Verhängnis werden. Der zuvor erwähnte aufgabenorientierte Unternehmenspräsident beispielsweise hatte sein soziales Kapital bei seinen Direktoren irgendwann so weit aufgebraucht, dass er keine Macht über und keinen Einfluss mehr auf sie hatte. Die Direktoren standen nicht mehr hinter ihm und spürten, dass etwas geschehen musste. Sie fühlten sich überrumpelt von einer superlativischen Präsentation und einer Charmeoffensive nach der anderen. Zu guter Letzt erhielt der Chef die Quittung. Fähigkeiten sind kein Ersatz für Charakter. Dabei werden die meisten Menschen vornehmlich auf Kompetenz und nicht auf Charakter hin trainiert und ausgebildet.

Wie also können wir der ebenso wichtigen Notwendigkeit gerecht werden, fortwährend an unserem Charakter zu arbeiten?

Finden Sie heraus, wie die Menschen um Sie herum, die Anteil an Ihrem Erfolg haben, Ihren Charakter einschätzen. Sie können das mithilfe eines 360-Grad-Stakeholder-Informationssystems tun, das ein solides, wissenschaftliches und systematisches Feedback zur Performance in beiden Dimensionen liefert. Eine 360-Grad-Befragung sammelt Informationen zu einer Person von allen Stakeholdern ein: Mitarbeitern, Kunden, Vorgesetzten und Kollegen. Dann sagt die betreffende Person beispielsweise: »Oh je, meine Noten in Teambildung und Interdependenz sind aber schlecht, und das, obwohl ich die zahlenmäßigen Planvorgaben erfülle. Was kann ich besser machen?« Jetzt wird ihr bewusst, dass sie sich mit der Charakterbildung beschäftigen muss. Sie kann dazu auf diverse Ressourcen zurückgreifen: Familie, Freunde, berufliche Kontakte, die Kirche und Unterstützergruppen.

Demut und Mut: Die Quelle der Tugenden

Ich behaupte, dass Demut die Mutter aller Tugenden ist, weil Demut uns hilft, unser Leben an Prinzipien auszurichten. Demut hilft uns, die Notwendigkeit einer permanenten Charakterformung einzusehen. Demut hilft uns, auf andere Rücksicht zu nehmen. Dann würde ich sagen, dass Mut der Vater aller Tugenden ist. Gemeinsam helfen uns Mut und Rücksicht, zu »ganzen« Individuen zu werden. Carl Gustav Jung sagte, dass wir erst in unseren späteren Jahren den Zustand der Individuation – der totalen Ganzwerdung der menschlichen Persönlichkeit – erreichen. Um dahin zu gelangen, müssen wir verschiedene Phasen durchlaufen. Erst nach vielen unterschiedlichen Erfahrungen und manchen Umwegen erkennen wir allmählich, wozu es führt, wenn wir in der einen oder anderen Richtung vom Weg abkommen, und erreichen so schließlich die Ganzwerdung unseres inneren Charakters.

Deshalb müssen wir mit uns selbst Geduld haben, wenn wir einen starken Charakter ausbilden wollen. Menschen, die klein anfangen und diese wirksamen Prinzipien jeden Tag ein wenig mehr in ihr Leben integrieren, werden auf diese Weise ihren Einfluss ausbauen, bis sie schließlich zu wahren Charaktervorbildern, Mentoren und Lehrern werden. Sie werden zu »Veränderungspersonen« und »Wechselkatalysatoren«, die in der Lage sind, negative Verhaltensmuster in ihren Familien, Organisationen und Gemeinschaften aufzubrechen.

So hatte ich beispielsweise einmal ein Erlebnis mit den Top-Partnern einer internationalen Firma. Ihnen machte der Umstand zu schaffen, dass einige ihrer Mitarbeiter viel Fachwissen, aber wenig Einfühlungsvermögen besaßen. Sie waren intelligent, aber grobschlächtig. »Das zeigt sich in der Art, wie wir Mitarbeiter rekrutieren und zu Partnern machen und wie wir sie belohnen. Wir haben eine Kultur, in der Vertrauen kleingeschrieben wird. Kein Wunder, dass wir so viele unserer besten Köpfe verlieren. Bei uns herrscht ein firmenpolitisches Klima, in dem alle mit Kaffeesatzleserei beschäftigt sind. Wir haben uns von unseren Gründungsprinzipien meilenweit entfernt.«

Was am Ende zählt, ist der Charakter in der Kultur. Aber wir lassen es zu, dass charakterzersetzende Kräfte so lange an uns zerren, bis wir den ursprünglichen Charakter der Firmengründer verlieren oder bis wir selbst zu Programmen statt zu Programmierern werden. Also müssen wir beginnen, uns umzuprogrammieren, und die Hand an die Hebel der primären Größe legen.

Neue Programme schreiben

Wie können wir uns umprogrammieren? Wir müssen wohl zuerst lernen, was Demut ist, nachdem wir beispielsweise nicht die gewünschten Resultate erzielten, Besitz verloren, in eine Krise gerieten, vergeblich nach Sinn und Erfüllung im Leben suchten oder zusehen mussten, wie Beziehungen zu Kollegen, Lebenspartnern oder Kindern zerbrachen oder beschädigt wurden. In so einer Situation sind wir dann eher bereit zu akzeptieren, dass im Leben am Ende Prinzipien zählen wie Respekt, Einfühlungsvermögen, Ehrlichkeit und Vertrauen. Wir sind dann auch eher bereit, Verantwortung dafür zu übernehmen, wer und was wir sind. Und wir sind eher bereit, uns Gedanken darüber zu machen, warum wir auf der Welt sind, und unser Leben daran auszurichten. Eine solche Vorstellung von einer »Mission« kann für die Ganzwerdung eines Menschen sehr hilfreich sein. Letztlich ist das, *was wir sind* (Charakter), der wichtigste Gelingensfaktor überhaupt.

Ich bin sogar zu dem Schluss gekommen, dass ich mich der idealen Balance zwischen Kompetenz und Charakter nur annähern kann, indem ich getreu meinem Gewissen und in Übereinstimmung mit Prinzipien lebe, von denen ich weiß, dass sie richtig sind. Sobald ich in Fragen der Kompetenz oder des Charakters auch nur ansatzweise aus dem Tritt komme, macht sich das jedes Mal für Stunden oder gar Tage in einem Gefühl bemerkbar, als bildete mein Leben kein Ganzes mehr, als stimme das eine nicht mehr mit dem anderen überein.

Manche Schauspieler berichten von dem Gefühl, im frühen Stadium ihrer Karriere in bestimmten Rollen ausgebeutet worden zu sein. Je mehr Respekt sie sich jedoch erwerben, desto eher können sie Texte und Rollen ablehnen, die nicht zu ihrem neuen Selbstverständnis passen. Vielleicht verfassen sie sogar ihre eigenen Drehbücher oder entscheiden, welche Rollen sie spielen wollen. Etwas Ähnliches können wir auch in unseren Berufen tun.

Ich bin überzeugt, dass wir unsere eigenen Skripte verfassen und danach leben können – mehr, als die meisten Menschen vermuten. Ich kenne auch den Preis, den wir dafür zu zahlen haben. Es ist ein Kampf. Wir müssen uns in der Kunst der Visualisierung und der Selbstbestätigung üben. Wir müssen ein Leben führen, in dem sich das Sein nicht vom Schein unterscheidet und in dem wir Versprechen geben und einhalten, mit dem Ziel, dass alles, was Persönlichkeit ausmacht – unsere Sinne, unser Denken und Fühlen und unsere Intuition –, miteinander harmoniert und ein Ganzes bildet.

Charakterentwicklung und persönliche Disziplin

Viele Menschen müssen erst mit den körperlichen und emotionalen Abhängigkeiten brechen, die sie niederdrücken und in ihrer Lebensqualität einschränken. Solange der Körper den Willen kontrolliert, sind andere Fortschritte kaum möglich. Sobald dieser Bruch vollzogen ist, ist der Weg für Fortschritte frei. Wer es versteht, ein bestimmtes Maß an Kontrolle über das eigene Verlangen zu erringen, kann auch die eigenen Leidenschaften teilweise kontrollieren und sogar anfangen, die eigenen Motivationen und Sehnsüchte zu strukturieren. Dann steht der Charakterentwicklung nichts mehr im Weg. Es ist, als würden wir uns von der ungeheuren Schwerkraft der Erde befreien und ins All aufbrechen, wo uns jede erdenkliche Flexibilität und Freiheit erwartet.

Wir alle ringen täglich mit diesen körperlichen Gewohnheiten und Gelüsten. Ich persönlich weiß, dass ich mich unter dem Einfluss von Weisheit, Bewusstsein und korrekten Prinzipien halten muss, um nicht früher oder später unter den Folgen zu leiden oder die Menschen um mich herum leiden zu sehen. Die Verletzung eines Prinzips zieht häufig die Verletzung eines weiteren nach sich. So kann ich beispielsweise bei mir beobachten, dass ich, wenn ich beim Essen über die Stränge schlage, häufig in der Folge weniger Rücksicht auf die Gefühle anderer Menschen nehme. Ich darf den kontrollierten Zustand gar nicht erst verlassen. Wann immer ich merke, dass ich innerlich Groll verspüre, kann ich, wenn ich mich genau analysiere, diesen Groll meistens auf eine Unbesonnenheit oder Nachlässigkeit meinerseits zurückverfolgen. Da kann ich noch so viele Gründe für mein Verhalten finden – wenn ich meinem Gewissen zuwiderhandele, schwächt dies meinen Willen. Und nicht minder leidet darunter die Rücksicht, mit der ich den Bedürfnissen und Gefühlen anderer Menschen begegne.

Sobald das charakterliche Fundament sicher steht, können wir all die bunten Elemente der Persönlichkeit hinzufügen. Ist der Charakter jedoch nicht fest genug verwurzelt, können wir vielleicht so manche Rolle spielen, aber wenn es hart auf hart kommt, verlieren wir nur allzu leicht unseren Halt. Solche Momente der »Haltlosigkeit« gehören zu den schwierigsten Lernerfahrungen. Wenn wir sie jedoch richtig interpretieren, können sie auch eine große Hilfe sein auf unserem Weg hin zu einem Leben in der Ganzheitlichkeit.

ANWENDUNG & EMPFEHLUNGEN

> **Entwickeln Sie ein persönliches Leitbild auf der Grundlage einer Vision für Ihr Leben – einer Vision davon, wie Sie sich in Familie, Unternehmen und Gesellschaft einbringen wollen. Formulieren Sie ein Leitbild, das sich auf unveränderliche Prinzipien stützt.**

> **Achten Sie im Umgang mit anderen auf Ihr persönliches Gleichgewicht von Mut und Rücksicht. Gelingt es Ihnen, Ihre Gefühle und Überzeugungen mutig zum Ausdruck zu bringen und gleichzeitig Rücksicht auf die Gefühle und Überzeugungen anderer zu nehmen? Wenn Sie das nächste Mal ein Gespräch führen, von dem viel abhängt, sollten Sie bewusst versuchen, dieses Gleichgewicht zu wahren.**

> **Wie ist es um das Gleichgewicht von Produktivität und der Fähigkeit zur Produktion (und deren Ausbau) bei Ihnen bestellt? Protokollieren Sie einen Tag lang, wie viel Zeit Sie damit verbringen, produktiv zu sein. Vergleichen Sie diesen Wert mit der Zeit, die Sie darauf verwenden, Ihre produktiven Fähigkeiten zu verbessern, indem Sie**

beispielsweise Sport treiben, lesen, lernen und Beziehungen pflegen. Notieren Sie in Ihrem persönlichen Tagebuch Ihre Überlegungen zu dieser Übung. Was lernen Sie daraus? Was müssen Sie verändern?

> **Körperliche und emotionale Abhängigkeiten schränken uns in Geist und Seele ein. Viele Menschen haben tief verwurzelte Gewohnheiten, die sie zurückhalten. Was hält Sie zurück? Was könnten Sie unternehmen, um sich davon frei zu machen? Setzen Sie sich zum Ziel, eine schlechte Gewohnheit abzulegen oder eine Gewohnheit zu entwickeln, die Sie stärken und Ihr Leben verbessern wird.**

3 Wie wir uns an Prinzipien ausrichten

»Ändere deine Meinungen, aber bleibe deinen Prinzipien treu; ändere deine Blätter, aber behalte deine Wurzeln.«
VICTOR HUGO

Prinzipien und Naturgesetze sind absolut, unverrückbar und immer relevant. Diese Wahrheit ist die Grundlage jedes gelungenen Lebens. Primäre Größe meint in erster Linie ein Leben, das sich um Prinzipien dreht. In diesem Kapitel wollen wir herausfinden, wie wir zu diesem Zentrum gelangen.

Der Schlüssel zur primären Größe liegt in der Orientierung an Prinzipien. Nicht wir regieren die Welt, sondern Prinzipien. Es wäre anmaßend zu denken, wir selbst würden diese Kontrolle ausüben. Wir können vielleicht unser Handeln kontrollieren, aber nicht die Konsequenzen unseres Handelns. Diese unterliegen der Kontrolle durch Prinzipien – oder Naturgesetze.

Charakterentwicklung und Lebensqualität hängen davon ab, inwieweit es uns gelingt, unsere Überzeugungen und Verhaltensweisen an universellen Prinzipien auszurichten. Diese Prinzipien sind personenunabhängig, extern, absolut, objektiv und selbstverständlich. Sie gelten unabhängig davon, ob wir sie bewusst wahrnehmen und ob wir ihnen gehorchen oder nicht.

Warum sich an Prinzipien orientieren?

Ich wurde schon von vielen Menschen gefragt, warum mir der Unterschied zwischen Prinzipien und Werten so wichtig ist. Sie sagen: »Ich habe meine Werte. Sie sind so gut wie die Werte jedes anderen.« Mir bedeutet dieser Unterschied gerade deshalb so viel, weil die meisten Menschen Werte mit Prinzipien gleichsetzen. Ein CEO erzählte mir: »Unser Unternehmen ist werteorientiert.« Und ich erwiderte: »Alle Unternehmen sind werteorientiert. Die eigentliche Frage lautet aber, ob die Werte, an denen sich ein Unternehmen orientiert, auf externen Naturgesetzen, sogenannten Prinzipien, basieren, denn diese bestimmen am Ende ohnehin das Geschehen.«

Wenn Sie und Ihre Mitarbeiter in die Ausarbeitung Ihres Wertesystems Zeit investiert haben, spiegeln diese Werte in aller Regel wahre Prinzipien wider. Manchmal jedoch schleichen sich hier Verzerrungen ein, die aus dem Umfeld (beispielsweise den Medien), einer Subkultur (der obsessiven Vorliebe für eine Musikgruppe) oder einer unwiderstehlichen Kraft (einem sehr emotionalen Ereignis oder einer starken Persönlichkeit wie etwa einem Chef mit großem Ego und stark ausgeprägten einseitigen Zielvorstellungen) herrühren. Diese Verzerrungen können Ihr Richtungsempfinden und Ihr moralisches Urteilsvermögen komplett untergraben. Ein verbreiteter, wenn auch unausgesprochener Wert in vielen Unternehmen ist Gier, und diese Gier verträgt sich schlecht mit einem Gewinnstreben, das auf Prinzipien basiert. Solche Verzerrungen führen leicht dazu, dass die Beteiligten ihren inneren Halt verlieren. Sie werden wankelmütig und zweifelnd, verlernen den »aufrechten Gang« und erleben einen inneren Taumel.

Eine andere Frage, mit der ich oft konfrontiert werde, betrifft die uralte Dialektik zwischen relativer und absoluter Wahrheit. Man fragt mich: »Wie können Sie behaupten, es gebe so etwas wie einen geografischen Nordpol, wenn doch am Ende alles relativ ist?«

Ich gebe den Fragestellern dann einen Wahrheitstest, bestehend aus drei Wörtern, an die Hand:

1. **Universell.** Wenn es keine universellen Prinzipien gibt, gibt es auch keinen geografischen Nordpol und damit nichts, auf das wir uns verlassen können. Vergessen Sie in diesem Fall die Charakterethik und produzieren Sie lediglich ein Bild, das sich auf dem gesellschaftlichen und ökonomischen Markt gut verkauft. So bekom-

men Sie am Ende ein ökonomisches und politisches System, das keine Rücksicht nimmt auf Naturgesetze wie Authentizität und Ehrlichkeit.

Der Schlüssel zu einer gesunden Gesellschaft liegt darin, den gesellschaftlichen Willen zu mobilisieren und ein Wertesystem zu schaffen, das sich an korrekten Prinzipien orientiert. Wenn Sie sich von allen Prinzipien unabhängig erklären, steht am Ende eine kranke Struktur mit verzerrten Werten. Das erklärte Leitbild und die Werte der Mitglieder einer plündernden und brandschatzenden Bande beispielsweise können durchaus wie das Leitbild und die Werte eines ehrenwerten Unternehmens klingen – sie müssen nur Begriffe wie *Teamarbeit, Kooperation, Treue, Rentabilität, Innovation* oder *Kreativität* verwenden. Das Problem ist nur, dass ihr Wertesystem nicht auf den Naturgesetzen der Ehrlichkeit und des Respekts vor anderen Menschen basiert.

> Verzerrungen können unser Richtungsempfinden und unser moralisches Urteilsvermögen komplett untergraben. Wenn das passiert, verlieren wir unseren Halt. Wir werden wankelmütig und zweifelnd und empfinden ein inneres Gefühl des Verlustes.

2. **Zeitlos.** Der geografische Nordpol ist ein Symbol für unverrückbare Prinzipien – Prinzipien, die sich mit der Zeit nicht ändern. Je mehr wir uns von den Gesetzen der Natur entfernen und uns dem Angesagten und Vergänglichen zuwenden, umso mehr leidet darunter unser Urteilsvermögen. Wir machen uns falsche Bilder. Wir beginnen, Dinge mit rationalen Lügen erklären zu wollen. Wir entfernen uns vom Gesetz der Ernte und unterwerfen uns den gesellschaftlichen und politischen Regeln des Erfolgs. Wenn wir beispielsweise etwas über Menschen lesen, die in finanzielle Schwierigkeiten geraten sind, steht da häufig auch, dass sich die Betroffenen nach eigenem Eingeständnis übernommen hätten – mit einem Bauprojekt, einem Kredit oder einer Börsenspekulation; das geschieht oft, wenn sie im Vorfeld auf ein objektives Feedback verzichtet und nur auf ihre eigenen Selbstbeschwichtigungen gehört haben. Jetzt stehen sie vor einem riesigen Schuldenberg und müssen hart ums Überleben kämpfen, ohne Aussicht auf ein gesundes, geschweige denn wohlhabendes Leben

in absehbarer Zeit. Wer Sorgfalt und Gewissenhaftigkeit kurzfristigen Zielen opfert, muss dies am Ende teuer bezahlen – mit Zeit, Geld und dem Verlust von Ansehen und Beziehungen. Der Versuch, sich selbst auf die Schnelle Vorteile zu verschaffen, geht unweigerlich zulasten anderer. Die Gesetze der Natur aus den Augen zu verlieren, ist gefährlich. Deshalb wacht unser Gewissen über die zeitlosen Wahrheiten und Prinzipien und behält die Gesetze der Natur stets im Blick. Diese Gesetze und diese Prinzipien sind das einzige, was sich niemals verändert – sie sind so unverrückbar wie der geografische Nordpol. Wissenschaft und Technik sorgen dafür, dass fast nichts so bleibt, wie es ist – mit Ausnahme eben jener fundamentalen Gesetzmäßigkeiten unserer menschlichen Natur: Sie sind von ewiger Gültigkeit.

3. **Selbstverständlich.** Ein wahres Prinzip ist selbstverständlich, wie es in der amerikanischen Unabhängigkeitserklärung heißt: »Wir halten diese Wahrheiten für selbstverständlich.« Was in etwa bedeutet: Man kann versuchen, sie wegzudiskutieren, aber es führt zu nichts. Wenn Sie versuchen, gegen ein Prinzip zu argumentieren, und feststellen, dass Ihr Argument in sich zusammenfällt, dann wissen Sie, dass Sie es mit einem Naturgesetz zu tun haben. Nehmen Sie beispielsweise dieses Prinzip: »Wir können uns nicht durch Reden aus einer Notsituation befreien, in die wir uns durch unser Verhalten hineinmanövriert haben.« Das Prinzip besagt, dass andere uns kein Vertrauen entgegenbringen, das wir nicht zuvor verdient haben. Versuchen Sie einmal, Argumente gegen diese Vorstellung ins Feld zu führen. Beobachten Sie andere dabei, wie sie versuchen, sich aus Problemen herauszureden, die sie durch ihr Verhalten selbst herbeigeführt haben; oder schauen Sie auf Unternehmen, die versuchen, mit Mitteln der Öffentlichkeitsarbeit Probleme aus der Welt zu schaffen, die sie selbst zu verantworten haben.

Am Ende regieren Prinzipien

Wenn Ihr aktueller Lebensstil nicht an natürlichen Prinzipien ausgerichtet ist, liegt das vielleicht daran, dass Sie versuchen, eine wertebasierte Landkarte als prinzipienzentrierten Kompass zu verkaufen. Sobald Sie erkennen, dass es am Ende die Prinzipien sind, die die Welt regieren, sind Sie vielleicht bereit, Ihre Werte diesen Prinzipien unterzuordnen und Ihre Rollen, Ziele, Pläne und Verhaltensweisen an ihnen auszurichten.

Häufig braucht es dazu jedoch erst eine Krise: Ihr Arbeitgeber entlässt Mitarbeiter; Ihr Arbeitsplatz ist in Gefahr; Ihr Verhältnis zum Vorgesetzten verschlechtert sich; Sie verlieren einen wichtigen Kunden; Ihre Ehe ist gefährdet; Ihre finanziellen Probleme kulminieren; oder Sie bekommen körperliche Probleme, weil Sie sich zu ungesund ernähren und zu wenig Sport treiben. Ohne eine solche Krise neigen wir dazu, ewig so fortzufahren wie bisher – so beschäftigt mit guten, einfachen oder gewohnheitsmäßigen Dingen, dass wir kein einziges Mal innehalten, um uns zu fragen, ob das, was wir da tun, die Mühe wirklich wert ist. Das Gute wird dann schnell zum Feind des Besten.

Demut ist die Mutter aller Tugenden. Die Demütigen kommen voran im Leben, weil sie sich bereitwillig den Naturgesetzen und universellen Prinzipien unterordnen und versuchen, in Harmonie mit ihnen zu leben. *Mut* ist der Vater aller Tugenden. Wir benötigen viel Mut, um unser Leben nach korrekten Prinzipien zu führen und uns im Moment der Entscheidung selber treu zu bleiben.

Solange wir unser eigenes selbst entworfenes oder gesellschaftlich sanktioniertes Wertesystem aufstellen und unser persönliches Leitbild und unsere Ziele nicht an Prinzipien ausrichten (sondern auf der Basis dieser Werte formulieren), neigen wir zu Selbstherrlichkeit, Stolz und Unabhängigkeit. Der Stolze möchte beeindrucken, während der Demütige bereit ist, sich in andere hineinzuversetzen. Nur weil wir einer Sache Wert beimessen, heißt das noch nicht, dass sie unsere Lebensqualität steigert. Keine politische, ökonomische oder pädagogische Reform kann gelingen, solange sie nicht an wahren Prinzipien ausgerichtet ist. Und doch sehen wir immer wieder Führungspersönlichkeiten, die infolge ihrer selbstgewählten Werte und schlechten Gewohnheiten an ihrem Kurs festhalten – selbst wenn ihr Schiff bereits zu sinken beginnt und obwohl sie die Möglichkeit hätten, sich auf dem Rettungsfloß der Prinzipien sicher über Wasser zu halten.

Nichts bringt uns schneller zu Fall als Arroganz. Der Arrogante ruft: »Ich weiß es besser!« In der Uniform der Arroganz wanken und straucheln wir. Hochmut kommt vor dem Fall. Aber in Demut gekleidet kommen wir voran. Wie Indiana Jones in dem Filmklassiker *Indiana Jones und der letzte Kreuzzug* lernt: »Nur der Reumütige wird die Prüfung bestehen.«

Im Stolz säen wir häufig das eine und erwarten, etwas anderes zu ernten. Viele unserer Paradigmen und die Gewohnheiten, die ihnen entspringen, produzieren niemals die Ergebnisse, die wir erwarten, weil sie auf Illusionen, Werbeslogans, kurzlebigen Trends und stark individualisierten Erfolgsstrategien basieren. Aus Illusionen kann kein großartiges Leben erwachsen. Was aber können wir tun, um unser Leben an den wahren Realitäten zu orientieren, die über unsere Lebensqualität entscheiden?

Vier menschliche Begabungen

Als Menschen sind wir mit vier einzigartigen Fähigkeiten ausgestattet – Selbstwahrnehmung, Gewissen, unabhängiger Wille und kreatives Vorstellungsvermögen –, die uns nicht nur vor der Tierwelt auszeichnen, sondern uns auch befähigen, zwischen Realität und Illusion zu unterscheiden und unser Leben an den Gesetzen auszurichten, die über unsere Lebensqualität bestimmen.

> Unsere *Selbstwahrnehmung* befähigt uns, unsere Paradigmen – die Brille, durch die wir die Welt sehen – auf den Prüfstand zu stellen, unser eigenes Denken zu hinterfragen, uns unserer gesellschaftlichen Konditionierung bewusst zu werden und den Abstand zwischen Reiz und Reaktion zu vergrößern. Dieser Selbstwahrnehmung verdanken wir die Fähigkeit, uns selbst umzuprogrammieren und neu zu konditionieren, mit dem Ziel, dass wir zukünftig nur mehr nach primärer Größe und nicht mehr nach sekundärer Größe streben. Viele Ansätze in Psychologie, Pädagogik und im Fortbildungswesen zielen auf die Förderung der Selbstwahrnehmung. Ein überwiegender Teil der Selbsthilfeliteratur konzentriert sich ebenfalls auf diese Fähigkeit. Selbstwahrnehmung ist aber nur eine Fähigkeit von vielen, die uns als Menschen auszeichnen.

> Unser *Gewissen* verbindet uns mit etwas in unserem Inneren, das noch tiefer reicht als unsere Gedanken, und mit etwas außerhalb unseres Selbst, das noch verlässlicher ist als unsere Werte. Es verbindet uns mit der Weisheit von Generationen und der Weisheit des Herzens. Es stellt ein internes Leitsystem dar, das uns auf der emotionalen Ebene signalisiert, wenn wir etwas tun oder zu tun im Begriff stehen, das sich nicht mit wahren Prinzipien verträgt. Gewissen ist universell. Ich habe vielen Unternehmen und Einzelpersonen geholfen, Leitbilder zu formulieren. Dabei ist mir bewusst geworden, dass das Persönlichste häufig die größte Allgemeingültigkeit besitzt. Unabhängig von Religion, Kultur und Herkunft bringen alle Leitbilder stets dieselben elementaren menschlichen Bedürfnisse zum Ausdruck: Die Menschen wollen leben (körperliches und finanzielles Wohlergehen), lieben (soziales Wohlergehen), lernen (mentales Wohlergehen) und ein Vermächtnis hinterlassen (seelisches Wohlergehen).

> Unser *unabhängiger Wille* steht für die Fähigkeit zu handeln – die Macht, uns von unseren Paradigmen zu lösen, gegen den Strom zu schwimmen, unser Skript umzuschreiben und auf der Basis von Prinzipien zu agieren, statt nach Maßgabe von Gefühlen, Launen oder Situationen zu reagieren. Mögen Umwelt- und genetische Einflüsse noch so stark sein – sie können uns nicht kontrollieren. Wir sind keine Opfer. Wir sind nicht das Produkt unserer Vergangenheit. Wir sind das Produkt unserer freien Entscheidungen. Wir sind ver*antwort*lich in dem Sinne, dass wir unsere Antwort selbst wählen können. Diese Macht der Wahl ist Ausdruck unseres unabhängigen Willens.

Als Menschen sind wir mit vier einzigartigen Fähigkeiten ausgestattet – Selbstwahrnehmung, Gewissen, unabhängiger Wille und kreatives Vorstellungsvermögen –, die uns nicht nur vor der Tierwelt auszeichnen, sondern uns auch befähigen, zwischen Realität und Illusion zu unterscheiden, die Uhr in einen Kompass zu verwandeln und unser Leben an den Realitäten zu orientieren, die über unsere Lebensqualität bestimmen.

> Unser *kreatives Vorstellungsvermögen* befähigt uns dazu, in unserem Schaffen über die gegenwärtige Realität hinauszugehen. So

können wir persönliche Leitbilder verfassen, uns Ziele setzen, Begegnungen planen und uns vorstellen, wie wir auch unter den schwierigsten Umständen ein prinzipientreues Leben führen. Wir können uns jedes Szenario vorstellen, das wir uns für die Zukunft wünschen. Das Gedächtnis allein kann das nicht leisten. Das Gedächtnis ist beschränkt. Es ist endlich, weil es nur von der Vergangenheit handelt. Die Vorstellungskraft ist unendlich, denn sie handelt von der Gegenwart und der Zukunft, von Möglichkeiten, von Vision, Mission und Zielen, von Dingen, die gegenwärtig nicht existieren, die aber jetzt oder später existieren *könnten*. Der Mann auf der Straße versucht, erfolgreich zu sein, indem er härter arbeitet und sein Bestes gibt. Solange der Wille jedoch nicht mit kreativem Vorstellungsvermögen gepaart ist, müssen diese Anstrengungen schwach und wirkungslos bleiben.

Unsere einzigartigen Fähigkeiten kultivieren

Wenn wir diese Fähigkeiten verstärken wollen, müssen wir sie unablässig kultivieren und trainieren. Es ist wie mit einer Mahlzeit. Die Mahlzeit von gestern kann unseren Hunger von heute nicht stillen. Das Festmahl vom vergangenen Sonntag wappnet mich nicht für die Herausforderungen an diesem Donnerstag. Ich werde sehr viel besser vorbereitet sein, wenn ich jeden Morgen meditiere und mir vorstelle, wie ich meine Herausforderungen mit Wahrhaftigkeit, Offenheit, Ehrlichkeit und so viel Weisheit meistere, wie ich nur aufbringen kann.

Hier sind vier Möglichkeiten, wie Sie Ihre einzigartigen Fähigkeiten kultivieren können:

- **Stärken Sie Ihre Selbstwahrnehmung, indem Sie ein persönliches Tagebuch führen.** Ein persönliches Tagebuch – die tägliche, gründliche Analyse und Auswertung Ihrer Erfahrungen – ist ein wirkungsvolles Mittel zur Stärkung Ihrer Selbstwahrnehmung wie auch Ihrer übrigen einzigartigen Fähigkeiten und der Synergien zwischen ihnen.

> **Trainieren Sie Ihr Gewissen, indem Sie lernen, zuhören und antworten.** Die meisten Menschen leben und arbeiten in einem Umfeld, das der Ausbildung eines Gewissens eher entgegensteht. In der Regel ist eine nachdenkliche und meditative Verfassung Voraussetzung dafür, dass wir unser Gewissen hören können – ein Zustand, den wir nur selten wählen oder vorfinden. Wir sind überflutet von Aktivitäten, Geräuschen, Einflüssen, sozialen Medien und fehlerhaften Paradigmen, die uns unempfänglich machen für jene ruhige innere Stimme, die uns die wahren Prinzipien lehren und den Weg zur Wahrhaftigkeit weisen könnte. Manche Menschen sagen, sie könnten diese Gewissensschlacht niemals gewinnen, weil die Notwendigkeit sie oft zwinge, zu Lügen, Ausflüchten und Strategiespielen zu greifen. Das ist nun mal Teil unseres Jobs, sagen sie. Oder sie sagen vielmehr: Das *ist* unser Job. Ich widerspreche. Ich denke, dass solche rationalisierenden Rechtfertigungsversuche das zwischenmenschliche Vertrauen und das Vertrauen zwischen Unternehmen zerstören.

Nur ein Leben ohne Schein und Trug ist wirklich erstrebenswert. Natürlich ist das mit Kämpfen verbunden. Professionelle Berater – Agenten, Wirtschaftsprüfer, Anwälte – könnten sagen: »Das ist politischer Selbstmord« oder: »Das ist schlecht für unser Image, also kaschieren wir es lieber oder behelfen uns mit einer Notlüge«. Vielleicht haben Sie wirklich das Gefühl, zwischen den Stühlen zu sitzen. Aber mit einem gut erzogenen Gewissen oder einem inneren Kompass werden Sie selten in die Lage geraten, dass Ihnen nur noch eine schlechte Option bleibt. Sie haben immer die Wahl. Wenn Sie von Ihren einzigartigen Fähigkeiten weisen Gebrauch machen, bleibt Ihnen auch eine moralische Option offen.

So viel hängt also davon ab, wie gut Sie Ihr Gewissen, Ihren inneren Kompass, erziehen. Sportler zahlen den Preis, den es kostet, ihren Körper zu disziplinieren. Dasselbe müssen Sie regelmäßig mit Ihrem Gewissen tun. Je mehr innere Unsicherheit Sie verspüren, desto größer werden die Grauzonen. Sie werden immer einige Grauzonen haben, besonders, wenn Sie an die Grenzen Ihrer Ausbildung und Erfahrung stoßen. Wenn Sie älter werden, lernen Sie, Entscheidungen auf der Basis dessen zu treffen, was Sie ehrlichen Herzens für richtig und nicht nur für zweckdienlich halten.

- **Kultivieren Sie Ihren unabhängigen Willen, indem Sie Versprechen geben und halten.** Eine gute Möglichkeit, den eigenen unabhängigen Willen zu stärken, besteht darin, Versprechen zu geben und auch zu halten. Jedes Mal, wenn Sie das tun, leisten Sie eine Einzahlung auf das Konto Ihrer persönlichen Aufrichtigkeit – das Vertrauen, das Sie in sich selbst und in Ihre Fähigkeit haben, auf Worte Taten folgen zu lassen. Indem Sie mit kleinen Zusagen beginnen, fördern Sie Ihre persönliche Aufrichtigkeit. Machen Sie immer nur einen Schritt, und beginnen Sie mit Zeiträumen in der Größenordnung eines Tages.

- **Entwickeln Sie Ihr kreatives Vorstellungsvermögen mithilfe von Visualisierungen.** Visualisierung – eine wirkungsvolle mentale Übung, die Spitzensportler und Bühnenkünstler für sich nutzen – kann auch Ihnen dabei helfen, Ihre Lebensqualität zu verbessern. Sie könnten sich beispielsweise in einer Situation visualisieren, die Ihnen normalerweise Unbehagen oder Schmerzen bereitet. Stellen Sie sich vor Ihrem geistigen Auge vor, wie Sie, anstatt wie sonst zu reagieren, auf der Grundlage der Prinzipien und Werte Ihres Leitbildes handeln. Die beste Art und Weise, die Zukunft vorherzusagen, besteht darin, sie zu erschaffen.

Wurzeln treiben Früchte

Mit der Demut, die sich einstellt, wenn wir prinzipiengetreu leben, können wir besser aus der Vergangenheit lernen, Hoffnung in die Zukunft setzen und der Gegenwart mit Zuversicht statt mit Arroganz begegnen. Arroganz ist Ausdruck von mangelnder Selbstwahrnehmung, Blindheit, Illusion, einer falschen Form von Selbstsicherheit und der verqueren Vorstellung, wir stünden über den Gesetzen des Lebens. Echtes Selbstvertrauen wurzelt in der ruhigen Gewissheit, dass unser Handeln auf Prinzipien basiert und dass sich unsere Lebensqualität verbessern wird.

Ich gestehe, dass es auch mir nicht leichtfällt, immer aufrichtig zu sein und auf meine Worte stets die nötigen Taten folgen zu lassen. Auch ich stelle fest, dass es mitunter einfacher ist, Dinge zu erzählen und zu unterrichten, als sie selbst zu praktizieren. Aber mir ist auch bewusst geworden, wie wichtig es ist, dass ich mich immer neu um Aufrichtigkeit bemühe und mein Leben vollständig an korrekten Prinzipien ausrichte. Ich habe beobachtet, dass Menschen, die sich zu keinem Zeitpunkt ihres Lebens an Prinzipien orientieren, dazu neigen, den rein zweckgerichteten politisch gesellschaftlichen Weg zum Erfolg einzuschlagen und ihre ethischen Vorstellungen an die jeweilige Situation anzupassen. Sie sagen: »Geschäft ist Geschäft«, und meinen damit, dass sie das Spiel nach ihren eigenen Regeln spielen. Sie rechtfertigen womöglich auch größere Übertretungen mit geschäftlichen Notwendigkeiten, mag ihr Leitbild auch noch so hochtrabend klingen.

Nur indem wir uns an zeitlosen Prinzipien orientieren und nach ihnen leben, haben wir die Chance auf ein nachhaltiges moralisches, körperliches, gesellschaftliches und finanzielles Wohlergeben.

ANWENDUNG & EMPFEHLUNGEN

> **Sind Sie so sehr damit beschäftigt, gute, einfache oder gewohnheitsmäßige Dinge zu tun, dass Sie zu den wirklich wichtigen Dingen gar nicht kommen? Was sind die guten Dinge in Ihrem Leben, die Sie daran hindern, Ihr Bestes zu geben? Notieren Sie in Ihrem persönlichen Tagebuch alle Ihre Spitzenprioritäten im Leben. Unterscheiden Sie anschließend zwischen A- und B-Prioritäten. Machen Sie einen Plan, um sicherzustellen, dass Sie Ihren A-Prioritäten die meiste Aufmerksamkeit widmen.**

> **Ein kreatives Vorstellungsvermögen befähigt uns dazu, unsere eigene Zukunft zu gestalten. Es gestattet uns, uns selbst zu visualisieren, wie wir auch unter den widrigsten Umständen unserem Leitbild treu bleiben. Notieren Sie Umstände, in denen Sie versucht sein könnten, Ihr Leitbild aus dem Blick zu verlieren. Was wollen Sie in solchen Situationen künftig tun?**

> **Stärken Sie Ihre persönliche Aufrichtigkeit, indem Sie kleine Versprechen abgeben und einhalten. Machen Sie eine Woche lang Zusagen, die sich jeweils auf den nächsten Tag beziehen. Dokumentieren Sie den Erfolg Ihrer Bemühungen in Ihrem persönlichen Tagebuch.**

4 Den wahren Zielpunkt fest im Blick

> *»Ich brauche weder Liebe noch Geld oder Ruhm – gebt mir stattdessen Wahrheit.«*
> HENRY DAVID THOREAU

Es ist eine Sache, der Idee zuzustimmen, dass zeitlose, universelle Prinzipien unser Leben bestimmen. Eine andere ist es, die Richtung unseres Lebens zu ändern, um es mit diesen Prinzipien in Einklang zu bringen. Die korrekte Richtung finden wir, indem wir dem Kompass folgen; aber auch mit Kompass geschieht es nur allzu leicht, dass wir vom Kurs abkommen. Dieses Kapitel handelt davon, wie wir den Kurs halten können.

Viele Menschen glauben ernsthaft, sie würden sich in die korrekte Richtung bewegen, ausgestattet mit den richtigen Werten, Prinzipien und ethischen Vorstellungen, nur um letztlich festzustellen (meist mithilfe objektiver äußerer Kräfte oder ausgelöst durch eine Krisensituation), dass sie ihren Weg verloren haben oder zumindest ein gutes Stück davon abgekommen sind. Zerstreuungen und Verzerrungen haben sie auf kostspielige Abwege und in Sackgassen geführt.

Wie also bleiben wir den Prinzipien primärer Größe treu?

Über die Jahre habe ich das Konzept der wahren Richtung stets anhand eines einfachen Pfadfinderkompasses illustriert. Wenn ich vor einer Gruppe von Personen sprach, die aus den unterschiedlichsten Orten kamen, bat ich sie, die Augen zu schließen und in die Richtung zu zeigen, die sie für Norden hielten, um anschließend die Augen zu öffnen und um sich zu blicken. Jeder Mensch muss lachen, wenn er einen Haufen Leute vor sich sieht, die in lauter unterschiedliche Richtungen zeigen.

Drei Verzerrungen

Wie gelingt es uns, auf Kurs zu bleiben? Wie können wir die Mitarbeiter einer Organisation auf Kurs bringen – und halten –, sodass sie alle in dieselbe Richtung zeigen? Aufgrund von Verzerrungen im Urteilsvermögen ist das nicht so einfach. Ich will über drei Gründe für Verzerrungen sprechen.

1. **Gebäude (Kultur).** Ich habe festgestellt, dass die Kompassnadel immer dann, wenn ich ein Gebäude verlasse, ein wenig die Richtung ändert. Ganz offensichtlich hat das interne Umfeld des Gebäudes einen verzerrenden Einfluss auf die Kompassanzeige. In ähnlicher Weise verändert die Kultur, in der wir uns gerade befinden, unser moralisches Empfinden – häufig, ohne dass wir uns dessen bewusst sind. Wir nehmen bloß an, dass unser Kompass genau nach Norden zeigt. Aber wenn wir uns nach draußen in die Natur begeben, stellen wir fest, dass die Nadel vom Magnetfeld des Gebäudes abgelenkt wurde. Ähnliches gilt für unser Verhalten. Infolge einer verzerrten Moralkultur kommen wir möglicherweise immer mehr vom Kurs ab.

2. **Projektor (Subkultur).** Ich lege dann den Kompass kopfüber auf einen Overhead-Projektor, um zu zeigen, dass auch das Gerät die Kompassanzeige beeinflusst. Diese Verzerrung dient mir als Analogie zur Subkultur einer bestimmten Familie oder Gruppe, eines Arbeitsteams, einer Abteilung oder eines Unternehmens. Jede mächtige und einflussreiche Untergruppe kann ihre eigene verzerrte Definition der wahren Nordrichtung erzeugen.

3. **Magnet (starke Emotionen, eine starke Persönlichkeit oder eine fesselnde Philosophie).** Als Nächstes lege ich einen kleinen Magneten neben den Kompass. Ich stelle fest, dass ich die Kompassnadel ablenken und in eine beliebige Richtung zeigen lassen kann. Ich kann sie kreisen oder hin- und herschwingen lassen. Ich verwende dies als Analogie dafür, wie bedeutende emotionale Ereignisse unsere Vorstellung von der wahren Nordrichtung verändern können, wie eine charismatische Persönlichkeit mit einem starken Ego unseren Richtungssinn beeinflussen und wie eine überzeugend vorgetragene Philosophie unsere Wahrnehmung verzerren kann.

Jede dieser drei Kräfte – und viele weitere – können wie Magnete auf die Kompassnadel einwirken und bewirken, dass sie eine andere Richtung als die nördliche ausgibt. Und dennoch gibt es nur einen *wahren* Norden.

Vereinte Kräfte. Wann immer drei Kräfte – Kultur, Subkultur und Persönlichkeit oder Philosophie – aufeinandertreffen, ist ihre verzerrende Wirkung groß. Dann denken Sie womöglich, dass Sie getreulich gen Norden unterwegs sind, obgleich Sie geradewegs Richtung Süden streben.

Eine Metapher für diese Situation ist *Taumel* – ein Zustand der Benommenheit und des Schwindels, wie wenn ein Flugzeugpilot die Orientierung verliert und verwirrt ist. Die Folge ist ein Mangel an kinästhetischer Wahrnehmung, ein verlorenes Gespür dafür, wo Sie sich im Raum und wo in Bezug zur Erde befinden. Möglicherweise kommt noch eine schräge Wolkenbank hinzu, die Ihnen das Gefühl vermittelt, parallel zur Erdoberfläche zu fliegen, was sich vielleicht erst dann als Irrtum herausstellt, wenn es schon zu spät ist. Viele Abstürze, von Personen wie von Unternehmen, werden von ethischen Taumelzuständen ausgelöst.

Zurück zu den Standards

Warum sind so viele Menschen und Organisationen verloren? Weil so viele verlockende Botschaften und Kräfte auf sie einwirken. Viele an uns gerichtete Medienbotschaften laden uns ein, uns ohne Rücksicht auf das, was unser Gewissen sagt, diversen Zerstreuungen hinzugeben.

Menschen geraten auf die Abseitsspur, wenn sie versuchen, verdeckte oder korrupte Geschäftspraktiken mit ortsüblichen Normen oder internen Standards zu rechtfertigen. Die besten Führungskräfte bewahren sich einen Sinn für Demut. Sie opfern ihren Stolz und teilen ihre Macht, mit der Folge, dass ihr Einfluss innerhalb und außerhalb ihres Unternehmens um ein Vielfaches zunimmt.

Demut sorgt dafür, dass wir weiterhin in Harmonie mit jenen Naturgesetzen leben, die wir nicht brechen können, ohne uns selbst zu schaden. Ich bin überzeugt, dass jeder Mensch sekundäre Größe – Erfolg, Wohlstand und Ruhm – verkraften und damit umgehen kann, solange er seine Verantwortung darin sieht, Prinzipien hochzuhalten und sich an ihnen zu orientieren. In den besten Organisationen regieren Naturgesetze und Prinzipien – wie die Verfassung eines Landes –, und selbst ihre obersten Vertreter müssen sich ihnen beugen. Niemand steht über ihnen.

Wenn Menschen selbstherrlich werden, werden sie zu Magneten, die die Kompassnadel von ihrer wahren Richtung ablenken, sodass sie zukünftig einen Weg weist, der in Arroganz und Niedergang mündet.

Normalerweise ist Politik die Kunst, gewählt und anschließend wiedergewählt zu werden. Ein US-Senator jedoch machte es anders. Er gab immer erst im letztmöglichen Augenblick seine Absicht bekannt, sich zur Wiederwahl zu stellen, um zu vermeiden, dass er oder seine Leute ihr Mäntelchen in den Wind hängten. Er wollte, dass jedermann Kurs hielt. Er war entschlossen, seinem Wahlvolk zu dienen, ohne Rücksicht darauf, wie sich das auf seine Chancen, wiedergewählt zu werden, auswirken würde.

Ich fordere Sie also auf, heute in Ihr Büro zu gehen oder abends zu Ihrer Familie zurückzukehren und die simplen Fragen zu stellen: »Was ist unser Daseinsgrund oder unsere Mission, und mit welcher Strategie beabsichtigen wir sie in die Tat umzusetzen?« Sie werden möglicherweise staunen, wie viele unterschiedliche Antworten Sie erhalten. Und Sie werden vielleicht eine erste Ahnung davon bekommen, in welchem Chaos Sie enden werden, wenn Sie sich nicht alle zusammen hinter ein und dieselbe Vision scharen und an den richtigen Prinzipien ausrichten. Sie werden mit einer Kultur enden, die mehr intrigen- als prinzipiengesteuert ist, und auch die Mitarbeiter, die Sie anziehen, werden mehr zu Intrigen als zur Prinzipientreue neigen.

Ohne Ausrichtung an einer gemeinsamen Vision und ohne Festlegung auf ein gemeinsames, auf Prinzipien beruhendes Wertesystem endet alles im Chaos.

Ich versichere Ihnen, dass Sie, wenn Sie Ihre Familie oder Ihr Arbeitsteam in einer Atmosphäre des Vertrauens, der Freiheit und des offenen Informationsaustauschs versammeln, am Ende zu einem gemeinsamen Wertesystem gelangen und dass es auf Prinzipien beruhen wird: Das Gespür dafür und das Streben danach ist in jedem Menschen tief verwurzelt.

Ich lade Sie ein, dies in Ihrem Unternehmen auszuprobieren. Ich bin überzeugt, dass Sie zu einem gemeinsamen Wertesystem finden werden. Es kann natürlich sein, dass viele Unterschiede sichtbar werden. Aber wenn Sie einander mit Respekt behandeln und sich um Synergien bemühen, werden Sie mit diesen Unterschieden umzugehen wissen und beginnen, sie als Stärken zu begreifen.

ANWENDUNG & EMPFEHLUNGEN

> **Wir sind umgeben von Quellen der Ablenkung und Verzerrung, die uns von unseren höchsten und besten Prioritäten wegreißen können. Notieren Sie in Ihrem Tagebuch: Welche Quelle der Verzerrung gibt es in Ihrem Leben? Was können Sie unternehmen, um wieder zur wahren Richtung zurückzukehren?**

> **Gegen welche Prinzipien und Naturgesetze verstoßen Sie möglicherweise in Ihrem privaten oder beruflichen Leben? Notieren Sie, wie Sie die Situation korrigieren wollen.**

> **Welches Prinzip oder Naturgesetz könnten Sie besser nutzen? Notieren Sie, wie Sie von diesem Prinzip Gebrauch machen wollen.**

> **Gehen Sie heute in Ihr Büro oder kehren Sie heute Abend zu Ihrer Familie zurück und stellen Sie die Fragen: »Was ist unser Daseinsgrund oder unsere Mission, und mit welcher Strategie beabsichtigen wir, sie in die Tat umzusetzen?« Notieren Sie die Ergebnisse. Erstellen Sie einen kurzfristigen Plan: Was können Sie in den nächsten Tagen tun, um aus dieser Mission und dieser Strategie Wirklichkeit werden zu lassen?**

5 Das Denken neu programmieren

> *»Ein Mensch kann nicht in einem Bereich seines Lebens Gutes tun und in einem anderen versuchen, Schlechtes zu tun. Leben bildet ein unteilbares Ganzes.«*
> GANDHI

Unsere Vorstellungen von der Welt bestimmen unser Verhalten. Diese Überzeugungen fungieren unter Umständen als eine Art mentaler Gefängnisse, die uns daran hindern, uns an Prinzipien zu orientieren. Wenn wir überzeugt sind, dass sekundäre Größe besser ist als primäre Größe, besteht für uns wenig Hoffnung, primäre Größe zu erlangen. Dieses Kapitel wird Ihnen Einblick in die Überzeugungssysteme geben, die Menschen gefangen halten und davon abhalten, sich zu verändern. Sie werden außerdem lernen, wie Sie sich aus diesen Gefängnissen befreien können.

Als ich kürzlich von meinem Hotelzimmer aus einen grandiosen Sonnenuntergang in Hawaii beobachtete, musste ich an einen Zweizeiler von Dale Carnegie denken:

> *Durchs gleiche Gitter schauen zwei Männer in die Ferne –*
> *der eine sieht Morast, der andere sieht die Sterne.*

Was wir in unserer augenblicklichen Lage sehen, hängt stark von unserer Blickrichtung ab. Wenn wir nach unten schauen, sehen wir vielleicht nur Morast und Gitter. Wenn wir den Blick nach oben richten, sehen wir möglicherweise die Strahlen der Sonne, des Mondes und der Sterne.

Ich weiß, wie viele Menschen das Gefühl haben, in ihren Rollen und Beziehungen gefangen zu sein und keine innere Balance zu finden. Die Gitterstäbe, die sie gefangen halten, sind selten konkreter Natur – objektiv hindert sie wenig oder nichts daran, den Blick zu den Sternen zu richten.

Vier Ursachen

Was ist also das Problem? Was hält uns hinter den Gittern und veranlasst uns, den Blick auf den Morast statt auf die Sterne zu lenken? Für das Problem gibt es vier Ursachen:

Emotionale Gefangenschaft. Wenn wir eine andere Person enttäuschen oder ihr die Zustimmung verweigern, werden wir häufig gebrandmarkt und in das mentale Gefängnis der anderen Person geworfen. Vielleicht überschreiten wir eine sensible Grenze und verletzen, beleidigen oder kränken die Person. Vielleicht sehen wir uns im Recht und haben das Gefühl, dass der andere diese Behandlung verdient. Dieser sieht es jedoch anders, fühlt sich angegriffen, errichtet Mauern und schließt uns in dieser mit Etiketten tapezierten Gefängniszelle ein. Diese Etiketten wirken häufig wie sich selbst erfüllende Prophezeiungen: »Er hasst mich; ich kann ihm nicht vertrauen; er ist voreingenommen; er ist unfair.« Menschen neigen dazu, so zu werden, wie wir sie behandeln oder wie wir sie sehen. Und wenn andere ein bestimmtes Bild von uns haben, werden sie uns entsprechend behandeln.

Wann immer ich aus Verärgerung die sensible Grenze überschreite, verletze ich Gefühle. Mein Stolz hält mich vielleicht eine Weile davon ab, mich zu entschuldigen. Die andere Person ist verletzt und die Beziehung belastet. Solange ich nur versuche, es besser zu machen, ohne mich jedoch für das Geschehene zu entschuldigen, wird der andere misstrauisch bleiben. Er wurde verletzt und ist seither auf der Hut. Er ist defensiv und misstraut meinem neuen Verhalten. Nichts, was ich tue, ändert seine Einstellung, denn ich sitze hinter den Gittern und Mauern eines Gefängnisses, das er mir gebaut hat. Diese Gitter und Mauern bestehen aus den mentalen und emotionalen Etiketten, mit denen er mich belegt.

So sehen wir Menschen, die nach der Arbeit zu ihren Autos sprinten, um nur rasch in ihr sogenanntes echtes Leben zurückzukehren. Sie erleben am Arbeitsplatz so viel entsetzliches Management und so viel Kontrolle, dass sie nur raus wollen aus dieser erstickenden Atmosphäre, um sich mit Dingen zu beschäftigen, die ihnen etwas bedeuten.

► **Lösung: Zahlen Sie den Preis, den es kostet, aus dem Gefängnis freizukommen.** Nur indem Sie Ihre Fehler eingestehen und um Verzeihung bitten, können Sie aus dem Gefängnis freikommen.

Die Krankheit der Fehlersuche bei anderen. Es gibt eine starke universelle Bereitschaft, Fehler immer erst bei anderen zu suchen und dort die kleinsten Fehler wahrzunehmen, während wir gleichzeitig unsere eigenen Riesenfehler übersehen. Während wir uns auf die Fehler anderer konzentrieren, neigen wir dazu, die Fehler in unserem eigenen Leben zu leugnen oder zu rechtfertigen. Wenn wir dann versuchen, andere zu korrigieren, funktioniert das nicht. Selbst wenn wir in der Sache Recht haben, stimmt der Ansatz nicht. Wir verletzen, weisen zurück, kränken und drohen. Der Balken in unserem Auge hindert uns daran, unsere Fehler klar zu erkennen. Unsere Urteilsfähigkeit ist möglicherweise komplett getrübt. Vielleicht projizieren wir lediglich unsere eigenen Schwächen auf die andere Person. Vielleicht verwechseln wir Beobachtung mit Innenschau. Wenn wir egoistische Ziele verfolgen, macht sich das in tausendfacher Weise in allen Aspekten unseres Lebens bemerkbar.

Etiketten wirken häufig wie sich selbst erfüllende Prophezeiungen. Die Menschen neigen dazu, sich ihrerseits so zu verhalten, wie wir sie behandeln oder sehen.

► **Lösung: Arbeiten Sie zuerst an sich selbst.** Um die Verbesserung einer Situation zu erreichen, müssen wir zunächst an unseren eigenen persönlichen Fehlern arbeiten. Indem wir unsere eigenen Fehler ausräumen, erkennen wir auch, wie wir anderen helfen können. Wir sind ein Licht, kein Richter. In seinem Buch *Take This Job and Love It* rät uns Dennis Jaffe, zu unserer Verantwortung zu stehen und die Opfermentalität abzulegen. Wir sollten lernen, mit den Problemen klarzukommen, und entweder den Job quittieren oder aber die nötigen Veränderungen vornehmen und uns ganz auf diese Arbeit einlassen.

Die Mentalität des Mangels. Menschen mit einer Mentalität des Mangels sind überzeugt, dass der Kuchen eine fest definierte Größe hat. Wenn der eine ein Stück bekommt, bleibt für den anderen weniger übrig. Das führt zu einem Gewinn / Verlust-Denken: Wenn der andere gewinnt, verliere ich, und das kann ich nicht zulassen.

Diese Mentalität speist sich aus verschiedenen Quellen. Eine an Bedingungen geknüpfte Liebe bringt uns vielleicht dazu, dass wir versuchen, diese Liebe durch Wohlverhalten zu erkaufen, ohne dass uns dies ein inneres Selbstwertgefühl vermittelt. Leistungsvergleiche in der Schule oder am Arbeitsplatz führen dazu, dass wir beginnen, uns über Leistung zu definieren. Wettbewerb in der Familie, in der Schule, am Arbeitsplatz, beim Sport und im geselligen Leben verstärkt die Mentalität des Mangels. Wir leiden darunter auf folgende Weise:

> Persönlich wird die Mangelphilosophie zu unserer Lebensphilosophie. Sie gräbt sich tief in unser Lebensverständnis ein. Selbst wenn wir sie nicht bewusst wahrnehmen, betrachten wir das Leben durch diese Brille, die alles beeinflusst, was wir sehen.

> Zwischenmenschlich wirkt sich das Mangelparadigma auf unsere Ehe und sämtliche beruflichen Beziehungen aus. Im Zweifelsfall bringt uns die Vorstellung vom begrenzten Kuchen dazu, dass wir überall nur noch Gewinn / Verlust denken, ob in unseren Beziehungen zu Kunden, Zulieferern oder wem auch immer.

> In unseren Führungsrollen wollen wir unsere Macht mit niemandem teilen. Wir wollen niemandem die Schlüssel in die Hand geben. Wir haben das Gefühl, dass uns die Dinge aus der Hand gleiten, wenn wir den Mitarbeitern mehr Verantwortung übertragen.
>
> Es handelt sich um eine sich selbst erfüllende Prophezeiung. Wenn wir uns über einen Vergleich mit anderen definieren, werden wir uns immer als unzulänglich wahrnehmen. Sind wir dann bereit, Gewinn oder Profit zu teilen? Sind wir bereit, Anerkennung und Lorbeeren zu teilen? Sind wir bereit, Wissen weiterzureichen? Nein, weil Wissen, Stellung, Anerkennung und Profit Macht bedeuten.

> Auf der Unternehmensebene manifestiert sich die Mentalität des Mangels in Gewinn / Verlust-Systemen. Wir sind es, die das System

gestalten, und so werden wir Strukturen und Systeme so formen, wie wir die Welt begreifen. Wir können so viele Motivationsveranstaltungen abhalten, wie wir wollen, aber wenn das System so eingerichtet ist, dass die meisten Beteiligten sich als Verlierer empfinden, werden die Leute nur zynisch und glauben nichts mehr.

▶ **Lösung: Gewinn / Gewinn und eine Mentalität des Überflusses.** Menschen mit einer Überflussmentalität sehen die Welt anders. Sie sind überzeugt, dass mehr als genug Kuchen da ist und dass sich immer noch mehr Kuchen herstellen lässt. Diese Mentalität führt zum Gewinn / Gewinn-Denken. Eine Gewinn / Verlust Person verwandelt ein Gewinn / Gewinn-System in ein Gewinn / Verlust-System. Nur jemand mit einer Überflussmentalität und einem Gewinn/Gewinn-Stil kann den Kreislauf des Mangels und des Gewinn / Verlust-Denkens durchbrechen. Wenn Menschen eine Überflussmentalität kultivieren, denken sie Gewinn / Gewinn. Sie entwickeln mehr Selbstachtung und Respekt vor anderen und begegnen ihnen mit Mitgefühl und Rücksicht. Es gibt kein Unternehmensverhalten; es gibt nur das Verhalten jedes Einzelnen.

Wenn Menschen eine Überflussmentalität kultivieren, denken sie Gewinn/Gewinn. Sie entwickeln mehr Selbstachtung und Respekt vor anderen und begegnen ihnen mit Mitgefühl und Rücksicht.

Wie die meisten Menschen musste auch ich erst aus der Mentalität des Mangels heraus- und in die Überflussmentalität hineinwachsen. Was mir dabei half, war die Entwicklung einer wunderbaren Mission und die verstärkte Beschäftigung mit dem, was richtig ist, statt damit, wer Recht hat. Die Menschen sind in der Lage, die Mentalität des Mangels zugunsten einer Mentalität des Überflusses abzulegen, und sie tun dies auch. Gandhi war anfangs ganz auf Angst, Mangel, Furcht und Misstrauen gepolt. Er fühlte sich von Menschen bedroht und ging ihnen nach Möglichkeit aus dem Weg. Aber als er schließlich eine Vision vom Sinn seines Lebens entwickelt hatte, war er auch in der Lage, diese Gefühle zu kontrollieren und sein Volk zu führen.

Rollenungleichgewicht. Warum sollten wir überhaupt versuchen, Gleichgewicht in unser Leben zu bringen, wenn wir so viele Rollen spielen, von denen jede einzelne uns so viel abverlangt? Wenn wir nicht nach dem Prinzip des Gleichgewichts leben, werden wir notgedrungen scheitern.

Die meisten Menschen meinen, ein Verlust von Gleichgewicht könnte ihnen nicht viel anhaben. Aber sie täuschen sich. Dieser Gleichgewichtsverlust macht sich in tausenderlei Weise bemerkbar. Gandhi hatte Recht, wenn er sagte: »Ein Mensch kann nicht in einem Bereich seines Lebens Gutes tun und in einem anderen versuchen, Schlechtes zu tun. Leben bildet ein unteilbares Ganzes.« Wir können nicht unsere Familie vernachlässigen, 18 Stunden am Tag in unserem Job verbringen und dann ein fantastisches Familienleben erwarten. Wir können nicht unsere Zeit in sozialen Medien verplempern, ohne dass darunter unsere Gesundheit und unsere Produktivität leiden. So funktioniert die Wirklichkeit nun einmal nicht.

Wir alle sind den unterschiedlichsten Kräften ausgesetzt, die uns aus dem Gleichgewicht zu werfen drohen – insbesondere, solange wir keine konkrete Vorstellung vom Sinn und Zweck unseres Lebens haben. Wir streben die Welt an, die wir vor uns sehen. Die Frage lautet: Was sehen wir – Morast oder Sterne?

► **Lösung: (1) Gestehen Sie sich gnädig Phasen der Unausgeglichenheit zu, aber bewahren Sie sich den langfristigen Blick.** Wir alle durchlaufen verschiedene Phasen unseres Lebens, und auch wenn wir uns zu bestimmten Zeiten eine größere Ausgeglichenheit wünschen würden, kommt es doch am Ende auf das langfristige Gleichgewicht an. Das Ungleichgewicht von heute ist aus der Perspektive einer Woche, eines Monats oder eines Jahres betrachtet möglicherweise natürlich und notwendig. Der Erwerb eines akademischen Abschlusses erfordert einige Jahre der Konzentration. Ein berufliches Projekt verlangt möglicherweise eine vorübergehende intensive Fokussierung. Wenn Sie jedoch Ihr gesamtes Leben in eine Rolle investieren, sei es Studium oder Arbeit, ist alles Übrige früher oder später vom Kollaps bedroht: Familie, Freundschaften, Gesundheit. In den Zeiten der Aufopferung und der Fokussierung jedoch sollten Sie Selbstvorwürfe vermeiden und sich mit der langfristigen Perspektive vertrösten.

(2) Lassen Sie andere an Ihren wichtigsten Arbeitsprojekten teilhaben. Ich kenne Menschen, die sich so sehr von einem Projekt vereinnahmen lassen, dass sie darüber alles und jeden vernachlässigen. Sie haben kaum noch Augen für ihre Familie. Sie haben kein soziales Leben, gönnen sich kaum noch Erholung und legen nur noch sporadisch Essens- und Vergnügungspausen ein. All dies mag eine Zeit lang unumgänglich erscheinen, aber wenn Sie Familie und Freunde an der Bedeutung des Projekts teilhaben lassen, werden diese sich weniger vernachlässigt vorkommen. Vielleicht schöpfen sie daraus sogar Inspiration und Antrieb für sich selbst. Beteiligen Sie Ihre Familie an dem, was Sie beschäftigt und fesselt. Weihen Sie sie ein in Ihre Vision und machen Sie sie zu Teilhabern Ihrer Mission. Ich versuche das stets zu tun. Ich versuche, meine Familie mitzunehmen und sie auf die eine oder andere bedeutsame Weise zu beteiligen.

(3) Entwickeln Sie eine abgestimmte Vision des angestrebten Ergebnisses. Was würde geschehen, wenn auf einer Reise jeder sein eigenes Ziel im Kopf hätte? Genau das passiert, wenn die Menschen im Unklaren gelassen oder nur unzureichend informiert werden. Lassen Sie nicht zu, dass Entscheidungen auf der Grundlage diffuser Zielvorstellungen getroffen werden. Ein Projekt oder Ziel mag noch so anspruchsvoll sein – wenn allen Beteiligten klar ist, wohin die Reise geht, bleibt wenig Platz für kleinliche Bedenken. Menschen, die ein großes gemeinsames Ziel haben, stellen für gewöhnlich ihre Egos zurück. Sie treten mit einem Herzen, einem Verstand und einer Stimme auf, weil sie wissen, wo sie hinwollen.

(4) Stellen Sie ein gemischtes Team zusammen. Beschäftigen Sie sich vermehrt mit Führungsaufgaben. Hören Sie auf, so viel zu managen. Die meisten Unternehmen und Familien leiden unter zu viel Management und zu wenig Führung. Natürlich ist auch das Gegenteil möglich, wenn vor lauter Führung kein Management stattfindet. Letztlich braucht es beides. In meinem eigenen Unternehmen konzentrierte ich mich wesentlich auf die Führungsrolle, mit der Folge, dass irgendwann der finanzielle Kollaps drohte, weil ich darüber das Managen vergaß. Wir mussten unser Team breiter aufstellen und Menschen hinzunehmen, die sich mit finanziellen Dingen auskannten. Das führte unmittelbar dazu, dass meine Stärken produktiver und meine Schwächen bedeutungslos wurden. Die meisten Menschen sehnen sich nach Mitstreitern, die so sind wie sie selbst, aber was wir wirklich brauchen, sind Leute, die anders sind als wir – die emotional von uns unabhängig sind, Stärken besitzen, die uns fehlen, und unsere Schwächen kompensieren.

(5) Reservieren Sie einen Teil Ihrer wertvollen Zeit für Ihre Liebsten und Ihre Herzensanliegen. Jede Führungskraft tut sich schwer, ihr Gleichgewicht zu wahren. So viele Dinge verlangen ihre Zeit. Wegen der vielen Reden und Veranstaltungen finde ich kaum Zeit für kreative Tätigkeiten. Umso wichtiger ist es, dass mir mein Zuhause Schutz gewährt, ähnlich einem Wildreservat oder einem Waldschutzgebiet, wo ich kreative Dinge tun oder mich ungestört meiner Familie widmen kann. Ich sichere mir diese Zeiten durch langfristige Planung auf der Basis der mir wichtigsten Werte. Ich lege manche Familienaktivitäten zwei Jahre im Voraus fest und versuche sie anschließend nicht mehr anzutasten. Ich ziehe gleichsam Zäune um diese Zeiten.

(6) Nehmen Sie das, was einer anderen Person wichtig ist, in dem Maße wichtig, wie Ihnen diese Person wichtig ist. Wenn ich zu Hause bin, versuche ich, ganz für meine Frau und meine Familie da zu sein. Ich lasse sie meine Agenda schreiben. Ich begleite sie auf ihre Veranstaltungen. Ich tue, was sie sich von mir wünschen. So mache ich mir beispielsweise selbst wenig aus Golf, anders als mein Sohn. Also spiele auch ich Golf, weil er mir wichtig ist.

Als meine Söhne und Töchter Kinder waren, stellte ich fest, dass es manchmal das Beste war, einfach nur da zu sein – ohne eine eigene Agenda, einfach nur in ihrer Nähe und für sie da. Nach einer Weile begannen sie von selbst, über das zu sprechen, was ihnen auf dem Herzen lag. Aber erst musste ich ihnen zeigen, dass ich nicht nur körperlich, sondern auch gedanklich anwesend war. Kinder öffnen sich, wenn wir unsere Ohren und Herzen öffnen, einfach einmal nichts sagen und ganz für sie da sind.

ANWENDUNG & EMPFEHLUNGEN

> Notieren Sie in Ihrem Tagebuch die Antworten zu folgenden Fragen: Fühlen Sie sich jemals wie in einer Falle oder in einer Gefängniszelle? Was hält Sie hinter Gittern – mit dem Blick auf den Morast und nicht auf die Sterne? Woher kommt dieses Gefühl, in einer Furche festzustecken und nicht mehr weiterzukommen?

> Hat man Ihnen ein unzutreffendes Etikett verpasst? Wie hat sich das auf Ihr Handeln ausgewirkt? Haben Sie eine andere Person aus Ihrem beruflichen oder privaten Umfeld mit einem unpassenden Etikett versehen? Tun Sie noch heute einen ersten Schritt, um diese Etikettierungen zu korrigieren.

> Antworten Sie schriftlich: Haben Sie eine Überflussmentalität? Sind Sie wirklich bereit, Gewinne mit anderen zu teilen? Sind Sie bereit, Anerkennung mit anderen zu teilen? Sind Sie bereit, Wissen zu teilen? In welchen Bereichen pflegen Sie eine Mentalität des Mangels? Entscheiden Sie sich für eine Möglichkeit, Wissen, Lorbeeren und Anerkennung zu teilen, und tun Sie es. Wie fühlt es sich an?

> Kümmern Sie sich mehr um Führungsfragen. Managen Sie nicht so viel. Die meisten Unternehmen und Familien leiden unter zu viel Management und zu wenig Führung. Welche eine Sache können Sie heute tun, um mehr zu führen und weniger zu managen?

Teil II

Die 12 Gründe des Gelingens

6 Authentisch sein

»Wer nicht weiß, wofür er steht, ist leicht verführbar.«
GORDON A. EADIE

Totale Authentizität ist der erste Grund primärer Größe. Menschen, denen diese Eigenschaft fehlt, leben in einer Welt, in der sie etwas zu sein vorgeben, was sie nicht sind. Die Vorspiegelung einer falschen Identität belastet das eigene Gewissen sowie die Menschen, die mit uns auskommen müssen, schwer. Indem wir nichts anderes zu sein vorgeben, als was wir wirklich sind, befreien wir uns von dieser Last. Primäre Größe ist eine Eigenschaft von Menschen, denen die Übereinstimmung von Sein und Schein fest in den Charakter eingeschrieben ist. Dieses Kapitel handelt davon, wie Sie Ihr Leben an dem Prinzip der totalen Authentizität ausrichten können.

Mir scheint, dass wir, wenn wir über Ethik reden, häufig auf ein falsches Gleis geraten. Viele Menschen verwechseln Ethik mit juristischen Fragen, oder sie gehen an ethische Fragen nicht ganzheitlich

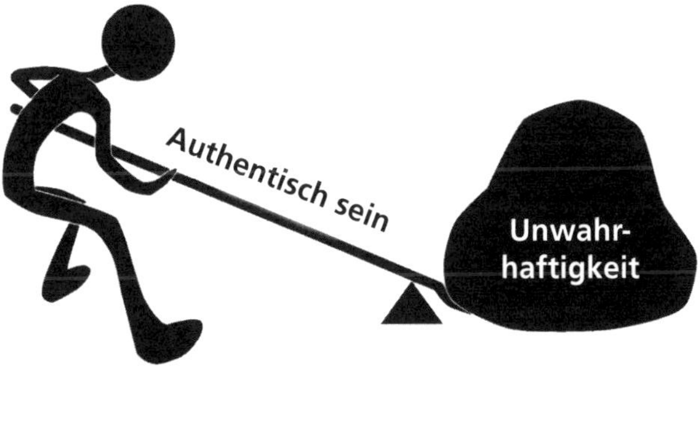

und organisch heran, sondern haben in jedem Bereich unterschiedliche Ansichten.

Eine organische Herangehensweise hingegen befähigt uns in natürlicher Weise dazu, alles und jedes durch die ethische Brille zu sehen. Folglich bildet auch alles ein Ganzes, anstatt in lauter getrennte Bereiche gegliedert zu sein.

Primäre Größe handelt von dem, was *ist*; sekundäre Größe handelt davon, wer wir zu sein *scheinen*.

Mit der Frage von Schein und Sein ringend, sagt Shakespeares Hamlet: »Welch ein Meisterwerk ist der Mensch! Wie edel durch Vernunft! Wie unbegrenzt an Fähigkeiten! In Gestalt und Bewegung wie bedeutend und wunderwürdig! Im Handeln wie ähnlich einem Engel! Im Begreifen wie ähnlich einem Gott!« Er rät: »Passt die Gebärde dem Wort, das Wort der Gebärde an.« Und er überlegt: »Was ist der Mensch, wenn seiner Zeit Gewinn, sein höchstes Gut nur Schlaf und Essen ist? Ein Vieh, nichts weiter. Gewiß, der uns mit solcher Denkkraft schuf voraus zu schaun und rückwärts, gab uns nicht die Fähigkeit und göttliche Vernunft, um ungebraucht in uns zu schimmeln.« Und seiner Mutter, der Königin, erwidert Hamlet: »Scheint, gnäd'ge Frau? Nein, ist; mir gilt kein ›scheint‹.«

Menschen, denen es nur um sekundäre Größe geht, kennen nichts als den Schein. Sie leben und arbeiten in einer Welt des Scheins, des Vorspielens von etwas, das sie nicht sind. Sie sorgen sich mehr darum, wie andere sie sehen, als darum, wer sie sind. Sie sind wie Schauspieler, die eine Maske tragen, um zu verschleiern, was sie tun, und ein Bild von sich aufrechtzuerhalten.

Als ich in North Carolina arbeitete, schenkte man mir ein Hemd, das mit dem lateinischen Motto des Bundesstaates *esse quam videri* bedruckt war, was so viel bedeutet wie »mehr sein als scheinen«.

Das sollte zugleich das Motto für jeden sein, der nach primärer Größe strebt. Leider dient der Schein nur allzu häufig als Ersatz für das Sein.

Demut und Mut

Wie also gelangen wir zur Übereinstimmung von Sein und Schein – und damit zu wahrhaftiger Authentizität?

Aus meiner Sicht sind dafür zwei primäre Charaktereigenschaften notwendig: Demut und Mut.

Demut bedeutet: Wir werden früher oder später erkennen, dass die Welt von Prinzipien regiert wird. Ein demütiger Mensch sagt nicht: »Ich habe die Kontrolle über mein Leben« oder: »Ich bestimme mein Schicksal«. Solche Vorstellungen, so verbreitet sie in der Erfolgsliteratur der letzten Jahrzehnte auch sein mögen, sind das Produkt unseres gesellschaftlichen Wertesystems. Und unsere gesellschaftlichen Werte basieren mitunter nicht auf unverbrüchlichen Prinzipien, sondern auf dem Treibsand von Egoismus und kurzlebigen Meinungstrends.

Menschen, denen es nur um sekundäre Größe geht, kennen nichts als den Schein. Sie leben und arbeiten in einer Welt des Scheins, des Vorspiegelns von etwas, das sie nicht sind. Sie sorgen sich mehr darum, wie andere sie sehen, als darum, wer sie sind. Sie sind wie Schauspieler, die eine Maske tragen, um zu verschleiern, was sie tun, und ein Bild von sich aufrechtzuerhalten.

Einmal zeigte mir der Präsident eines internationalen Kommunikationsunternehmens das Wertebekenntnis seines Hauses: »Wir stehen dazu, dass wir alle rühmlichen Werte praktizieren, die den Wert des einzelnen Menschen heben und unsere menschlichen Gemeinschaften stärken.« Als ich ihn zu seinen Kernwerten befragte, nannte er: *Authentizität, Spitzenleistung, Dienstbereitschaft, Rentabilität, Sensibilität, Aufrichtigkeit* und *hohe ethische und moralische Normen.*

Ich sagte: »An diesen Unternehmenswerten ist sicherlich nichts auszusetzen, orientieren sie sich doch eng an ewigen Prinzipien. Wichtig ist jedoch, wie Sie sie in Ihrem Tagesbetrieb zur Anwendung bringen.« Ich versuchte ihm zu sagen, was jeder Beschäftigte bereits weiß: *Juristische, ethische und moralische Normen sollten nicht nur auf irgendwelchen Plakaten in der Unternehmenszentrale zu lesen sein, sondern sich in den Einstellungen und Verhaltensweisen der Beschäftigten aller Ebenen widerspiegeln.*

Diesem demütigen Unternehmer war bewusst, wie wichtig es ist, den Worten Taten folgen zu lassen und dafür Sorge zu tragen, dass die

Worte – das Wertesystem des Unternehmens – auf Prinzipien basieren. Ihm war klar, dass wir nicht einfach so schalten und walten können, sondern Naturgesetzen und Prinzipien unterworfen sind – und dass eine innere Einstellung der Demut in gewisser Weise die Mutter aller Tugenden ist, weil wir nur im Geiste der Unterwerfung fähig sind, diese Tugenden in die Praxis umzusetzen.

Der Vater aller Tugenden hingegen ist der Mut. Er zeigt sich darin, wie entschlossen wir sind, zu unseren Tugenden zu stehen, wenn es hart auf hart kommt. Früher oder später muss jeder Wert auf den Prüfstand. Die große Frage ist dann, ob wir unsere Werte, unser Leben und unsere Gewohnheiten zukünftig an Prinzipien ausrichten. Auch hier lautet die große Frage: »Sein oder nicht sein?« Tun als ob ist keine Option.

Mit anderen Worten: Werden wir wirklich nach unseren Prinzipien leben? Vielleicht besitzen wir die nötige Demut, aber haben wir auch den Mut dazu? Werden wir tatsächlich gegen den Strom mächtiger gesellschaftlicher Werte schwimmen oder unseren eingeschliffenen Gewohnheiten die Stirn bieten? Wird »unserer Zeit Gewinn, unser höchstes Gut nur Schlaf und Essen« sein? Oder werden wir unsere »unbegrenzten Fähigkeiten«, unsere »wunderwürdige Gestalt« und unsere »göttliche Vernunft« wohl zu nutzen verstehen? Ohne den Mut, entsprechend unseren tiefsten Überzeugungen zu handeln, wird uns das nicht gelingen. Unsere auf Prinzipien ausgerichteten Initiativen werden vielmehr von der jüngsten Welle gesellschaftlicher Modewerte überrollt und platt gedrückt werden.

Wenn wir Demut und Mut besitzen, werden Sein und Schein auf natürliche Weise eins. Unser Leben dreht sich um Prinzipien, und wir beziehen unsere Sicherheit aus uns selbst heraus statt von außen. Das bedeutet auch, wie ein Freund es formulierte, dass wir »in allen Beziehungen ein Höchstmaß an Ehrlichkeit und Glaubwürdigkeit« pflegen.

Wir können nicht wirklich wir selbst sein, solange es uns an der nötigen Demut fehlt, und selbst die Demut hilft uns nicht weiter, wenn es uns an Mut mangelt, unsere Überzeugungen zu leben. Dann ist unser Verhalten von Doppelzüngigkeit und Heuchelei geprägt oder von dem, was ich – im Unterschied zur *Charakterethik* – als *Persönlichkeitsethik* bezeichne. Menschen, die sich anders geben, als sie wirklich sind, werden zu Schauspielern einer Persönlichkeit, der kein wahrer und ethischer Charakter zugrunde liegt. Das ist schlicht Täuschung. Wer

Charakter nur vorspielt, bezieht seine Sicherheit notgedrungen von außen. Und somit hängt diese Sicherheit davon ab, dass wir uns von anderen akzeptiert wissen und dass wir im Vergleich zu anderen in unseren eigenen Augen gut abschneiden.

Gegen Ende meines Buches *Die 7 Wege zur Effektivität* gestehe ich meinen Lesern, dass mir vieles von dem, wovon das Buch handelt, bisweilen selbst nicht leichtfällt – aber dass sich Mühe und Anstrengung lohnen, weil mein Leben so einen Sinn bekommt und ich lerne zu lieben, andere Menschen wirklich wahrzunehmen und niemals aufzugeben. Dennoch stellt sich auch mir die Aufgabe, wirklich ich selbst zu sein, stets aufs Neue.

Mein ganzes Leben lang stehe ich in dieser Sache mit mir im Dialog. Ich frage mich, ob ich das Recht habe, anderen Lehren zu erteilen, die ich selbst nicht immer befolge. Und dabei bin ich auf eine Wahrheit gestoßen, die der Psychologe Carl Rogers einmal so beschrieb: »Das Persönlichste ist zugleich das Allgemeingültigste.« Die meisten Menschen führen mit sich denselben inneren Dialog.

Als ich begann, diesen privaten Dialog mit mir zu führen, wurde mir außerdem bewusst, dass dieser innere Kern der Ort ist, aus dem die Einsichten kommen. Je näher Sie der inneren Wahrheit kommen, wer Sie wirklich sind, desto deutlicher werden Ihnen jene Dinge bewusst, die die Menschen miteinander verbinden, weil sie für alle gleichermaßen gelten.

Ökonomische Krisen haben uns dies gelehrt. Ein Unternehmen nach dem anderen hat in den letzten Jahren Demut gelernt. Die Finanzbranche ist über Praktiken ins Straucheln gekommen, die nicht immer frei von Heuchelei und Doppelzüngigkeit waren. Viele große Unternehmen sind über einen Mangel an Demut und dem rechten Bewusstsein für das, was sie wirklich taten, gestolpert. Und manche von ihnen haben daraufhin einen tiefen Prozess der Seelenerforschung durchlaufen.

Viele von uns werden zur Demut gezwungen, aber besser ist es, wenn wir aus freien Stücken lernen, Demut zu üben. Indem wir verstärkt innere Sicherheit entwickeln und lernen, wirklich wir selbst zu sein, werden wir durch unser Bewusstsein und nicht durch die Umstände und durch äußere Kräfte zur Demut gebracht.

Solange wir nicht auf uns selbst achtgeben und unser Wissen über uns selbst nutzen, werden wir stets unsere persönlichen Motive auf die Außenwelt projizieren. Wir interpretieren den beschränkten Ausschnitt, den wir wahrnehmen, als die ganze Welt. Wir verwechseln Innenschau mit Weltbetrachtung. Wir missverstehen uns selbst, andere Menschen und die Welt insgesamt, solange wir in diesem Zustand der Projektion und der Blindheit gegenüber unserem wahren Kern verharren. Stattdessen müssen wir den Preis der ehrlichen Innenschau zahlen, um wahre Kenntnis über uns selbst zu gewinnen.

Dreimal wir selbst

Jeder von uns besteht aus drei Identitäten: der öffentlichen (wie wir uns in der Öffentlichkeit geben), der privaten (was wir in unserer Familie und in unserem engeren Freundeskreises tun, wenn wir uns gehen lassen können) sowie unserem inneren, geheimen Selbst (der Ebene, auf der wir die Skripte unseres Lebens untersuchen können – unsere Motive, Neigungen und Gewohnheiten, bedingt durch unsere Gene, unser Umfeld und unsere gesellschaftliche Konditionierung). Inwieweit bei uns Sein und Schein übereinstimmen, hängt entscheidend von diesem inneren Kern ab.

Die meisten Menschen versuchen, ausgehend von ihrer öffentlichen Identität, Einfluss von außen nach innen auszuüben. Effektiv ist es hingegen, vom inneren Kern aus Einfluss von innen nach außen auszuüben. Solange Sie authentisch zu erkennen geben, wer Sie tief in Ihrem Inneren sind, werden die Menschen lernen, Ihnen aufgrund Ihrer Wahrhaftigkeit zu vertrauen.

In dem Maße, wie Sie sich selbst besser kennenlernen und sich auf der privaten Ebene und in Ihrem inneren Kern Einflüssen gegenüber öffnen, sind Sie selbst in einer besseren Position, andere zu beeinflussen. Die anderen spüren, dass Sie offen für Einflüsse und Feedback sind, und werden sich daraufhin selbst stärker öffnen. Um auf andere einwirken zu können, müssen wir zuerst einmal uns selbst kennen.

Große Geister haben uns gelehrt: »Erkenne dich selbst«, »Diszipliniere dich« und »Gib dich hin« und ich möchte betonen, dass in diesen Sequenzen große Kraft steckt.

Wenn ich, um einen hypothetischen Fall zu betrachten, gerüchteweise erfahre, dass jemand verletzende Dinge über mich in Umlauf bringt, könnte ich zuerst einmal zu mir selbst sagen: »Stephen, Vorsicht, du weißt, dass du zu Überreaktionen neigst und dir ständig einbildest, alle Welt sei gegen dich. Lass dich nicht von dieser Paranoia leiten. Geh stattdessen auf die Menschen zu und kläre, was an den Gerüchten dran ist.«

Passen Sie auf, was jetzt passiert. Wenn ich meine paranoide Veranlagung mit berücksichtige und weitere Erkundigungen einhole, stelle ich häufig fest, dass meine Befürchtungen unbegründet sind. Ich kann dann zu dem Betreffenden sagen: »Es trifft mich, was du sagst, aber ich versuche damit vernünftig umzugehen und nicht emotional zu reagieren.« Ich übernehme für mich selbst die Verantwortung. Ich berücksichtige, was ich über mich selbst weiß. Ich verlasse mich nicht auf Gerüchte. Wenn wir unmittelbar miteinander kommunizieren, lasse ich mir von anderen auch etwas sagen.

Wenn wir das Gefühl haben, dass unsere innere Kongruenz gestört ist, greifen wir, so der legendäre Psychologe Carl Rogers, auf diverse psychologische Abwehrmechanismen wie Leugnen, Intellektualisierung, Rationalisierung und Projektion zurück. Projektion findet dann statt, wenn ich meine eigenen Motive auf andere Menschen projiziere. Wir beurteilen andere nach ihrem Verhalten, uns selbst aber nach unseren Absichten.

Ich habe an einem Experiment in Bethel im US-Bundesstaat Maine teilgenommen, bei dem Forscher im Rahmen einer psychologischen Dissonanzstudie geschaut haben, mit welchen Abwehrmechanismen Versuchspersonen auf Stresssituationen reagieren. Je nachdem, ob die Teilnehmer bevorzugt auf Intellektualisierung, Rationalisierung, Leugnung oder Projektion als Abwehrmechanismus zurückgriffen, wurden sie in Gruppen eingeteilt. In diesen Gruppen mussten sie anschließend bestimmte Aufgaben lösen.

Mein Abwehrmechanismus war die Intellektualisierung. Sie können sich vorstellen, wie meine Gruppe aussah. Wir waren ein Haufen Akademiker, die sich ihren Beruf unter anderem deshalb ausgesucht hatten, weil er ihnen ein Refugium bot. Hier konnten wir uns in die Welt der theoretischen Abstraktionen zurückziehen. Wir erhielten Aufgaben, die wir gemeinsam lösen sollten, aber wir kamen damit nicht weit. Unser analytisches Denken stand uns ständig im Weg und lähmte uns förmlich.

In einem anderen Raum projizierten die Mitglieder der Projektionsgruppe ihre eigenen Motive jeweils auf die übrigen Teilnehmer, mit der Folge, dass sie sich gegenseitig Vorwürfe machten und ebenfalls keine Fortschritte erzielten.

Auch die Mitglieder der Leugnungsgruppe kamen nicht weiter, weil jeder nur sagte: »Nein, das ist nicht Gegenstand der Aufgabe. Das ist nicht das, was wir machen sollen.«

Dieses Experiment zeigte mir erneut, wie wichtig es ist, die eigenen Motive und die eigenen Methoden zur Bewältigung schwieriger Probleme zu kennen. Mir wurde einmal mehr bewusst, wie schnell ich dazu neige, meine Verantwortung für mein eigenes Leben wegzudiskutieren. Auch andere Abwehrmechanismen lassen uns möglicherweise in dieselbe Falle tappen.

Wir können nur in dem Maße Einfluss auf andere Menschen ausüben, in dem wir über innere und äußere Kongruenz verfügen. Mir wurde dies besonders deutlich, als sich ein Freund, der mich zuvor tief verletzt hatte, bei mir entschuldigte. Ich sagte ihm daraufhin: »Ich kann dir gar nicht sagen, wie sehr ich dich für deine aufrichtige Art, dich zu entschuldigen, bewundere. Wie bist du an diesen Punkt gelangt?« Und er erwiderte: »Ich musste tief in mich gehen und mit mir selbst sprechen. Ich habe diesen Dialog so lange geführt, bis ich genug über mich selbst wusste, um mich zu fragen: ›Auf was will ich hören – mein Ego oder mein Gewissen?‹ Und da beschloss ich, auf mein Gewissen zu hören.«

Mein Freund nimmt sein Gewissen so ernst, dass er sich im Konfliktfall stets für sein Gewissen und gegen sein Ego entscheidet. Er hat es sich zur zuverlässigen Gewohnheit gemacht, auf sein Gewissen zu hören. Diesem Umstand ist zu verdanken, dass er großen Einfluss auf andere hat.

Viele Menschen führen einen inneren Dialog, haben aber nicht den Mut, Fehler einzugestehen oder sich öffentlich zu entschuldigen und den Kurs zu ändern. Mut ist eine Frage der Aufrichtigkeit. Solange wir nicht zuverlässig wir selbst sind, fällt es uns schwer, den nötigen Mut aufzubringen, um Fehler einzugestehen und unseren Kurs zu korrigieren.

Die Früchte der Authentizität

Wer sich nach außen gibt, wie er wirklich ist, genießt im Leben einige unbestreitbare Vorteile.

> Ein Vorteil ist *Weisheit*. Wenn wir unsere Sicherheit aus uns selbst beziehen, können wir besser urteilen. Wir neigen nicht zur Überreaktion. Wir sehen die Welt nicht schwarz-weiß. Wir erblicken nicht überall Katastrophen. Wir neigen nicht zu Extremen. Wir sind insgesamt ausgeglichener. Wir betrachten die Dinge aus dem richtigen Blickwinkel und setzen sie in die richtigen Relationen. Wir reagieren weder uber noch zu verhalten. Wir »passen die Gebärde dem Wort und das Wort der Gebärde an«, wie Shakespeare schrieb.

> Ein zweiter Vorteil ist die *Überschussmentalität*. Wenn wir unsere Sicherheit aus uns selbst beziehen, vergleichen wir uns nicht ständig mit anderen. So fällt es uns leichter, eine Überschussmentalität zu entwickeln. Wir fürchten nicht länger, dass andere uns in Sachen Lorbeeren und Erfolg den Rang ablaufen könnten. Stattdessen gehen wir davon aus, dass die Ressourcen des Lebens in unerschöpflicher Fülle vorhanden sind. Wie Hamlet sagt: »An sich ist nichts weder gut noch böse, das Denken macht es erst dazu.« Genauso verhält es sich mit dem Mangel: Erst wenn wir nach ihm suchen, finden wir ihn. Wenn wir hingegen nach den überreichlich vorhandenen, möglicherweise verborgenen Ressourcen um uns herum Ausschau halten, haben wir die Chance, von ihnen zu profitieren.

> Ein dritter Vorteil ist *Synergie*. Wenn unsere Sicherheit nicht davon abhängt, was andere von uns halten, können wir mit ihnen gemeinsam bessere Ideen im Geiste eines Gewinn / Gewinn-Denkens entwickeln. Wir können unsere Ideen mutig und rücksichtsvoll vorbringen mit dem alleinigen Ziel, die bestmögliche Alternative zu finden. Es geht also nicht darum, die Lorbeeren für die beste Idee einzustreichen.

> Ein weiterer Vorteil ist die Möglichkeit, *vertrauensvolle Beziehungen* einzugehen – auf der persönlichen Ebene wie auf der Unterneh-

mensebene. Nur solange die Beteiligten sich nach außen geben, wie sie wirklich sind, ist es möglich, funktionierende Beziehungen zu pflegen. Viele bilanzrelevante Faktoren wie Wettbewerbsstärke, Flexibilität, Qualität, ökonomischer Mehrwert und Kundenservice setzen verlässliche Beziehungen voraus. Vertrauenswürdig sind letztlich nur Menschen, die unverstellt sie selbst sind.

Ein Ethikprogramm für Unternehmen

Wo doch so viel über Aufrichtigkeit und ethisches Verhalten gesprochen wird: Warum sind Verstöße gegen die ethischen Normen dennoch so verbreitet, auf der persönlichen ebenso wie auf der Unternehmensebene?

Seit Jahren schon nehmen ethische Grundsätze in der Ausbildung und in den Fortbildungsangeboten der Unternehmen einen herausragenden Platz ein.

Die Unternehmen wenden viel Geld für ethische Programme auf. Leider jedoch stimmt es wohl, was ein kürzlich pensionierter ehemaliger Ethikbeauftragter so formuliert: »Manchen Führungskräften geht es vorrangig um das Image und die öffentliche Wahrnehmung. Häufig werden die Ethikprogramme überhaupt erst nach einem öffentlichen Aufschrei oder einer internen Untersuchung aufgelegt. Ethikbeauftragte dienen als Anlaufstelle für Whistleblower und für Beschäftigte, die an keinem langen Hebel sitzen und nicht wissen, wie sie ein Problem auf anderem Wege lösen sollen. Wenn Führungskräfte die Mittel mit den Zwecken rechtfertigen, verstehen die Mitarbeiter die Signale. Sie registrieren, wer eingestellt, befördert und belohnt wird – und warum. Sie sehen, wer mit Mord durchkommt und wer unangemessenes Verhalten duldet oder ihm gar Vorschub leistet. Ethikprogramme mögen helfen, die Sensibilität für Probleme wie sexuelle Belästigung oder sexistische Sprache zu schärfen, aber sie sind kaum geeignet, der Flut unethischen Verhaltens Einhalt zu gebieten. Häufig treiben sie das unethische Verhalten lediglich in den Untergrund, wo es noch ungezügelter sein Unwesen treibt.«

Der Versuch, sich lediglich einen ethischen Anstrich zu geben, ist der falsche Ansatz, weil er nicht auf Demut basiert – auf der Anerkennung von Prinzipien und deren bedingungsloser Befolgung. Hier geht es vielmehr um Stolz – um einen abgetrennten Bereich in einer Person oder einem Unternehmen, in dem Werte hochgehalten werden, ohne dass sie zugleich für die gesamte Person oder das gesamte Unternehmen gelten.

Wenn Universitäten Ethikkurse anbieten oder Unternehmen entsprechende Abteilungen einrichten, erreichen sie damit lediglich, dass ihre Studenten beziehungsweise Mitarbeiter lernen, von Zeit zu Zeit die ethische Brille aufzusetzen. Aber sie werden wohl kaum ihr gesamtes Weltverständnis und ihr gesamtes Tun und Lassen an ethischen Grundsätzen ausrichten.

> Wenn Führungskräfte die Mittel mit den Zwecken rechtfertigen, erkennen die Mitarbeiter die Signale. Sie registrieren, wer eingestellt, befördert und belohnt wird – und warum. Sie sehen, wer mit Mord durchkommt und wer unangemessenes Verhalten duldet oder ihm Vorschub leistet.

Das ethische Dilemma weist Analogien zum Qualitätsdilemma auf. Es reicht nicht, in einem Unternehmen eine Qualitätsabteilung einzurichten. Man kann nicht ein Produkt qualitativ verbessern, nachdem es schon hergestellt wurde. Vielmehr muss der Qualitätsgedanke bereits beim Design und bei der Herstellung Pate stehen. Dasselbe gilt für die Ethik. Wenn sich jeder für die Einhaltung ethischer Grundsätze verantwortlich fühlt, braucht es niemanden mehr, der sich in besonderer Weise darüber Gedanken macht, weil das ethische Verhalten für alle zur Selbstverständlichkeit geworden ist.

Wenn Führungskräfte ethische Normen gewissenhaft einhalten, ist das zugleich Ansporn für andere, es ihnen gleichzutun. Als der Präsident einer großen Universität verabschiedet wurde, pries ihn der Vorsitzende des Universitätsbeirats mit den Worten: »Manch einer erklimmt den Gipfel seines beruflichen, gesellschaftlichen oder finanziellen Erfolgs auf krummen Wegen. Andere mögen tugendhafter sein, und doch kommen Familie, Freunde und Kollegen bei ihrem Aufstieg an die Spitze deutlich zu kurz. Umso seltener sind diejenigen, die es verstehen, Ehrenhaftigkeit, Authentizität, Dienstbereitschaft und Sensibilität für Familie und Freunde miteinander zu verbinden. Zu diesen wenigen gehören Sie.«

Allzu häufig hat die Ethik mit dem Alltag des Unternehmens oder der Institution wenig zu tun. Professionelle Ethikbeauftragte mögen ihre Reden schwingen, aber in der Praxis reagieren sie häufig nur auf grobes Fehlverhalten von Mitarbeitern, die nicht tun, was sie sagen, und deren einzige Sorge ist, dass man sie dabei ertappen könnte. Die Ethikbeauftragten mögen einer Klage nachgehen, um der Anrufung der Gerichte zuvorzukommen, aber sie treffen keinerlei grundsätzliche oder vorbeugende Maßnahmen.

Solange die erklärten Ethikstandards eines Unternehmens stark vom individuellen Verhalten abweichen, fühlen sich die Mitarbeiter nicht verpflichtet, sich an die Ethikstandards zu halten.

Leitbild und Ethikkodex entfalten eine sehr viel größere Wirkung, wenn sie nicht bloß in aller Eile aufgestellt, verkündet und anschließend wieder ignoriert und vergessen werden. Indem Sie Ihre Mitarbeiter in den Gestaltungsprozess einbeziehen und Leitbild und Ethikkodex regelmäßig mit ihnen gemeinsam überprüfen, machen Sie Demut und Mut zu Bestandteilen Ihrer Unternehmenskultur.

Der Ethikkodex wird zur »Verfassung« Ihres Unternehmens, wenn er als Grundlage für alles Übrige dient. In diesem Fall brauchen Sie sich nicht mehr darum zu kümmern, ob Sie ein ethisch einwandfreies Bild abgeben. Folglich benötigen Sie auch keine Ethikabteilung. Das Unternehmen wird zur zweiten Familie. Die Mitarbeiter üben sich in Demut, weil sie wissen, dass Prinzipien wichtiger sind als Menschen, Programme oder Strategien. Sie glauben nicht nur an zeitlose Prinzipien, sondern haben auch den Mut, nach ihnen zu handeln.

ANWENDUNG & EMPFEHLUNGEN

> **Notieren Sie in Ihrem Tagebuch: Was bedeutet es für Sie, ganz Sie selbst zu sein? Wählen Sie einen Bereich in Ihrem Leben, in dem Sie mehr Sie selbst sein könnten, und dann seien Sie es. Wie fühlt es sich an?**

> **In welchen Bereichen Ihres Lebens sind Sie ein Vorbild in Sachen Mut? Wo in Sachen Demut? Notieren Sie eine Situation, in der Sie mehr Mut, und eine andere, in der Sie mehr Demut zeigen könnten. Versuchen Sie es.**

7 Sich einbringen

»Schauen Sie sich um. Da ist kein Leben in diesem Raum,
das Sie nicht angerührt haben, und jeder von uns ist durch Sie ein
besserer Mensch geworden. Wir sind Ihre Symphonie, Mr. Holland.
Wir sind die Melodien und die Noten Ihres Werkes.
Wir sind die Musik in Ihrem Leben.«
MR. HOLLAND'S OPUS

Primäre Größe wird von denen erreicht, die eine Mission haben, einem Ziel dienen, das größer ist als sie selbst, und sich nachhaltig einbringen. Viele von uns sind versucht, sich mit dem bequemen Weg zufriedenzugeben, nicht zu viel von sich selbst zu verlangen und niemals die befreienden Fragen zu stellen: »Was braucht die Welt von mir? Was kann ich zum Leben anderer Menschen beitragen?« Dieses Kapitel wird Ihnen dabei helfen, sich Gedanken über das Vermächtnis zu machen, das Sie hinterlassen wollen.

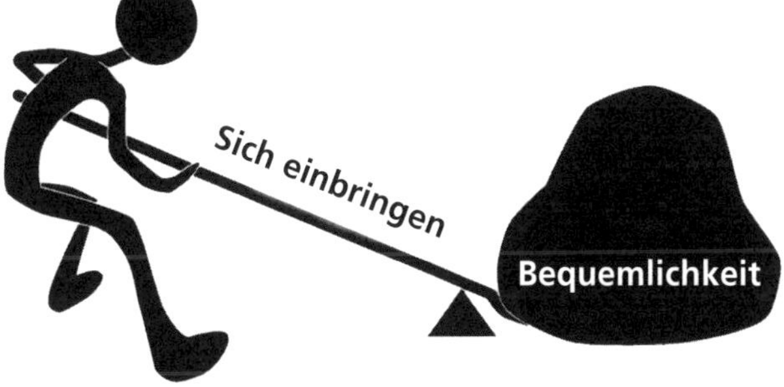

Ich bin einst in einer Zeit wirtschaftlicher Umwälzungen gefragt worden: »Was halten Sie von den massiven Entlassungen, die gerade an der Tagesordnung sind?«

Meine Antwort: »Das ist noch nicht das Ende der Entwicklung. Mit zunehmender Globalisierung und dem Entstehen neuer Regeln auf dem Arbeitsmarkt werden kostengünstig hergestellte Qualitätsprodukte insbesondere aus Asien, Südamerika, Indien, China und dem Nahen Osten den Konkurrenzdruck weit über das bisher gekannte Maß hinaus verstärken.«

Sobald sich diese Entwicklung in den Verträgen mit den Arbeitskräften in aller Welt niederschlägt, werden viele von ihnen die Schuld dafür bei Unternehmen, Gesellschaften und Regierungen suchen und dies lautstark kundtun.

Sich selbst neu definieren

Anstatt nach Schuldigen zu suchen, sollten diese Menschen lieber ihre eigenen Ziele überprüfen und sich gemäß den neuen Realitäten neu definieren und positionieren. Ich denke da insbesondere an drei Dinge:

Diese Menschen müssen ein Gespür für die echten Zielkonstanten in ihrem Leben entwickeln. Sie müssen eine persönliche Mission auf der Basis einer Vision definieren, die das Wohl der Organisation im Blick hat, und ein Wertesystem, das an unveränderlichen Prinzipien ausgerichtet ist. Andernfalls werden sie zum Spielball all dieser mächtigen Kräfte und Megatrends und verfallen am Ende in rein reaktive Verhaltensmuster, indem sie die Schuld für ihre Probleme bei anderen suchen und jeden Einfluss auf ihre eigene Zukunft verlieren.

Sie müssen bereit sein, Risiken einzugehen. Dabei geht es um drei Arten von Risiken:

> *In der Art, wie sie sprechen*. Sie müssen in der Art, wie sie mit Vorgesetzten, Kollegen und anderen Beteiligten sprechen, nicht nur Rücksicht zeigen, sondern auch Mut.

> *In der Art, wie sie zuhören.* Sie müssen einfühlsam zuhören, um zu begreifen, was in der Organisation vor sich geht, selbst wenn diese Informationen ihre eigene Weltsicht infrage stellen.

> *In der Art, wie sie handeln.* Sie müssen das Risiko eingehen, kreativ zu sein, den Lehrer zu spielen und die eigene Komfortzone zu verlassen, um sich an die neue Realität anzupassen und neue Handlungsmuster auszuprobieren, die möglicherweise besser funktionieren. Risikobereitschaft wird das hervorstechende Merkmal zukünftiger Führungskräfte sein. In gewisser Weise muss jeder in eigener Sache unternehmerisch aktiv werden. Viele werden sich in Netzwerkorganisationen oder riesigen Matrixorganisationen von einem Projekt zum nächsten hangeln – und sie müssen in jedem neuen Projekt einen wertvollen Beitrag leisten. Die Menschen werden seltener ihr Berufsleben in einem einzigen Unternehmen verbringen. Es wird sehr viel mehr darauf ankommen, dass sie einzelne Projekte zu Ende führen, die Anforderungen erfüllen, einen wertvollen Beitrag leisten und den geleisteten Beitrag dokumentieren.

Sie müssen ihr Leben lang lernen. Es wird die Aufgabe eines jeden sein, seine Kenntnisse und Fähigkeiten fortwährend zu erweitern, sein technisches Wissen auszubauen, sich über Lektüre fortzubilden und sich einen Überblick über die gewaltigen Kräfte zu verschaffen, die im eigenen Umfeld wirken. Es wird nicht reichen, sich über die technologischen und wissenschaftlichen Entwicklungen auf dem Laufenden zu halten. Die Menschen müssen sich möglicherweise auch in den freien Künsten bilden, um sich auf diese Weise die Lernfähigkeit zu erhalten. Sie müssen zudem ein Wertesystem entwickeln, das über Technologie und Wissenschaft steht, um mit ihrer inneren Natur in Einklang zu leben.

Diejenigen, die diese drei Dinge beherzigen, werden feststellen, dass ihr Einfluss weit über ihre unmittelbare Vision, ihr Unternehmen, ihre Familie und ihr gesellschaftliches Umfeld hinausreicht. Sie werden jenen großartigen Beitrag leisten, zu dem sie fähig sind.

Lebenskünstler

Um das, was Sie anbieten können, und das, was die Welt braucht, zusammenzubringen, müssen Sie drei Fragen beantworten: *Was braucht die Welt? Worin bin ich gut? Wie kann ich am besten das tun, was ich gern tue, und zugleich die realen Anforderungen dort erfüllen, wo ich gerade arbeite?* Praktisch bedeutet das: Sie müssen zum Lebenskünstler werden.

> Um das, was Sie anbieten können, und das, was die Welt braucht, zusammenzubringen, müssen Sie drei Fragen beantworten: *Was braucht die Welt? Worin bin ich gut? Wie kann ich am besten das tun, was ich gern tue, und zugleich die realen Anforderungen dort erfüllen, wo ich gerade arbeite?*

Der Filmklassiker *Mr. Holland's Opus* erzählt eindrucksvoll von der Notwendigkeit, als Lebenskünstler durchs Leben zu gehen. Mr. Holland ist ein angehender Komponist, der vorübergehend einen Job als Musiklehrer in einer Highschool annimmt. Anfangs hasst er seine Arbeit, die nichts mit seinen Lebenszielen zu tun hat. Aber aus den Monaten werden Jahre, und mit der Zeit wachsen ihm seine Schüler ans Herz. Sein Lebenswerk – sein Opus – erweist sich als musikalisch eher unbedeutend, aber dafür umso wichtiger für das Leben von Tausenden junger Menschen. Es ist ein Beitrag der Seele.

Die Menschen von heute sehnen sich nach der seelischen Seite des Lebens; das liegt sicherlich zum Teil daran, dass wir uns in den letzten Jahrzehnten von den schönen Künsten abgewandt haben. Einmal besuchte ich eine berühmte Privatschule mit einem starken mathematisch-naturwissenschaftlichen Schwerpunkt. Mittlerweile werden dort die schönen Künste ebenso ernst genommen wie Mathematik und Naturwissenschaften, nachdem sich herausgestellt hat, wie wichtig die emotionale Intelligenz ist – jene Dimension der menschlichen Natur, die in dieser Schule bislang vernachlässigt worden war.

Die neuen Mitarbeiter und Führungskräfte wissen verstandesmäßige und emotionale Intelligenz gleichermaßen zu schätzen und konzentrieren sich darauf, Wert zu schöpfen, sich ununterbrochen fortzubilden, Beziehungen zu knüpfen, die auf Vertrauen basieren, und sich an zeitlosen Prinzipien zu orientieren. Gefragt ist heute der umfassend vorgebildete Renaissance-Mensch, der zu einer neuen Art von Unternehmen führen wird.

Die zwei Seiten von Führung

Die erste Seite ist der private Erfolg. Viele Menschen lehnen eine persönliche Veränderung ab, selbst wenn sie wissen, dass gute Gründe dafür sprechen. Auf diese Weise verpassen sie die Hälfte dessen, was nötig wäre, um Führungsqualitäten zu entwickeln – den privaten Erfolg.

Der private Erfolg ist der Sieg über uns selbst. Wir können nicht andere führen, solange wir nicht in unserem eigenen Leben ganz wir selbst sind und mit uns selbst diszipliniert umgehen.

Warum verzichten so viele Menschen auf den privaten Erfolg? Mir fallen dazu vier Gründe ein.

- Sie schieben die Verantwortung für ihr Leben anderen Menschen oder ihrem Lebensumfeld zu.
- Nur vielleicht fünf oder zehn Prozent aller Menschen zahlen den Preis und machen sich die Mühe, ein persönliches Leitbild, eine Philosophie oder ein Credo zu entwickeln und in Worte zu fassen.
- Selbst von denen, die eine persönliche Vision oder ein Leitbild haben, halten viele sich nicht daran, weil dies mit Risiken und Mühen verbunden wäre und sie aus ihrer Komfortzone vertreiben würde. Stattdessen geben sie sich mit weniger wichtigen Zielen zufrieden.
- Sie bringen gegenwärtig nicht die erforderliche innere Einstellung und die Fähigkeiten mit. Das Paradigma des lebenslangen Lernens ist in ihren Familien oder ihren Unternehmenskulturen nicht tief genug verankert. Auf diese Weise erringen sie niemals jenen privaten Erfolg, der den öffentlichen Erfolg so viel wahrscheinlicher macht.

Die zweite Seite von Führung ist der öffentliche Erfolg. Öffentlicher Erfolg bedeutet: Es gelingt uns, andere dafür zu gewinnen, gemeinsam mit uns eine Vision zu verwirklichen. Warum scheitern hier so viele Spitzenkräfte? Drei Gründe scheinen mir dafür infrage zu kommen.

- Selbst wenn die Betreffenden ihre persönliche Sicherheit aus sich selbst heraus beziehen, haben sie keine gemeinsame Sicherheit mit einem Lebens- oder Geschäftspartner. Sie wollen in die offene See stechen, aber es gelingt ihnen nicht, den Anker zu lichten; sie stecken fest.

> Sie haben nicht gelernt zu delegieren. Viele Menschen wissen um das Prinzip des Delegierens, aber sie scheuen sich, es zu praktizieren, weil sie den Kontrollverlust fürchten. Sie gönnen anderen nicht die Lorbeeren. Sie trauen ihnen den Job nicht zu. Ich habe große Sympathie für diese Menschen. Als wir unsere Firma vergrößerten, musste ich einige Dinge delegieren; es ist mir damals sehr schwergefallen, sie aus der Hand zu geben.

> Sie können andere nicht dazu motivieren, ein hilfreiches Umfeld zu schaffen. Sie versäumen es, eine Kultur zu erzeugen, in der ihre Vision Wirklichkeit werden kann. Stattdessen schieben sie ihren Managern die Schuld in die Schuhe und machen die Situation noch schlimmer.

In vielerlei Hinsicht war Mr. Holland ein Unternehmer, der mit der Zeit lernte, andere zu motivieren und ein hilfreiches Team um sich zu versammeln. In den entscheidenden Augenblicken scharten sich seine Anhänger um ihn und zogen eine eindrucksvolle öffentliche Show ab.

Wenn Sie wollen, dass Ihr Opus irgendwann einmal aufgeführt wird, müssen Sie sich persönlich verändern und den privaten ebenso wie den öffentlichen Erfolg erringen und auf diese Weise in Ihrem Umfeld ein gemeinsames Missionsbewusstsein schaffen.

Ruhestand oder Neuanfang?

Einmal beriet ich ein Unternehmen, dem es zu diesem Zeitpunkt zwar gut ging, dem aber in naher Zukunft infolge neuer Herausforderungen größere Veränderungen bevorstanden. Der Chef war jetzt 63 und plante, sich mit 65 zurückzuziehen.

Als er begann, die Details der erforderlichen Umgestaltung auszuarbeiten, stellte er fest, dass es sich dabei um ein Großprojekt handelte, das sich nicht in wenigen Jahren umsetzen ließ. Er fragte sich, warum er sich mit den Sorgen von morgen herumschlagen sollte, während es dem Unternehmen doch heute gut ging.

Er musste seinen persönlichen Kampf ausfechten, indem er sich fragte: »Besitze ich die Entschlossenheit und die Energie, mich auf dieses Projekt einzulassen, wo ich doch nur noch zwei Jahre bis zu meiner Pensionierung habe?«

Was dafür sprach, war sein Eindruck, dass er kulturell etwas bewegen konnte, um das Unternehmen bis weit in das nächste Jahrhundert für ein rentables Wachstum zu positionieren. Dagegen sprach, dass die Initiative neue Probleme und Risiken mit sich bringen würde. Und außerdem plagten ihn Fragen wie: »Wird diese Umstellung wirklich gelingen? Wie wird sich das auf unsere Kultur auswirken?«

Im Gespräch mit ihm konnte ich sehen, wie er mit sich rang: »Soll ich den Weg gehen, von dem ich weiß, dass er richtig ist? Das verlangt so viel Entschlossenheit und Energie. Oder soll ich mich abwartend verhalten, wohl wissend, dass sich dann mein Nachfolger mit all den schwierigen Fragen auseinandersetzen muss?«

Ich fragte ihn: »Wie sieht das Vermächtnis aus, das Sie bei Ihrer Pensionierung hinterlassen wollen?«

Er erwiderte: »Das weiß ich nicht. Darüber habe ich noch nicht genügend nachgedacht.«

Ich sagte ihm: »Im Prinzip stehen Ihnen zwei Optionen offen. Sie können die Mühe auf sich nehmen und dieses Unternehmen neu erfinden. Oder Sie machen so weiter wie bisher und scheiden in Ehren aus, ohne jedoch das getan zu haben, was mit Blick auf die nachfolgende Generation notwendig gewesen wäre.«

> Wenn Sie wollen, dass Ihr Opus irgendwann einmal aufgeführt wird, müssen Sie sich persönlich verändern und den privaten ebenso wie den öffentlichen Erfolg erringen und auf diese Weise in Ihrem Umfeld ein gemeinsames Missionsbewusstsein schaffen.

Er dachte über meine Worte nach. Als wir uns anderntags trafen, sagte er: »So eine ernüchternde Frage hat mir noch niemand gestellt: Welches Vermächtnis wollen Sie hinterlassen? Je mehr ich in mich gehe, desto klarer wird mir, dass ich mir gewünscht hatte, mir die Mühe dieser Initiative sparen zu können. Insgeheim spekulierte ich darauf, dass ich in Ehren meinen Abschied nehmen könnte und dass mein Nachfolger sich als weniger fähig erweisen würde, damit meine Zeit im Nachhinein in umso hellerem Licht erstrahlen würde. Aber je mehr ich nun darüber nachdenke, desto deutlicher wird mir, dass meine Motive falsch waren und dass ich alles unternehmen sollte, damit es meinem Unternehmen auch nach meinem Ausscheiden gut geht.«

Er wusste, dass diese Umstrukturierung von seiner Seite viel Entschlossenheit verlangte. »Ich hoffte auf zwei bequeme Jahre und lobende Abschiedsworte«, erzählte er mir. »Stattdessen steht mir jetzt der härteste Kampf meines Lebens bevor. Aber ich bin zu dem Schluss gekommen, dass ich mir selbst nicht in die Augen schauen könnte, wenn ich nicht den Versuch machen würde, ein nachhaltiges Vermächtnis zu hinterlassen.«

Erforschen Sie Ihr eigenes Herz

Wenn ich an diesen Firmenchef denke – wie er innerlich mit sich rang –, fällt mir eine Stelle aus den Sprüchen des Alten Testaments ein: »Behüte dein Herz mit allem Fleiß, denn daraus quillt das Leben.«

Das war es im Wesentlichen, was er tat. An die Stelle der Selbstbesessenheit trat der Wille, sich einzubringen und einen nachhaltigen Beitrag zu leisten.

Die nötige Selbsterforschung betrieb er mit Demut und Nüchternheit. In dieser Zeit der Reflexion war er extrem ehrlich und authentisch mit sich selbst und anderen. Und am Ende kam er mutig zu dem Schluss: »Ich bin bereit, den Preis zu zahlen. Ich weiß, dass diese Entscheidung die kommenden zwei Jahre sehr viel schwieriger, aber auch sehr viel lohnender machen wird.«

Ich lade Sie ein, Ihr eigenes Herz zu erforschen und sich diese Frage zu stellen: »Welches Vermächtnis werde ich hinterlassen? Wie wird mein Beitrag aussehen?« Eine solche Suche mündet häufig in einer Neuerfindung, Umgestaltung und Umstrukturierung, weil wir erkennen, dass wir den Preis für ein rentables Wachstum zahlen müssen.

Die Kräfte, die uns zurückhalten, sind sehr real. Sobald wir beschließen, ein größeres Veränderungsprojekt in Angriff zu nehmen, finden wir viele überzeugende Gründe, warum wir den Preis nicht zu zahlen brauchen. Hier sind einige dieser abgedroschenen Ausreden, die Ihnen möglicherweise einfallen:

- Die Themen, um die es geht, sind politisch heikel. Wenn schon viele Politiker gern einen Bogen um politisch heikle oder womöglich selbstmörderische Themen machen: Warum kann ich das nicht auch tun?

- Das eigentliche Problem ist chronischer Natur, ohne dass es sich akut bemerkbar macht. Warum soll ich mir jetzt ein Problem aufladen, das auch noch warten kann?
- Es sind kurzfristig keine Vorteile zu erwarten. Warum soll ich mich mit einem schwierigen Problem auseinandersetzen, wenn ich mir davon nichts verspreche? Im Gegenteil, wenn ich mich geschickt anstelle, kann ich vorerst all die goldenen Eier einsammeln, auch wenn ich damit möglicherweise das Leben der Gans gefährde.
- Mein Nachfolger im Job kommt mir als Sündenbock gerade recht. Wenn die geplanten Veränderungen nicht fruchten, kann ich diversen Leuten und Umständen die Schuld dafür geben, unter anderem meinem armen Nachfolger.
- Der Preis, den ich gezahlt habe, um bis zu dem Punkt zu kommen, an dem ich heute stehe, war hoch genug. Jetzt kann sich mal ein anderer ein Bein ausreißen. Ich habe mir ein wenig Ruhe verdient.

Das Problem mit all diesen Ausreden, warum wir die schwierigen Themen nicht anpacken: Wir wissen tief in unserem Herzen, dass wir den Preis niemals wirklich gezahlt haben. Und mit diesem Wissen müssen wir dann leben.

Eine große Herausforderung gibt uns die Freiheit, zu vielen Dingen nein zu sagen. Es kann psychologisch außerordentlich befreiend wirken, eine große Aufgabe anzunehmen und viele triviale Dinge auf einmal loszuwerden. Häufig fällt es uns schwer, zu vergleichsweise unwichtigen Dingen, die im Leben und im Beruf an uns herangetragen werden, nein zu sagen, solange wir nicht ein überzeugendes Ja haben – eine Mission, der wir dienen, ein Projekt, das uns vereinnahmt, ein Ziel, das wir uns gesetzt haben, oder ein Vermächtnis, das wir hinterlassen wollen.

Voraussetzung dafür, dass wir bereit sind, den Preis zu zahlen, ist meiner Erfahrung nach, dass wir uns die alles entscheidende Frage nach dem angestrebten Vermächtnis stellen und dazu unser Herz und unsere Seele befragen. Während dieser Zeit der tiefen Reflexion und Innenschau kann es sinnvoll sein, einige andere Personen einzubeziehen, für die unser Vermächtnis relevant ist.

Sobald wir uns zu dem Entschluss durchgerungen haben, die schwierigen Probleme in Angriff zu nehmen und eine größere Veränderungsinitiative auf den Weg zu bringen – ob im privaten, beruflichen oder öffentlichen Bereich –, brauchen wir immer noch die Stärke, nicht vorzeitig die Segel zu streichen. Jetzt gilt es, die Probleme, die uns und unsere Organisation möglicherweise schon seit Jahren plagen, anzugehen und zu lösen. Jetzt endlich sind wir an dem Punkt, dass wir uns unserer Situation stellen und tun, was getan werden muss.

Diese Lektion in Sachen Seelenerforschung lässt sich auf alles übertragen, was wir in unserem Leben erreichen wollen. Sie bestätigt im Grunde die Vorstellung, dass der öffentliche Erfolg im privaten Erfolg wurzelt.

Ich frage Sie also noch einmal: »Wie sieht das Vermächtnis aus, das Sie hinterlassen wollen?«

ANWENDUNG & EMPFEHLUNGEN

> **Um ein Lebenskünstler zu werden, müssen Sie folgende Fragen beantworten: Was braucht die Welt von mir? Worin bin ich gut? Wie kann ich am besten das tun, was ich gern tue, und zugleich die realen Anforderungen dort erfüllen, wo ich gerade arbeite? Nehmen Sie sich ein Ziel vor, das alle diese Dinge in sich vereint: ein verbesserungsbedürftiger Bereich, Ihre eigenen Talente, Ihre gegenwärtige Situation.**

> **Antworten Sie schriftlich: Welches Vermächtnis will ich in meinem privaten und beruflichen Leben hinterlassen? Was wünsche ich mir, dass die Leute über meine Zeit erzählen, nachdem ich aus meinem Job ausgeschieden bin? Was wünsche ich mir, dass meine Familienangehörigen und Freunde in zehn Jahren über mich erzählen?**

8 Die eigenen Prioritäten leben

»Der Schlüssel liegt nicht darin, dem, was auf Ihrem Terminplan steht, Prioritäten zuzuweisen, sondern darin, Termine für Ihre Prioritäten zu reservieren.«
Stephen R. Covey

Der Schritt von der sekundären zur primären Größe bedeutet, dass Dinge, denen wir häufig viel Platz in unserem Leben einräumen, in Wahrheit an letzter Stelle stehen sollten. Manches ist schlicht wichtiger als anderes; manches – Leben, Gesundheit, Familie – ist sogar so wichtig, dass anderes im Vergleich dazu absolut nebensächlich wird. Wenn Ihre Tage mit »fatalen Ablenkungen« wie trivialen beruflichen Tätigkeiten, Computerspielen oder endloser Unterhaltung angefüllt sind, müssen Sie zum Hebel der konsequenten Prioritätensetzung greifen. Dieses Kapitel handelt davon, wie Sie zwischen Wichtigem und weniger Wichtigem unterscheiden und sicherstellen, dass die wichtigen Dinge auch den ihnen gebührenden Platz einnehmen und behalten.

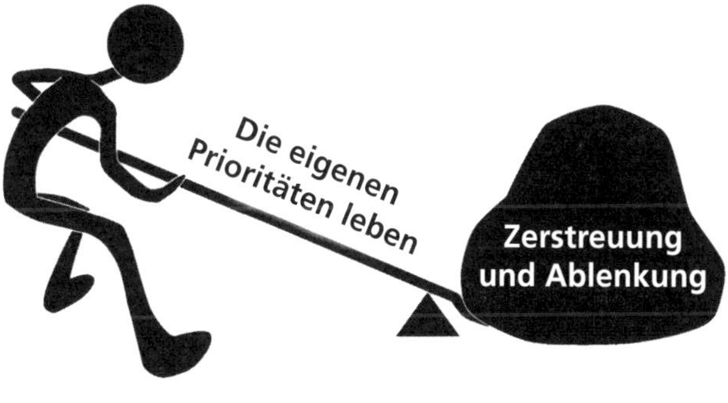

Als meine Tochter Jenny sich auf ihre Hochzeit vorbereitete, besuchte ich sie in der Erwartung, sie glücklich vorzufinden. Stattdessen war sie frustriert.

Sie erzählte mir: »Ich habe so viele andere Projekte und Interessen, die mir wichtig sind. Aber im Augenblick muss ich alles zurückstellen. All meine Zeit geht für die Hochzeitsvorbereitungen drauf. Ich finde nicht einmal Zeit, um mit meinem zukünftigen Ehemann zusammen zu sein.«

Um besser zu verstehen, fragte ich: »Diese Hochzeit frisst dich also auf?«

Sie fuhr fort: »Ich habe auch noch anderes zu tun. Ich habe andere Menschen und Projekte, die meine Aufmerksamkeit erfordern.«

Ich fragte sie: »Was sagt dir dein Gewissen? Vielleicht ist in diesem Augenblick die bevorstehende Hochzeit tatsächlich das Wichtigste.«

Sie zeigte mir ihren Aufgabenzettel. »Ich plane Zeit für diese anderen Dinge ein, aber mit den Gedanken bin ich ständig bei der Hochzeit.«

Ich sagte ihr: »Du tust, was für dich in diesem Augenblick am wichtigsten ist. Also vergiss für eine Woche deine übrigen Pläne. Lehne dich zurück und genieße dieses großartige Ereignis in deinem Leben.«

»Aber was ist mit der Lebensbalance?«, fragte sie, denn sie wusste natürlich, dass mir dieses Prinzip ungeheuer wichtig war.

»Dein Leben wird eine Zeit lang unausgewogen sein, und das sollte es auch. Langfristig ist die Balance wichtig. Aber jetzt solltest du gar nicht erst versuchen, einen Plan einzuhalten. Genieße dein Leben und lass andere deine Freude spüren. Du hast wenig davon, wenn du deinen Plan einhältst, dafür aber auf das Beste verzichtest. Deine einzige Rolle, auf die es in diesem ganzen Monat ankommt, ist die der Braut. Und wenn du sie gut ausfüllst, wirst du am Ende glücklich und zufrieden sein.«

Identifizieren Sie Ihre wichtigsten Dinge

Was ist in Ihrem Leben am wichtigsten? Eine gute Möglichkeit, diese Frage zu beantworten, besteht darin, weitere Fragen zu stellen: »Was ist an mir einzigartig? Welche einzigartigen Begabungen bringe ich mit? Was kann ich, was kein anderer kann?« Wer beispielsweise könnte noch für Ihr Kind Vater oder Mutter sein? Wer für Ihre Enkelkinder Großvater oder Großmutter? Wer sonst könnte ihre Schüler unterrichten? Wer sonst könnte Ihr Unternehmen leiten? Wer sonst könnte für Ihren Bräutigam die Braut sein?

Ihre einzigartigen Talente und Fähigkeiten bestimmen, was Sie im Leben Wichtiges zu tun haben. Die Tragödie ist nun, dass unser einzigartiger Beitrag häufig niemals zustande kommt, weil die wichtigen Dinge im Leben verdrängt werden von anderen, scheinbar dringenderen Dingen. Einige wichtige Arbeiten werden also niemals begonnen oder zu Ende geführt.

In meinem zusammen mit Roger und Rebecca Merrill verfassten Buch *Der Weg zum Wesentlichen* beschäftigen wir uns mit der Vorstellung, dass der Weg zur persönlichen Effektivität ein Balanceakt ist. Wir laden unsere Leser ein, sehr sorgfältig über diesen Prozess nachzudenken. »Wofür bin ich im Leben verantwortlich? Welche Menschen liegen mir am Herzen?« Die Antworten bilden die Grundlage, auf der wir uns über unsere Rollen klar werden. Unsere Ziele setzen wir uns anschließend, indem wir fragen: »Welche Entwicklung sollen meine Beziehungen und Zuständigkeiten in Zukunft nehmen?«

Gewinn/Gewinn-Vereinbarungen mit anderen Personen zu treffen und Vertrauensbeziehungen zu pflegen ist kein effizienter Prozess; ein solches Vorgehen erweist sich sogar in der Regel als recht langsam. Sobald jedoch Vertrauen hergestellt ist, geht die Arbeit schneller vonstatten. Wenn Sie von vornherein effizient sind, können Sie auch den langsamsten Weg wählen. Möglicherweise scheint es effizienter zu sein, Entscheidungen den Mitarbeitern einfach aufzudrücken, aber ob sie sich daran halten und sie konsequent umsetzen, ist eine ganz andere Frage. Sobald wir es mit Menschen zu tun haben, ist der langsame Weg mitunter der schnellere und der schnelle der langsamere.

Peter Drucker unterscheidet zwischen Qualitätsentscheidungen und effektiven Entscheidungen. Sie können eine Qualitätsentscheidung treffen, aber wenn Sie sich nicht daran halten, ist sie nicht effektiv. Ohne die Entschlossenheit, die Qualitätsentscheidung auch umzusetzen, geht es nicht. Es gibt Führungskräfte, die hochgradig effizient mit Dingen umgehen können, aber im Umgang mit Mitarbeitern hochgradig ineffektiv sind.

Effizienz ist etwas anderes als *Effektivität*. *Effektivität* bezieht sich auf Resultate, während *Effizienz* den Weg dahin meint. Manche Menschen verstehen es, die Erfolgsleiter effizient zu erklimmen, aber wenn die

Leiter gegen die falsche Wand lehnt, ist ihr Vorgehen dennoch nicht effektiv. Es ist möglich, sehr effizient die falschen Ziele zu verfolgen.

Effizienz beschreibt die Arbeit mit *Dingen*. Sie können effizient Dinge hin und her bewegen, Ressourcen managen, Geld verschieben, Cashflow managen, Ihre Büromöbel umstellen. Aber wenn Sie versuchen, in wichtigen Fragen effizient mit Mitarbeitern umzugehen, werden Sie mit großer Wahrscheinlichkeit ineffektiv sein.

Wir können mit Menschen nicht wie mit Dingen umspringen. Mit Dingen können wir effizient sein, aber bei Menschen kommt es auf Effektivität an. Haben Sie jemals versucht, in einer wichtigen Angelegenheit mit einem Familienmitglied oder einem engen Freund effizient zu sein? Wie ist das ausgegangen?

Wenn Sie mit Menschen eilig umspringen, kommen Sie nur langsam voran. Sie hören nicht hin, wenn sie ihnen etwas mitzuteilen versuchen. Sie wissen nicht, was für sie ein Gewinn wäre. Wenn Sie hingegen Zeit investieren und tiefer in das Gewinn/Gewinn-Denken einsteigen, werden Sie feststellen, dass Sie langfristig schneller die Bereitschaft erwirken, Beschlüsse mitzutragen und umzusetzen, von denen Sie beide profitieren.

Unser einzigartiger Beitrag kommt häufig niemals zustande, weil die wichtigen Dinge im Leben verdrängt werden von anderen, dringenderen Dingen. Einige wichtige Arbeiten werden also niemals begonnen oder zu Ende geführt.

Effektivität betrifft Sie selbst ebenso wie andere Personen. Versuchen Sie niemals, mit sich selbst effizient zu sein. Eines Morgens beispielsweise traf ich mich mit einigen Menschen, die gerade dabei waren, ihre persönlichen Leitbilder zu formulieren. Jemand sagte: »Ein persönliches Leitbild zu formulieren ist ganz schön anstrengend.« Und ich erwiderte: »Verwenden Sie denn dafür ein Effizienz- oder ein Effektivitätsparadigma? Mit dem Effizienzansatz schaffen Sie es vielleicht, übers Wochenende damit fertig zu werden. Mit dem Effektivitätsansatz hingegen werden Sie diesen Dialog so lange fortführen, bis Sie ein Ergebnis haben, mit dem Sie vollkommen einverstanden sind.«

Ordnen Sie die Uhr dem Kompass unter

Für viele Menschen ist die vorherrschende Metapher des Lebens immer noch die Uhr. Wir schätzen die *Uhr* für ihr Tempo und ihre Effizienz. Die Uhr hat ihren Platz, genauso wie die Effizienz – aber das tritt erst ein, *nachdem* wir Effektivität erreicht haben. Das Symbol der Effektivität ist der *Kompass,* weil er die Richtung angibt – Sinn und Zweck, Vision, Perspektive und Balance. Wie ein Kompass dient uns unser Gewissen in jeder Minute unseres Lebens als internes Beobachtungs- und Leitsystem.

Um von einer Uhr-Einstellung zu einer Kompass-Einstellung zu gelangen, müssen wir uns auf Prioritäten statt auf Zeitpläne konzentrieren. Die Uhr kann uns sagen, wann eine Besprechung stattfindet, aber nicht, ob es sich lohnt, daran teilzunehmen. Was ist, wenn die Besprechung uns lediglich von dem Weg abbringt, von dem wir wissen, dass er für uns der richtige ist? Seien Sie sich jeden Tag und jede Woche darüber im Klaren, was Ihre wahren Prioritäten sind, damit Sie immer auf Kurs bleiben können.

Bewahren Sie sich den Blick für Ihre Prioritäten

Warum fällt es Menschen häufig leicht, Verabredungen mit anderen zu treffen und einzuhalten, während sie Mühe haben, das Gleiche mit sich selbst zu tun? Wenn Sie sich selber Zusagen geben und sie einhalten können, können Sie auch nach außen hin besser für sich einstehen. Und wenn Sie anderen gegenüber Zusagen machen und einhalten, fördert das Ihre Eigendisziplin im Zusammenhang mit Versprechen, die Sie sich selbst gegenüber abgeben.

Natürlich sollten Sie nicht überreagieren, wenn Sie eine sich selbst gegebene Zusage nicht einlösen. Aber eine grundsätzliche Verlässlichkeit trägt entscheidend dazu bei, dass Sie nach innen und nach außen ganz Sie selbst sein können.

Einmal beispielsweise beobachtete ich meinen Sohn dabei, wie er seiner kleinen Schwester Vorwürfe machte, weil sie sein Zimmer auf- und umgeräumt hatte. Er hatte alles, was er für die Arbeit an einem Projekt benötigte, im Zimmer ausgebreitet, aber sie hatte gedacht, das Zimmer sei lediglich unaufgeräumt, und wollte ihrem Bruder helfen.

Mitten in seiner Tirade hielt er inne und sagte: »Es tut mir leid. Ich habe lediglich meinen Frust an dir ausgelassen, und dabei weiß ich doch, dass du es gut gemeint hast.« In der Hitze des Gefechts entschuldigte er sich auf der Stelle.

Im Bewusstsein, dass Menschen wichtiger sind als Dinge und dass Beziehungen wichtiger sind als Pläne, können wir einen Plan zurückstellen, ohne uns schuldig zu fühlen. Wir tun das, weil wir dem Gewissen Vorrang einräumen, indem wir einer größeren Vision und bestimmten Werten treu bleiben. Wenn Ihre Projekte es wert sind, wird Ihr höheres Ziel kleinliche Bedenken und Dinge von sekundärer Bedeutung weit überragen.

Ich empfehle folgendes Zeitmanagement-Credo: *Ich will mich nicht der Effizienz der Uhr unterordnen, sondern mich vom Kompass meines Gewissens leiten lassen.*

Sie stellen beruflich Ihre Verlässlichkeit dadurch unter Beweis, dass Sie täglich und stündlich entscheiden, was zu diesem Zeitpunkt gerade Vorrang hat. Wenn die Familie Sie braucht, sind Sie zur Stelle. Wenn Sie in einer extrem produktiven oder kreativen Phase sind, lassen Sie sich durch nichts unterbrechen. Können Sie sich einen Arzt vorstellen, der mitten in einer Operation ans Telefon geht?

Die meisten Menschen ertrinken förmlich in dringlichen Dingen – ein Symbol dafür sind die Klingeltöne und Vibrationen unserer Smartphones. Die meisten Jobs erfordern rasches Handeln in diversen dringenden und wichtigen Angelegenheiten, wobei wir Dringlichkeit nicht mit Wichtigkeit verwechseln dürfen. Echte Führungsqualität zeigt sich in der Beschäftigung mit Dingen, die zwar wichtig, aber nicht notwendigerweise auch dringend sind. Ein Lebensstil, der sich darin erschöpft, auf Dringliches zu reagieren, führt zu Stress und Burnout.

Eine Möglichkeit, sich auf das Wichtige zu konzentrieren, besteht darin, die Woche vor dem Tag zu planen. Für die wöchentliche Planung müssen wir langfristiger denken, was uns wiederum in die Lage versetzt, im Kontext von Leitbild, Rollen und Zielen zu handeln.

Sagen Sie von Herzen »Ja« zu etwas

Der beste Beitrag, den wir jemals leisten werden, ist die kreative Arbeit, zu der wir fähig sind – jener Beitrag, den nur wir leisten können. Viele Menschen verzichten jedoch auf kreative Tätigkeiten zugunsten von Aktivitäten, die weit weniger wichtig sind und ihnen am Ende auch viel weniger Befriedigung verschaffen.

Häufig habe ich gesagt: »Sie müssen entscheiden, was Ihre höchsten Prioritäten sind, und den Mut haben, zu anderen Dingen ›Nein‹ zu sagen – freundlich, lächelnd, ganz selbstverständlich. Und das schaffen Sie, wenn in Ihrem Inneren ein noch größeres ›Ja‹ lodert. Der Feind des Besten ist häufig das Gute.«

Aus meiner Arbeit mit Führungskräften und anderen Menschen, von denen erwartet wird, dass sie Kreatives und Innovatives leisten, weiß ich, dass ihre Fähigkeit, das Geforderte zu liefern, häufig von einer ganz praktischen Frage abhängt: »Woher nehme ich die Zeit und die Ressourcen, um diese Art von Arbeit leisten zu können?« Viel kreatives und innovatives Potenzial bleibt am Ende ohne Früchte, weil die Betreffenden nicht wissen, woher sie die nötige Zeit für ihre kreative Tätigkeit nehmen sollen.

Auf diese Weise verlieren sie ihre kreative Freiheit – die Freiheit, den besten Beitrag zu leisten, zu dem sie fähig wären. Vielleicht genießen sie äußerlich viel Freiheit und können sich auf vielfältige Weise in ihrem physischen Umfeld bewegen; umso geringer ist jedoch ihre innere Freiheit, die auf der inneren Kraft und Disziplin beruht, ihre Optionen klug zu nutzen. So werden sie faktisch zu selbsternannten Opfern der Uhr und beginnen, ihr den eigenen Mangel an Produktivität in die Schuhe zu schieben. Die Umstände und Bedingungen ihres Lebens werden zu bestimmenden Faktoren. Wenn andere Menschen sich nicht um sie kümmern – wenn die Flammen hochschlagen, weil sich niemand daneben stellt und aufpasst –, dann geben sie den anderen die Schuld und sagen: »Sie haben all das Unglück über mich gebracht.«

Wir können nicht sehr kreativ sein, solange unsere Energie und unsere Gedanken von drängenden Sorgen absorbiert werden. Wir können nicht kreativ sein, solange wir defensiv eingestellt sind.

Sechs Schutzmaßnahmen

Wie schützen Sie also Ihre kreative Freiheit? Hier sind sechs Prinzipien und Praktiken.

Sagen Sie einfach »Nein«. Vernachlässigen Sie alles, was dringend, aber nicht wichtig ist. Indem wir das weglassen, was dringend, aber nicht wichtig ist, und uns auf das konzentrieren, was wichtig, aber nicht dringend ist, können wir, denke ich, dem chronischen Krisenzustand entfliehen und mehr kreative Arbeit leisten. Geschäftigkeit ist das Merkmal von Management. Kreativität ist das Merkmal von Führung.

Umfragen bei Unternehmen, die für ihre Qualität den angesehenen Deming-Preis verliehen bekommen haben, zeigen, dass für diese Organisationen die wirtschaftliche Leistung *über längere Zeit* oberste Priorität hat.

Was machen diese Unternehmen anders? In Deming-Unternehmen verbringen die Führungskräfte mindestens 60 Prozent ihrer Zeit mit echten Prioritäten – mit Dingen, die wichtig, aber nicht notwendigerweise auch dringend sind, wie Vorbereitung, Prävention, Leitbildentwicklung, Planung, Beziehungsaufbau und -pflege, Gestaltung, Erholung und Fortbildung.

In anderen Unternehmen verbringen die Führungskräfte 50 oder 60 Prozent ihrer Zeit mit Dingen, die dringend, aber nicht wichtig sind, was das genaue Gegenteil von dem ist, was sie tun sollten.

Die besten Unternehmen konzentrieren sich auf die Dinge, auf die es am meisten ankommt – die wichtig sind, aber nicht notwendigerweise auch dringend. Sie setzen Wichtigkeit nicht mit Dringlichkeit gleich. Weil dringende Dinge sofortiges Handeln erfordern, neigen wir dazu, sie für wichtig zu halten. Wie der Philosoph und Pädagoge Charles E. Hummel sagte: »Die Ansinnen scheinen uns unwiderstehlich anzuziehen, und sie verschlingen unsere gesamte Energie. Im Lichte der Ewigkeit jedoch verblasst ihre momentane Vorrangstellung. Mit einem Gefühl einer verpassten Chance erinnern wir uns dann an die wichtigen Aufgaben, die wir beiseitegeschoben haben. Wir erkennen, dass wir uns der Tyrannei der Dringlichkeit ausgeliefert haben.«[9]

Viele Menschen erzählen mir: »Aber Sie kennen meine Situation nicht. Ich habe so viel am Hals.« Für sie ist es eine große Erleichterung zu erfahren, dass sie die dringenden, weniger wichtigen Dinge einfach ignorieren können, ohne dass dies dramatische Folgen hätte.

Halten Sie die innere »Ja«-Flamme am Lodern. Es ist viel einfacher, »Nein« zu den dringenden und unwichtigen Dingen zu sagen, wenn Sie in sich ein brennendes »Ja« tragen, das Sie in Anspruch nimmt. Wenn Sie eine Leidenschaft für kreative Tätigkeiten haben, die viel größere Belohnungen versprechen, können Sie leicht »Nein« zu weniger wichtigen Aufgaben sagen, ohne dabei Schuldgefühle zu bekommen. Sie können höflich, mit einem Lächeln und ohne Scham, »Nein« zu den lästigen Tätigkeiten sagen, die andere Ihnen möglicherweise aufladen wollen.

In den besten Unternehmen konzentrieren sich die Führungskräfte auf die Dinge, auf die es am meisten ankommt – auf das, was wichtig, aber nicht notwendigerweise auch dringend ist. Sie setzen Wichtigkeit nicht mit Dringlichkeit gleich.

Ein Ziel des Lernens ist es, zwischen Wichtigem und Unwichtigem unterscheiden zu können. Dazu müssen wir Kriterien für die Nutzung unserer Zeit entwickeln, die so tief in uns verankert sind, dass wir mit Nachdruck verkünden können: »Moment mal, mit dieser Frage werde ich mich nicht beschäftigen, mag sie auch noch so dringend erscheinen. Sie ist schlicht nicht wichtig genug.« Ich kann Ihnen gar nicht sagen, wie sehr mir dieses Prinzip in meinem Leben geholfen hat!

Gewinnen Sie das Vertrauen Ihres Vorgesetzten in Ihre kreativen Fähigkeiten. Wenn Sie am Anfang sagen: »Ich besitze nicht die Freiheit, kreativ zu sein«, wird das Ihre kreative Aufgabe: sich diese Freiheit zu verschaffen, indem Sie Ihre Beziehungen zu Ihrem Vorgesetzten und den Personen, die Einfluss auf ihn haben, verbessern.

Ich werde regelmäßig gefragt: »Was ist, wenn ich etwas, das mein Vorgesetzter für sehr wichtig hält, für weniger wichtig halte?« Meine Antwort auf diese Frage lautet: *Nehmen Sie das, was einer anderen Person wichtig ist, in dem Maße wichtig, wie Ihnen diese Person oder das gemeinsame Anliegen wichtig ist.* Selbst wenn Sie eine Tätigkeit für sich genommen für zu unwichtig halten, um ihr Aufmerksamkeit zu schenken, sollte sie Ihnen wichtig sein, wenn Ihnen die Beziehung oder die Sache wichtig ist, an der Sie arbeiten.

»Gut«, sagen Sie, »aber mein Vorgesetzter hilft mir nicht dabei.« Dann besteht Ihre kreative Aufgabe darin, dafür zu sorgen, dass Ihr Vorgesetzter Ihnen immer mehr vertraut, sodass Sie sich vermehrt kreativ beschäftigen dürfen. Wenn Ihre Bemühungen Früchte tragen, werden Sie mit Sicherheit die Möglichkeit haben, noch mehr zu tun.

Paaren Sie kreativen Mut mit Rücksicht auf andere. Selbst in einem Umfeld voller Intrigen und Seilschaften genießen Sie mehr Freiheiten, als Sie für möglich halten würden, wenn Sie den Mut Ihrer Überzeugungen unter Beweis stellen. Wie es so schön heißt: »In der Verwegenheit liegt Genie und Magie.« Mit Mut lässt sich der Tag oft genug bestehen. Ohne eine gewisse Verwegenheit im Umgang mit anderen schenkt man Ihnen entweder keine Beachtung, oder es wird nicht deutlich, wie engagiert und entschlossen Sie sind – und in der Folge wird man von Ihnen auch keine herausragenden Leistungen erwarten.

Sie müssen pro-aktiv sein und die Initiative ergreifen. Gleichzeitig definiere ich *Reife* als »Mut gepaart mit Rücksicht«. Diese Definition lässt sich wunderbar auch auf die Kreativität anwenden. Wenn Sie sowohl Mut als auch Rücksicht zeigen, steht Ihrer Kreativität nichts im Wege. In seinem Buch *Motivation und Persönlichkeit* lehrt uns Abraham Maslow, dass der Mensch, der sich selbst verwirklicht, Mut und Kreativität zusammenbringt.

Agieren Sie gleichzeitig unabhängig und interdependent. Den Kern der *7 Wege zur Effektivität* bildet das Reifekontinuum als der Entwicklungspfad von der Abhängigkeit zur Interdependenz. Dasselbe Kontinuum finden wir auch im Bereich der Kreativität. Jene kreativen Talente, die bei der Unabhängigkeit stehen bleiben, riskieren häufig ein frühzeitiges Burnout. Sie sind die Shootingstars. Sie haben nicht die Ausdauer, weil sie es versäumen, ein interdependentes Team um sich zu versammeln.

Menschen, die hochgradig kreative Arbeit leisten, fällt es oft schwer, den Marktkräften standzuhalten, solange sie nicht eine interdependente Einstellung und entsprechende Fähigkeiten mitbringen. Ohne Unterstützung, ohne Entlastung und ohne Synergie werden unsere Stärken zur Fallgrube. Unsere Schwächen treten offen zutage, weil sie nicht von den Stärken anderer aufgefangen und überlagert werden.

Versammeln Sie um sich ein Team, das Ihre Schwächen kompensieren kann, damit Sie Ihr Bestes geben können. Peter Drucker rät: »Bauen Sie auf Stärken auf; organisieren Sie sich so, dass Schwächen bedeutungslos werden.«

Schauen Sie über den Tellerrand, setzen Sie verschiedene Hüte auf und praktizieren Sie laterales Denken. Beherzigen Sie Edward de Bonos Rat aus seinem Klassiker *Das Sechsfarbendenken*: »Entwirren Sie Ihre Gedanken und beschränken Sie sich auf einen Denkmodus zur Zeit, anstatt zu versuchen, alles auf einmal zu tun.« Versuchen Sie, kreativ zu denken, ohne gleichzeitig kritisch zu denken. Denken Sie logisch, ohne optimistisch zu denken, und so weiter. De Bonos »laterales Denken« beinhaltet unter anderem einen bestimmten Ansatz: Es geht darum, den gewohnten Denkmustern zu entfliehen und zu neuen Mustern vorzustoßen, um neue Ideen hervorzubringen und aus konzeptionellen Gefängnissen auszubrechen. Aus Sicht von Peter Ueberroth, dem Chefplaner der gelungenen Olympischen Spiele in Los Angeles, war es das laterale Denken, das aus Spielen, für die sich keine Stadt interessierte, mittlerweile eine Veranstaltung gemacht hat, um die die Städte sich reißen.

Wenn Sie auf Ihr bisheriges Leben zurückblicken, stellen Sie möglicherweise fest, dass häufig wichtige Dinge hinter unwichtigen zurückstehen mussten, dass das Gute der Feind des Besten war, dass Sie der Tyrannei der Dringlichkeit erlagen und dass Sie wenig kreative Freiheit genossen haben.

Und das Ergebnis: Sie vertrödelten viel Zeit, ließen Ihre einzigartigen Talente und Begabungen brachliegen und kamen kaum zu den kreativen Tätigkeiten, von denen Sie immer geträumt haben.

Eine Woche nach der anderen

Wenn Sie auf Ihr bisheriges Leben zurückblicken, stellen Sie möglicherweise fest, dass häufig wichtige Dinge hinter unwichtigen zurückstehen mussten, dass das Gute der Feind des Besten war, dass Sie der Tyrannei der Dringlichkeit erlagen und dass Sie wenig kreative Freiheit genossen haben.

Ich schlage vor, dass Sie eine Spirale des Wachstums und des Fortschritts beginnen: einen wöchentlichen Rhythmus aus kreativen Tätigkeiten wie Reflexion, Planung, Entschlossenheit, Vorbereitung, Prävention und Beziehungspflege.

Von meinem Sohn Joshua, der als Quarterback im Football-Team seiner Highschool spielte, lernte ich einmal mehr, wie wichtig es ist, an Aufgaben kreativ und nicht problemlösungsorientiert heranzugehen.

Wenn wir ein Problem lösen, versuchen wir, etwas aus dem Weg zu räumen. Wenn wir kreativ sind, versuchen wir, etwas in die Welt zu setzen. Natürlich müssen Probleme nach wie vor gelöst werden, aber wir tun dies mit einer anderen Einstellung, aus einer anderen Perspektive heraus und in einem größeren Kontext.

Ich sagte zu meinem Sohn: »Indem du dir vor dem Spiel den Sieg im Geiste vorstellst und anschließend deine pro-aktiven Energien darauf verwendest, dieses Bild Wirklichkeit werden zu lassen, und alle Probleme ausblendest, wird es dir leichter fallen, ein positives Resultat zu erzielen.« Seine Leistung auf dem Feld ließ in der Folge darauf schließen, dass er diese Lektion verstanden hatte. Wenn beispielsweise das Wetter am Spieltag schlecht war, wusste er es zu seinem Vorteil zu nutzen. Er brachte sozusagen sein eigenes Wetter in das Spiel ein und sorgte für gute Dinge, die sein Team schließlich an die Tabellenspitze der State Championship katapultierten.

Warum konzentrieren wir uns auf Probleme?

Warum steht dann das Problemlösungsparadigma besonders in Managementschulen so hoch im Kurs und nicht die Kreativität? Darin, dass wir auf die Beseitigung von Problemen so großen Wert legen, sehe ich einen der größten Fehler unserer Managerausbildungsprogramme. Wir tun das nur deshalb, weil sich Kreativität so viel schwerer messen lässt. Kreativität öffnet die Büchse der Pandora. Das hat in den Augen vieler mit seriösen akademischen Programmen wenig zu tun.

Wenn man uns also nicht beibringt, kreativ zu sein, wie können wir diese Fähigkeit dann nachträglich erwerben – oder in unserer Kindheit wiederentdecken? Ich denke, dass wir dazu unsere kreative Vorstellungskraft trainieren müssen. Einstein sagte, Fantasie sei wichtiger als Wissen. Er behauptete, seine bemerkenswerten wissenschaftlichen Einsichten seien in erster Linie ein Produkt seiner Imaginationskraft gewesen.

Durch das Denken der besten Manager und Führungskräfte zieht sich wie ein roter Faden eine Erkenntnis: *Die Menschen wollen und müssen spüren, dass ihr Leben und ihre Tätigkeit einen Sinn hat.* Wenn Sie beispielsweise Schwierigkeiten in einer Beziehung haben, sollten Sie – anstatt zu versuchen, das Problem zu lösen – sich mit der Person zusammensetzen und mit ihr gemeinsam eine Vision oder ein Ziel entwickeln, auf das Sie hinarbeiten können. Schauen Sie, was Gandhi machte. Er schlug sich sein Leben lang mit Minderwertigkeitsgefühlen herum, mied Gesellschaft und war voller Ängste. Aber sobald er eine Vision davon entwickelt hatte, was er tun konnte, um die Welt gerechter zu machen, spielten seine Schwächen keine große Rolle mehr, und er stellte seine Stärken in den Dienst dieses höheren Zieles. Er legte eine enorme Kreativität an den Tag und erwarb Autorität, Macht und Einfluss, auch ohne jemals eine offizielle Position zu bekleiden.

> Die Menschen wollen und brauchen transzendente Ziele, die ihrem Leben und ihrer Tätigkeit mehr Sinn verleihen.

Der einstige Disney-CEO Michael Eisner sah den Hauptgrund, warum Unternehmen nicht vorankommen, darin, dass sie Schwierigkeiten haben, kreative Mitarbeiter zu managen, deren Arbeitsinstrument ihre Imaginationskraft ist. Ich vermute, das liegt daran, dass sie Management mit Kontrolle gleichsetzen, und kreative Geister lassen sich nicht kontrollieren. Hier bleibt nur, diese Mitarbeiter für eine gemeinsame Vision zu gewinnen und sie anschließend sich selbst managen zu lassen.

Jack Welch, der legendäre CEO von General Electric, sah seine wichtigste Aufgabe darin, die kreative Energie seiner Mitarbeiter zu entfesseln. Es kostete ihn viel Zeit und eine Reihe schmerzhafter Erfahrungen, bis er diese Lektion gelernt hatte.

Wann immer ich in die Problemlösungsmentalität verfalle, überkommen mich die Sorgen. Dann fühle ich mich ängstlich und gestresst. Ich beginne, analytisch zu denken. Wenn ich in dieser Verfassung bin, verliere ich den Blick für meine wichtigsten Ziele. Leider geht das Problem nicht von selber weg. Aber wenn ich in kreativer Verfassung bin und mit Menschen, die mir wichtig sind, ein gemeinsames Zielbewusstsein habe, scheinen sich die Probleme auf einmal wie von selbst zu regeln.

ANWENDUNG & EMPFEHLUNGEN

> Welches brennende »Ja« bestimmt jetzt gerade Ihr Leben? Das kann ein wichtiges Projekt, eine Beziehung, die Ihre Aufmerksamkeit braucht, oder ein persönliches Ziel sein. Wozu müssen Sie »Nein« sagen, um sich dieser Priorität voll widmen zu können? Formulieren Sie schriftlich, wie Sie »Nein« sagen wollen, und tun Sie es.

> Wir können mit Menschen nicht in derselben Weise umspringen, wie wir Dinge behandeln. Notieren Sie in Ihrem Tagebuch: Wurde ich schon einmal wie eine Sache behandelt? Wie hat sich das angefühlt? Wie könnte ich diese Beziehung beschreiben? Wann habe ich andere wie Dinge statt wie Menschen behandelt? Wie hat sich das auf unsere Beziehung ausgewirkt?

> Wichtige Tätigkeiten, die keine Eile zu haben scheinen, fallen leicht komplett aus unserer Tagesplanung heraus, weil der Tag einen sehr kurzen Horizont für substanzielle Arbeit darstellt. Eine wöchentliche Planung hingegen liefert eine langfristigere Perspektive, die es uns erleichtert, unsere Visionen, Rollen und Ziele im Blick zu behalten. Wenn Sie mit der Wochenplanung noch nicht vertraut sind, sollten Sie zu Beginn der nächsten Woche etwas Zeit reservieren, um zu planen, wie Sie Ihren wichtigsten Prioritäten gerecht werden und alles Übrige in die richtige Relation setzen wollen.

9 Sich zurücknehmen

»Das erste, was der Levit fragte, war: ›Wenn ich stehenbleibe und diesem Mann helfe, was geschieht dann mit mir?‹ Aber … der gute Samariter drehte die Frage um: ›Wenn ich nicht stehenbleibe, um diesem Mann zu helfen, was geschieht dann mit ihm?‹«
Martin Luther King, Jr.

Primäre Größe lebt von Synergie – jenem Wunder, das sich einstellt, wenn alle ihre besten Ideen beisteuern und niemand die Urheberschaft beansprucht. Primäre Größe lebt von dem Prinzip, dass wir gemeinsam besser sind als allein, dass niemand allein erfolgreich sein kann und dass noch nie jemand ganz allein einen wertvollen Beitrag geleistet hat. Viele Menschen tun sich jedoch schwer damit, ihren Egoismus und ihren Stolz zu überwinden und sich stattdessen dem Wohl des Ganzen zu verschreiben. Und das, obwohl sich dieser Weg so viel einfacher geht und am Ende alle Beteiligten mehr davon haben.

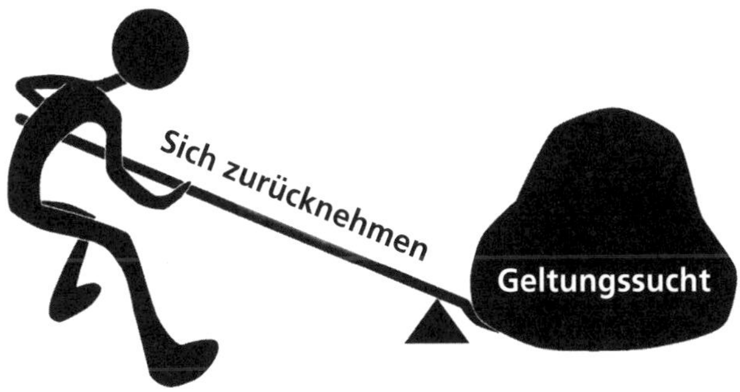

Ich habe gelernt, dass eine echte Beziehung zwischen Menschen – zwischen Lehrer und Schüler, Anbieter und Kunde, Eltern und Kind – nur dann entsteht, wenn wir im Herzen bereit sind, uns zurückzunehmen. Ich muss bereit sein zu sagen: »Ich will mich öffnen und dir zuhören und schauen, was wir gemeinsam zu unser beider Vorteil schaffen können.« Voraussetzung dafür ist, dass wir uns persönlich zurücknehmen.

Das bedeutet zugleich, dass wir Wertschätzung zeigen. Wir können keine Beziehung zu einer Gruppe – einer Familie, einem Team, einem Unternehmen – eingehen. Das geht nur mit einzelnen Menschen. Beziehungen entstehen, wenn wir Dinge wertschätzen, die andernfalls unbeachtet bleiben würden. Indem wir einander mit mehr Liebe, Freundlichkeit, Höflichkeit, Demut, Geduld und Nachsicht begegnen, ermuntern wir andere, uns ebenso zu behandeln. Dazu ein Beispiel: Der Vizepräsident eines Unternehmens reiste einmal in irgendeiner Angelegenheit gemeinsam mit dem Präsidenten nach Ägypten. Nach einem besonders anstrengenden und staubigen Tag erwachte er am nächsten Morgen und sah, wie der Präsident die Schuhe seines Stellvertreters polierte – wobei dieser gehofft hatte, dass er diese Aufgabe unbeobachtet zu Ende bringen konnte.

Eine solche Dienstbereitschaft im Alltag und mit ganz normalen Dingen verbindet Seelen und schafft eine gewisse Gegenseitigkeit in Beziehungen. Können Sie sich vorstellen, wie der Vizepräsident auf dieser Geschäftsreise dem Präsidenten noch irgendeine Bitte hätte abschlagen können? Ein erfolgreicher Manager schätzt seine Mitarbeiter, sorgt für sie, gibt ihnen Hilfestellung und weiß sich für sie zurückzunehmen.

Es ist die Bereitschaft, sich zurückzunehmen, die Menschen verbindet wie sonst nichts. Wenn ich mein Ego hinter Ihren Bedürfnissen zurückstelle, wird Ihr Gefühl Ihnen sagen: »Ich sollte also auch *mein* Ego hinter *seinen* Bedürfnissen zurückstellen.« Dann werden wir uns fragen: »Was können wir tun, um füreinander da zu sein und *einander* zu helfen?«

Für mich ist die Zurücknahme der eigenen Person die Essenz jeder Paar- und Familienbeziehung. Als ich beispielsweise eines Abends nach Hause kam, erfuhr ich, dass meine Tochter Jenny wegen all ihrer schriftlichen Arbeiten und Abschlussprüfungen gewaltig unter Druck stand. Außerdem war da noch die Party, zu der sie eingeladen hatte. Meine Frau Sandra blieb bis zwei Uhr morgens wach, um Jenny zu helfen. Das ist der Grund, warum meine Kinder so sehr an ihrer Mutter hängen. Sie opfert ihnen die meisten ihrer Abende. Sie bleibt für sie bis spät in die Nacht wach und steht dennoch morgens früh auf, um sich wieder um sie zu kümmern. Die Kinder wissen, dass sie sich auf ihre Mutter verlassen können.

Dasselbe Prinzip gilt für jede Beziehung, selbst im beruflichen Umfeld. Partnerschaften sind eine wesentliche Voraussetzung für primäre Größe. Solange wir nicht bereit sind zusammenzuarbeiten, unseren Stolz zu teilen und auf individuelle Lorbeeren zu verzichten, können wir den wachsenden Anforderungen des Marktes nicht gerecht werden.

Die alten Formen der Dienstbeflissenheit werden den künftigen Anforderungen nicht mehr gerecht. Das wird uns nur über neue Formen der selbstbestimmten Kooperation gelingen, deren Basis die Partnerschaft bildet.

- Wir müssen Partnerschaften quer durch alle Liefer- und Vertriebskanäle bilden. Wir brauchen starke Partnerschaften mit sämtlichen Stakeholdern.
- Wir müssen Partnerschaften mit Firmen quer durch alle Funktionen bilden. Dass das so selten geschieht, liegt an mächtigen Strukturen und Systemen, die das interne Konkurrenz- und Vergleichsdenken fördern.
- Wir müssen Partnerschaften quer durch die Geschäftsfelder bilden. Synergien entstehen, wenn wir über Geschäftsfeldergrenzen und nicht nur über Funktionsgrenzen hinweg kommunizieren.

Wir müssen Partnerschaften mit bestehenden und potenziellen Wettbewerbern eingehen, um die Branchenstandards zu heben und das öffentliche Bewusstsein zu stärken. Die Multiple-Listing-Services in der Immobilienbranche und die Reservierungssysteme der Fluggesellschaften sind klassische Beispiele für die Zusammenarbeit unter Wettbewerbern zum Nutzen der Kunden. Andere Branchen müssen ebenfalls lernen zu kooperieren. Solange sie den Kuchen nicht vergrößern, sondern lediglich versuchen, einander Stücke wegzunehmen, verlieren am Ende alle.

Solche Partnerschaften erfordern ein neues Denken und neue Fähigkeiten, die die Interdependenz fördern. Nur wenige Menschen wissen, wie Interdependenz funktioniert. Fast die gesamte Ausbildung ist darauf ausgerichtet, uns unabhängig voneinander zu machen. Versuchen Sie doch einmal, Menschen, die sich angewöhnt haben, unabhängig zu denken und zu arbeiten, dazu zu bewegen, interdependente Partnerschaften einzugehen. Das ist, wie wenn wir versuchen würden, mit einem Tennisschläger Golf oder mit einem Golfschläger Tennis zu spielen.

Der Fall Südafrika

Ich bin in meinem Leben schon oft in Südafrika gewesen. In der Vergangenheit hat diese Nation viele verschiedene Phasen durchlaufen. Vor Jahrzehnten war die Wirtschaft von der Welt abgeschnitten und von Monopolen und Oligarchien dominiert, die sich niemals mit den Bedingungen der Weltwirtschaft auseinandersetzen mussten. Apartheid und weiße Vorherrschaft ließen den Menschen wenige Optionen, wie sie ihr Leben gestalten wollten. Heute jedoch ist die Wirtschaft nach außen offen, und es gibt eine neue Verfassung und eine andere Regierung. Das verlangt allen Beteiligten Opfer ab. Diese Entwicklung setzte mit der Übergangsphase Anfang der 1990er-Jahre ein, und ihr Ende ist noch immer nicht abzusehen.

An diesem historischen Wendepunkt erlebte Premierminister F. W. de Klerk eine persönliche Lebenskrise. Sowohl unter pragmatischen als auch unter moralischen Gesichtspunkten musste er entscheiden, wie seine Zukunft aussehen sollte. De Klerk war in erster Linie Pragmatiker. Ihm war klar, dass er Macht abgeben und den Weg in Richtung einer Verfassung einschlagen musste, die die Menschenrechte für alle Bürger garantierte. Indem er auf sein Gewissen hörte, gelang es ihm schließlich, diese Position moralisch zu akzeptieren.

Dennoch brauchte es die Kraft und den Einfluss von Nelson Mandela, der 27 Jahre seines Lebens im Gefängnis verbracht hatte, um diesen dramatischen Wandel zu ermöglichen. Mandela war zu einer solchen Demut fähig, dass er das Gefängnis völlig erneuert im Geiste der Versöhnung, Weisheit und Mäßigung verließ. Während seiner vielen Jahre in Gefangenschaft hatte er allmählich den Punkt erreicht, an dem er seine Wärter nicht länger verachtete. Als er zum Präsidenten Südafrikas gewählt wurde, lud er sie sogar zu seiner Inaugurationsfeier ein.

Mandela war prinzipientreu. Er wusste, dass er einen verantwortungsbewussten, moderaten Kurs einschlagen und zwischen den überaus großen Hoffnungen und Erwartungen der unterdrückten Bevölkerung und den Ängsten und Befürchtungen der einstigen Unterdrücker vermitteln musste. De Klerk für seinen Teil musste Jahre des Misstrauens und der Vorurteile überwinden, um öffentlich Mandelas Hand zu ergreifen und gemeinsam mit ihm das innovative neue Südafrika zu schaffen, das sich bemüht, alle seine Bürger gleichermaßen zu repräsentieren.

Mandela und de Klerk machten beispielhaft vor, was es heißt, mit Selbstaufopferung zu führen. Wenn diesen Männern das in Südafrika gelang, was können Sie da nicht erst in Ihrer Organisation erreichen!

Keine geheimen Absichten

Jedes Mal, wenn Sie sich zur Mitarbeit in einem Team – oder an einem kooperativen, interdependenten Projekt – entschließen, setzen Sie sich einem Risiko aus und sind verletzlich. Sie gewähren einen Vertrauensvorschuss und müssen von nun an offener und ehrlicher kommunizieren und darauf verzichten, abweichende eigene Interessen zu verfolgen.

Für viele Menschen stellt das ein großes Opfer dar. Verletzungen wirken häufig lange nach. In einer für Intrigen anfälligen Organisation kommt es so leicht zu Doppelzüngigkeit und manipulativen Verhaltensweisen. Die Menschen beginnen, über andere hinter deren Rücken zu reden.

Dieser manipulative Stil ist mittlerweile so verbreitet, dass es vielen Menschen äußerst schwerfällt, darauf zu verzichten. Wenn niemand mehr zu einem persönlichen Opfer bereit ist, treten an die Stelle offener Partnerschaften, die Veränderungen ermöglichen, geheime Seilschaften, denen es vorrangig um die Wahrung des Status quo geht. Was ich über das Land Südafrika gesagt habe, trifft mehr oder weniger auf jede Organisation und jeden Menschen zu. Ohne Opfer sind Veränderungen nicht möglich. Das persönliche Opfer macht den Unterschied zwischen der verändernden Partnerschaft und der bewahrenden Seilschaft aus.

Die besten Führungspersönlichkeiten opfern für ihre Mitarbeiter und Organisationen ihren Stolz. Um effektiv in und mit einem Team arbeiten zu können, müssen wir unseren Stolz opfern und uns um Demut bemühen. Das ist es, was von vielen Berufstätigen heute erwartet wird – der Verzicht auf das eigene Ego. Wir müssen unsere Beziehungen im Geiste des gegenseitigen Respekts eingehen und pflegen.

Als Benjamin Franklin sich anschickte, den Weg der Demut zu gehen, machte er es sich zur Regel, anderen nicht mit Schroffheit zu begegnen, sondern sie spüren zu lassen, wie sehr er ihre Ansichten respektierte. Er achtete außerdem darauf, nicht zu »dogmatisch« in seinen eigenen Ansichten zu sein. Als älterer Mann schrieb er: »In all den vergangenen fünfzig Jahren kam mir kein einziges Mal ein dogmatischer Ausdruck über die Lippen.« Entsprechend größer war sein Einfluss auf andere, wie er zu berichten wusste.[10] Eine dogmatische Aussage könnte etwa so klingen: »Ich habe Recht, und jeder, der mir widerspricht, hat Unrecht.«

Jedes Mal, wenn Sie sich zur Mitarbeit in einem Team – oder an einem kooperativen, interdependenten Projekt – entschließen, setzen Sie sich einem Risiko aus und sind verletzlich. Sie gewähren einen Vertrauensvorschuss und müssen von nun an offener und ehrlicher kommunizieren und darauf verzichten, abweichende eigene Interessen zu verfolgen.

Der Schlüssel zur sich verändernden Partnerschaft liegt in der Bereitschaft, alte Denk-, Verhaltens- und Bewährungsmuster aufzugeben und sich stattdessen mit den Denkmustern der Interdependenz und den Verhaltens- und Bewährungsmustern der Synergie vertraut zu machen; deren Kern besteht darin, dass wir immer zuerst versuchen zuzuhören und stets um den gegenseitigen Vorteil bemüht sind.

Menschen brauchen emotionale Sicherheit, um sich guten Gewissens auf eine gemeinsame Vision einzulassen. Alle, die mithelfen, ein Puzzle zu vervollständigen, müssen dasselbe Zielbild im Kopf haben. In den meisten Organisationen haben die Menschen gar kein gemeinsames Bild vor Augen. Vielmehr sieht jeder etwas anderes. Und weil sie dennoch handeln müssen, tun sie dies auf der Basis irreführender, falscher oder fehlender Informationen. Vielleicht gelingt es ihnen, einen kleinen Teil des Puzzles zusammenzusetzen, aber die verschiedenen Teile passen nicht zueinander.

Opfer für das Team

Alle Teammitglieder müssen sich von ihren unvollständigen Paradigmen verabschieden und lernen, sich an den wahren Prinzipien zu orientieren. Lieb gewonnene Denkmuster aufzugeben, fällt besonders schwer. Es erfordert Demut, weil das traditionelle Denkmuster so geht: »Meine Aufgabe ist es, für meine eigenen Interessen einzutreten und die Tagesordnung entsprechend zu beeinflussen.« Diese Einstellung führt unausweichlich zur Arroganz – jener Sorte Stolz, die vor dem Fall kommt. Der Demütige hingegen sagt: »Ich kontrolliere hier gar nichts. Das letzte Wort haben die Prinzipien.«

Das Team muss diese Prinzipien kennen und in der gemeinsamen Arbeit berücksichtigen. Jede einzelne Person im Team muss ganz sie selbst sein und zudem über eine Überflussmentalität verfügen. Dann wird sie sich auch nicht ständig mit anderen vergleichen, mit ihnen wetteifern und sich zu Intrigenspielen verleiten lassen, denn nun bezieht sie ihre Sicherheit aus sich selbst.

Die Beteiligten müssen bereit sein, sämtliche Paradigmen auf den Prüfstand zu stellen. Die gewohnten Denkweisen abzulegen, erfordert viel Mut und Selbstbeobachtung. Solange diese Gewohnheiten unproduktiv sind, ist ein solcher Schritt jedoch unumgänglich. Wenn wir unsere eigenen Denkweisen infrage stellen, macht uns die Vorstellung, alte Gewohnheiten durch etwas Neues ersetzen zu müssen, häufig Angst. Die Menschen bewegen sich bequem in ihren vertrauten Paradigmen, aber die Teams von heute müssen den Mut haben, diese Paradigmen beim Namen zu nennen und die ihnen zugrunde liegenden Annahmen und Motive herauszuarbeiten und auf den Prüfstand zu stellen. Sie tun das, indem sie fragen: »Haben diese Denkweisen heute noch ihre Berechtigung?«

Sie müssen Optionen im Sinne von »Gewinn / Gewinn oder kein Geschäft« suchen. Synergie ist mehr als Kooperation. Synergie bedeutet, dass wir gemeinsam etwas Besseres schaffen. Dazu müssen wir einfühlsam zuhören und den Mut haben, unsere Ansichten und Meinungen zur Sprache zu bringen. Aus echter Interaktion erwächst Synergie. Wir müssen vertrauenswürdig sein. Man kann niemandem Vertrauen schenken, der sich nicht an wahren Prinzipien orientiert. Indem wir uns an Prinzipien ausrichten, gewinnen wir die Charakterstärke, uns nicht länger an Macht und Einfluss zu klammern und die Menschen um uns herum als Mittel zum Zweck zu behandeln.

Neue Quellen der Macht

Moderne Teamleader müssen nach neuen Machtquellen suchen. Die Fundamente ihres Einflusses verschieben sich. Nicht Position, sondern Überzeugungskraft, nicht Charme, sondern Charakter, nicht Kontrolle, sondern Aufmerksamkeit und Engagement, nicht Stolz, sondern Demut, und nicht Zeugnisse, sondern Lernen und Verbesserung sind heute entscheidend. Einfluss speist sich heute aus Quellen, die auf den Charakter gründen.

Die kluge Anwendung von Selbstbeobachtung, Vorstellungskraft, unabhängigem Willen und Gewissen. Solange eine Führungskraft nicht diese vier Fähigkeiten unter Beweis stellt, müht sich ihr Team am Ende vergeblich ab. Teamleiter müssen jedes Paradigma auf den Prüfstand stellen, das den verantwortlichen Einsatz dieser Freiheiten ignoriert.

Mehr Zeit mit Dingen verbringen, die wichtig, aber nicht notwendigerweise auch dringend sind. Nur zur Erinnerung: Bei unserer Untersuchung von Unternehmen, die mit dem Deming Award ausgezeichnet wurden, stellten wir fest, dass ihre Führungskräfte 60 Prozent ihrer Zeit für Dinge aufwendeten, die wichtig, aber nicht dringend waren (wie die Formulierung einer Vision oder eines Leitbilds, die Entwicklung von Konzepten und Leitlinien sowie die Erholung).

Fortgesetztes Lernen, Verbessern und Entwickeln. Teamleiter machen sich regelmäßig ein Bild von den Ergebnissen, holen Feedback ein und nehmen die erforderlichen Korrekturen und Verbesserungen vor.

Ein Netzwerk von Gewinn/Gewinn-Beziehungen und -Partnerschaften unterhalten und pflegen. Durch persönliche Demut und die Bereitschaft, uns zurückzunehmen, verbessern wir auf natürliche Weise unsere Beziehungen und erzeugen starke Partnerschaften. Alle unsere Beziehungen nehmen den Charakter von Teams und Partnerschaften an und schaffen Raum für synergistische Kooperation und Interdependenz.

Ohne Demut wird es uns nicht gelingen, uns zurückzunehmen. Entweder werden uns die Umstände zu solcher Demut zwingen, oder wir finden aus freien Stücken zu ihr, weil wir erkennen, dass wir nur mit und nicht gegen die wahren Prinzipien leben können. Demut ist gut, ganz unabhängig vom konkreten Auslöser. Aber eine dem Gewissen geschuldete Demut ist sicherlich besser als diejenige, die die Umstände uns aufzwingen.

ANWENDUNG & EMPFEHLUNGEN

> **Um in und mit unseren Teams gut arbeiten zu können, müssen wir auf unseren Stolz verzichten und uns in Demut üben. Steht Ihr persönliches Ego dem Teamerfolg in irgendeiner Weise im Wege? Entschließen Sie sich, diese Barriere abzubauen. Was bewirken Sie damit?**

> **Die meisten Menschen bleiben ihren einmal verinnerlichten Paradigmen treu. Welche der Paradigmen, an denen Sie, Ihr Team oder Ihre Familie sich orientieren, arbeiten möglicherweise gegen Sie? Bringen Sie den Mut auf, diese Paradigmen beim Namen zu nennen. Machen Sie sich klar, welche Annahmen und Motive ihnen zugrunde liegen, und fragen Sie sich: »Haben diese Paradigmen noch immer ihre Berechtigung?« Von welchen Paradigmen sollten Sie sich verabschieden, um bessere Resultate zu erzielen? Notieren Sie die Ergebnisse in Ihrem Tagebuch.**

> **Erklären Sie einer anderen Person das Prinzip der Synergie, und lassen Sie es sich von derselben Person anschließend erneut erklären. Was lernen Sie aus dieser Übung?**

> **Das wichtigste Motiv für persönliche Veränderung ist Schmerz. Wenn Sie Schmerzen haben, wächst Ihre Bereitschaft, Demut zu zeigen und sich selbst nicht so wichtig zu nehmen. Sie richten den Blick von innen nach außen und entwickeln ein Bewusstsein für die wahren Prinzipien. Was bereitet Ihnen in Ihrem privaten oder beruflichen Leben Schmerzen? Woher stammen diese Schmerzen? Notieren Sie die Schritte, die Sie unternehmen können, um Ihr Leben stärker an den Prinzipien der Effektivität auszurichten und den Schmerz zu lindern.**

10 Das Gegenüber wahrnehmen

> *»Am Ende des Lebens werden wir nicht danach beurteilt, wie viele Diplome wir erworben, wie viel Geld wir verdient und wie viele großartige Dinge wir zustande gebracht haben. Der Spruch wird vielmehr lauten: ›Ich war hungrig, und du hast mir zu essen gegeben. Ich war nackt, und du hast mich gekleidet. Ich war ohne Obdach, und du hast mich bei dir aufgenommen.‹«*
> MUTTER TERESA

Wenn es um Menschen geht, sind es die kleinen Dinge, auf die es am meisten ankommt. Das Prinzip der Wahrnehmung des anderen ist hochgradig persönlich – es ist etwas, das sich von Mensch zu Mensch ereignet. Die persönliche Art spricht 90 Prozent der Menschen an und setzt auch bei den übrigen 10 Prozent noch Potenziale frei. Ichbezogenheit ist die Quelle unserer größten Bürden im Leben, während die Aufmerksamkeit für den anderen und seine Bürden die Essenz der primären Größe darstellt. Sekundäre Größe kümmert sich nicht darum, wie es dem anderen geht.

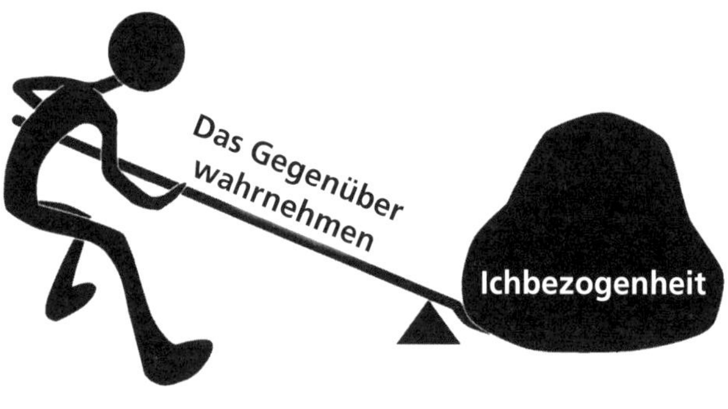

Ein Freund von mir, der Schauspieler ist, sah einmal in einem New Yorker Theater einen Freund und Kollegen auf der Bühne spielen. Mein Freund spürte, wie der Kontakt zum Publikum fehlte, und so schlich er sich in den Orchestergraben, um seinem Freund eine Botschaft zu übermitteln.

Weil er das Stück bestens kannte, wusste er auch, wann sich sein Kollege an welchem Punkt der Bühne aufhalten würde. Er wusste, dass sein Freund in einer bestimmten Szene ganz nah am Orchestergraben stand, und hoffte, dass ihm dieser Augenblick genügen würde, um seine Botschaft loszuwerden.

Als dieser Moment gekommen war, hob er den Kopf, schaute seinem Freund in die Augen und sagt drei Worter: »Sprich zu mir.«

Sein Freund verstand sofort. Er hatte bislang zu einem anonymen Publikum gesprochen, das er überhaupt nicht sehen konnte und das ihm wie eine amorphe Masse erschienen war. Als sein Freund sagte: »Sprich zu mir«, wusste er, dass er den Menschen, das Individuum mit seinen Gefühlen und Wahrnehmungen ansprechen musste – jemanden, für den er sich interessierte. Sofort begann er, für Individuen zu spielen, auch wenn er die meisten Zuschauer im grellen Scheinwerferlicht nicht erkennen konnte. Aber einige Gesichter konnte er sehen, und so sprach er im Wesentlichen zu einem von ihnen. Bald hatte er das Publikum zurückgewonnen. Es gelang ihm, die Verbindung herzustellen, weil der Schlüssel zu den vielen der eine ist.

»Sie kennen ja nicht einmal meinen Namen«

Als ich an der Universität lehrte, kam einmal gegen Ende des Semesters ein Student nach der Vorlesung zu mir und dankte mir für den Vortrag. Im Auditorium saßen rund 550 Studenten. Er fügte hinzu: »Ich bewundere, was Sie auf diesem Gebiet leisten, und es fasziniert mich, wie viel Sie wissen, Mr. Covey. Aber Sie kennen nicht einmal meinen Namen.«

Das bestätigte mir die alte Weisheit: »Mir ist nicht wichtig, wie viel du weißt, solange ich nicht weiß, wie wichtig ich dir bin.«

Vor Kurzem hielt ich einen Vortrag vor vielen Zuhörern und zeigte dabei eine Reihe von Folien. Ich instruierte den Assistenten: »Jetzt diese Folie; jetzt die nächste Folie.« Später erhielt ich einen Brief von einem der Zuhörer, in dem es hieß: »Ich habe den ganzen Nachmittag zugehört. Nicht einmal habe ich Sie danke oder bitte sagen hören.«

Ich war der Meinung gewesen, dass ich den Assistenten freundlich angesprochen hatte. Ich war auch nicht in einen Befehlston verfallen, hatte es aber dennoch versäumt, jene magischen Worte zu sprechen. Bei dem Absender des Briefes war am Ende nicht der Inhalt angekommen, sondern das Gefühl, dass mir die üblichen Regeln der Höflichkeit und des Respekts nicht geläufig waren.

Aus solchen Rückmeldungen wird klar, dass die persönliche Art 90 Prozent der Menschen anspricht und bei den übrigen 10 Prozent auch noch Potenziale freisetzt.

Ein Freund von mir, ein sehr bekannter Profisportler, unterrichtet in der Nebensaison in seiner Kirche vierjährige Kinder. Er liebt diese Kinder. Er kennt jedes Kind mit Namen und spricht es mit diesem Namen an. Er bestärkt sie in ihrem Selbstwertgefühl. Und so möchten die Kinder um nichts in der Welt seine Stunden missen. Sie klettern an ihm hoch und setzen sich auf seinen Schoß. Er nimmt jedes Kind einzeln wahr und interessiert sich für jedes von ihnen.

Unsere Kunden unterscheiden sich in keiner Weise von diesen Kindern. Sie wollen von uns mit Namen angesprochen werden. Sie wollen das Gefühl haben, dass der Vertreter des Unternehmens sich wirklich um sie und ihre Belange kümmert. Das ist der entscheidende Punkt, von dem es häufig abhängt, ob ein Geschäft überhaupt zustande kommt. Wenn es um Menschen geht, sind es die kleinen Dinge, auf die es am meisten ankommt.

Warum die Aufmerksamkeit für den Einzelnen so wichtig ist

Warum ist dieses Prinzip, wonach der Schlüssel zu den vielen der eine ist, so wichtig? Warum lassen sich damit Herzen und Türen öffnen? Ich denke, das erklärt sich aus der tiefen Sehnsucht des Menschen, wahrgenommen, wertgeschätzt und verstanden zu werden. Indem wir den Menschen vor uns wirklich zur Kenntnis nehmen und unseren Vortrag so gestalten, dass er ihn erreicht, geben wir ihm zu verstehen: »Du bist mir wichtig. Du bist eine wertvolle Person. Du hast deine inneren Verdienste, und ich vergleiche dich nicht mit anderen. Du bedeutest mir viel. Und wenn du mir Zugang zu deinem Herzen gewährst, damit ich dort eine Botschaft hinterlasse, weiß ich, dass ich mich auf heiligem Grunde bewege.« Ich denke, das ist es, was wir damit signalisieren.

Als Kunde spüre ich in der Regel, ob die Servicekräfte in den wenigen Sekunden, die sie unmittelbaren Kontakt zu mir haben – wenn sie zum Beispiel meine Bestellung entgegennehmen oder sich um mein Anliegen kümmern –, wirklich präsent sind. In diesem Fall habe ich das Gefühl, dass ich ihnen wichtig bin.

> Alle Menschen sehnen sich danach, wahrgenommen, wertgeschätzt und verstanden zu werden.

Die Aufmerksamkeit für das Individuum ist deshalb so wichtig, weil sie uns dazu bringt, uns auf Menschen statt auf Dinge, auf Beziehungen statt auf Zeitpläne, auf Effektivität statt auf Effizienz und auf persönliche Führung statt auf Ressourcenmanagement zu konzentrieren.

Wie anders ist es doch, in einer Kultur tätig zu sein, in der der Mensch an erster Stelle steht. Meine Tochter Jenny beispielsweise begann im Kundendienstbereich unserer Firma zu arbeiten. Gegen Ende der sechswöchigen Einarbeitungsphase sagte sie zu mir: »Vater, ich bin traurig darüber, dass die Schulung jetzt zu Ende ist.« Ich fragte: »Warum?«, und sie sagte: »Ich werde die anderen so sehr vermissen.« »Warum?« »Wir sind ein Team. Wenn doch einmal ein Fehler passiert, ist es ein Teamfehler, und alle helfen mit. Unsere Teamleiter führen sich nicht wie Chefs auf, sondern stehen uns lenkend und helfend zur Seite. Und so, wie sie für uns da sind, so versuchen wir, für unsere Kunden da zu sein.«

Sie fuhr fort: »Obwohl ich nur am Telefon sitze und niemals einen dieser Menschen zu Gesicht bekomme, habe ich Beziehungen zu vielen Kunden aufgebaut, die mich als Freundin betrachten und mir Briefe schreiben. Manche habe ich nur einmal gesprochen, und dennoch fragen sie mich, wenn sie das nächste Mal wegen einer Bestellung anrufen, was ich ihnen rate.« Meiner Tochter war klar geworden, dass die Art, wie sie ihre Kunden behandelt, unmittelbar damit zusammenhängt, wie sie selbst als Mitglied ihres Teams von ihren Vorgesetzten, Kollegen und Kunden behandelt wird.

Drei Wege, um zu diesem Zustand zu gelangen

Wie erreichen Sie, dass Ihre Mitarbeiter sich in dieser Form um ihre Kunden kümmern? Ich sehe drei Möglichkeiten: Engagieren Sie die richtigen Mitarbeiter, schulen Sie Ihre bestehenden Mitarbeiter, und schaffen Sie die richtige Unternehmenskultur.

Rekrutierung. Eine größere Fluggesellschaft lädt im Rahmen ihrer Mitarbeiterakquise Kandidaten in einen Raum ein und bittet jeden von ihnen, eine Präsentation zu halten. Die Kandidaten gehen davon aus, dass die Unternehmensvertreter sich vor allem für die Qualität der Präsentation interessieren. In Wahrheit aber bewerten sie über versteckte Kameras die übrigen Teilnehmer, die in diesem Moment nur Zuhörer sind. Wer gut aufpasst, sich hilfreich beteiligt und Interesse zeigt, demonstriert so seine natürliche Bereitschaft, auf andere zuzugehen und sich für sie zu interessieren und einzusetzen. Wer wie abwesend oder gelangweilt nur darauf wartet, dass er selbst an die Reihe kommt, und keine Beziehung zu der Person aufbaut, die sich in diesem Augenblick bemüht, ihr Bestes zu geben, sendet damit ein starkes negatives Signal aus.

Schulung. In einer anderen Organisation wollen die Führungskräfte herausfinden, wer von ihren Mitarbeitern von Natur aus Teamgeist mitbringt. Dazu geben sie jedem Team eine bestimmte Aufgabe mit einem engen Zeitfenster. Die Komplexität und Schwierigkeit der Aufgabe macht es erforderlich, auf die Expertise weiterer Personen zurückzugreifen. Das Team kann die Aufgabe nur gemeinsam lösen. Es stellt sich heraus, dass die natürlichen Tendenzen und Veranlagungen sehr schnell sichtbar werden. Diejenigen, denen es an Teamgeist mangelt, versuchen rasch, die Kontrolle an sich zu reißen. Sie sehen über Teamkollegen hinweg, machen andere schlecht, verhalten sich unhöflich und sind ganz auf die Aufgabe fixiert. Andere nehmen Beziehungen sehr wichtig, verlieren dabei aber die Aufgabe aus den Augen. Beide kommen zu keinem Ergebnis.

Die große Überraschung kommt dann, wenn die Kandidaten feststellen, dass es die anderen Teammitglieder sind, die ihre Fähigkeiten bewerten sollen. Mit Schrecken sagen sie sich dann: »Oh weh, wie habe ich diese Leute behandelt?«

Kultur. Sie können Mitarbeiter gezielt einstellen oder bestehende Mitarbeiter schulen. Aus meiner Sicht gibt es jedoch darüber hinaus noch einen anderen sehr guten Weg, um eine Kultur der Aufmerksamkeit und Kooperationsbereitschaft zu schaffen – indem Sie die Kultur selbst mit starken sozialen Normen versehen. Wenn die Mitarbeiter dann erkennen: Das ist also die Art, wie man in dieser Organisation miteinander umgeht, schaffen Sie sich damit einen nachhaltigen Wettbewerbsvorsprung.

Wenn die Führungskräfte ihre Rolle lenkend und helfend wahrnehmen, lernen auch die übrigen Mitarbeiter, freundlich, respektvoll und aufmerksam zu sein, auch wenn das nicht von vornherein ihrem Naturell entspricht.

Einmal unterhielt ich mich mit der Personalchefin von The Ritz-Carlton. Das Firmenmotto lautet: »We are ladies and gentlemen serving ladies and gentlemen.« Ich fragte sie: »Haben dieses Motto und diese Kultur des Respekts Ihr berufliches und familiäres Leben verändert?«

Sie erwiderte: »Und ob. Es ist wie Tag und Nacht. Ich bin in einem ganz anderen Umfeld aufgewachsen. Als Pflegekind wurde ich gescholten und geschlagen. Zuhause und Umfeld haben ständig gewechselt. Am Ende ging es für mich nur noch darum zu überleben. Innerlich war ich wütend und zynisch, aber an der Oberfläche versuchte ich, nett zu den Menschen im Unternehmen und zu den Kunden zu sein. Wenn mich jedoch nach Feierabend jemand schief anschaute, passierte es leicht, dass ich meinen ganzen Frust an ihm ausließ.«

Ich erinnerte sie: »Unausgesprochene Gefühle verschwinden nicht einfach – sie schwelen weiter und brechen irgendwann umso heftiger hervor.«

Sie sagte. »Unter meinem Frust musste ständig meine Familie leiden … bis ich meine Stelle hier antrat.«

Ich fragte: »Was ist hier anders?«

Und sie antwortete: »In diesem Unternehmen zu arbeiten, fühlt sich für mich fast so an, als hätte ich eine zweite Familie und eine zweite Kindheit geschenkt bekommen. Die Menschen hier sind Vorbilder für mich. Jetzt sehe und behandle ich auch meine Kinder anders. Es ist mir heute wichtiger, eine wunderbare häusliche Atmosphäre zu schaffen, als irgendeine bestimmte Aufgabe zu erledigen.«

Ein Mitarbeiter aus derselben Organisation, der in einem anderen Hotel tätig war, berichtete mehr oder weniger dasselbe. Er sagte: »Wissen Sie, diese Kultur fasziniert mich so sehr und alles fühlt sich so familiär an, dass ich, wenn ich frei habe, am liebsten in der Lobby sitze und die Hotelangestellten dabei beobachte, wie sie mit den Kunden umgehen. Ich finde es toll, mit welcher Freundlichkeit sich alle behandeln.«

So vieles von dieser Höflichkeit und Zuvorkommenheit ist in unserer Gesellschaft dem Zynismus und der Manipulation gewichen. Selbst in exklusiveren Hotels und Ferienanlagen begegnet man dieser Zuvorkommenheit nur noch selten. Geld ist keine Garantie. Wohlstand kann sogar unter den Dienstleistern die Tendenz verstärken, Gesten der Menschlichkeit lediglich manipulativ einzusetzen, um Kunden und Gäste zu mehr Trinkgeld zu bewegen.

Auf einer Flugreise beobachtete ich kürzlich eine schwangere Frau, die mit einem Kind auf dem Arm und einer großen Tasche in der Hand die Maschine betrat. Dabei kam sie an zwei Flugbegleitern vorbei, die miteinander plauderten. Ich stand auf und sagte: »Darf ich Ihnen helfen?« Die Flugbegleiter sahen nur zu, wie wir uns abmühten, das Gepäck in den Fächern zu verstauen. Vielleicht steht es nicht wortwörtlich in ihrer Jobbeschreibung, aber wenn es Teil ihres Jobverständnisses gewesen wäre, hätten sie geholfen. Ich vermute, dass man sie innerhalb des Unternehmens ebenso behandelt und ihre Klagen ignoriert.

Ein anderes Beispiel: Ich nahm meinen Sohn zum ersten Mal mit in einen Skilift. Er hatte Angst vor dem Lift. Ich musste ihm gut zureden und versicherte ihm: »Du brauchst keine Angst zu haben, ich werde den Mann bitten, das Tempo zu verringern.«

Als wir an die Reihe kamen, bat ich den Mann: »Könnten Sie bitte das Tempo drosseln? Das hier ist das erste Mal.«

Er machte ein genervtes Gesicht und grummelte nur: »Wenn es sein muss.«

Von diesem Moment an verlor mein Sohn jegliches Interesse am Skifahren.

Wenn Sie verwundbar sind, kann Sie schon die kleinste Andeutung oder Nuance im Tonfall eines Menschen verletzen. Kinder haben einen siebten Sinn für so etwas. Zynismus kann da schnell viel Schaden anrichten. Selbst kleinste Schwingungen treffen hier auf feine Antennen. Für meinen Sohn jedenfalls war dies das Ende seiner Skifahrerkarriere.

Ich nehme an, dass der Mann am Skilift genauso behandelt wurde, wenn er sich an seinen Schichtleiter wandte: »Könnte ich wohl diesen Tag freinehmen, um eine Familienfeier zu besuchen?« Sein Schichtleiter sagte dann vermutlich: »Für wen hältst du dich? Du bist für diesen Tag im Plan eingetragen.« Und dieser Schichtleiter wurde vermutlich nicht anders von seinem Vorgesetzten behandelt.

Je älter ich werde, desto klarer sehe ich den Zusammenhang zwischen der Art, wie Mitarbeiter behandelt werden, und der, wie sie ihrerseits die Kunden behandeln. Es ist eine Kettenreaktion.

Natürlich müssen wir nicht wie ferngesteuerte Automaten herumlaufen. Wir können lernen, das Verhalten anderer uns gegenüber gelassen hinzunehmen. Wir können eine Selbstsicherheit entwickeln, die sich aus dem Wissen speist, dass wir uns im Einklang mit fundamentalen Prinzipien befinden – dann können wir lieben, auch wenn wir nicht geliebt werden, freundlich zu Menschen sein, die sich uns gegenüber unfreundlich verhalten, und Geduld zeigen, während andere ihre Ungeduld an uns auslassen.

Je älter ich werde, desto klarer sehe ich den Zusammenhang zwischen der Art, wie Mitarbeiter behandelt werden, und der, wie sie ihrerseits die Kunden behandeln. Es ist eine Kettenreaktion.

Die Fähigkeit, die andere Wange hinzuhalten, jene Extrameile zu gehen und die helfende Hand auszustrecken, speist sich aus dem klaren Wissen darum, was wir erreichen wollen. Wir sehen das, was wir anstreben. Wenn wir etwas Großes vorhaben, neigen wir auch eher dazu, in anderen Menschen Größe zu erkennen, und wir sind bereit, das Feedback von anderen anzunehmen, die den Mut haben, es uns zu geben. Wir töten nicht den Überbringer der Botschaft. Stattdessen zeigen wir uns dankbar und besitzen die Demut, uns zu entschuldigen und zu sagen: »Ich muss mich verbessern und korrigieren, was zu korrigieren ist.« Wer zu diesem Schritt fähig ist, entwickelt auch den Wunsch, der nächsten Person mit mehr Höflichkeit zu begegnen.

ANWENDUNG & EMPFEHLUNGEN

> »Du bist mir wichtig. Du bist eine wertvolle Person. Du hast deine inneren Verdienste, und ich vergleiche dich nicht mit anderen. Du bedeutest mir viel. Und wenn du mir Zugang zu deinem Herzen gewährst, damit ich dort eine Botschaft hinterlasse, weiß ich, dass ich mich auf heiligem Grunde bewege.« Haben Sie diese Qualität von Beziehung schon einmal mit jemandem erlebt? Mit wem könnten Sie eine solche Art von Beziehung pflegen? Notieren Sie ein oder zwei Schritte, die Sie unternehmen wollen, um diese Beziehung aufzubauen.

> Es gibt einen Zusammenhang zwischen der Art, wie Mitarbeiter behandelt werden und der, wie sie ihrerseits die Kunden behandeln. Es ist eine Kettenreaktion. Wie ist es um Ihre Kette bestellt? Welche Kettenglieder sind schwach oder problematisch? Was können Sie noch heute tun, um die Beziehung zwischen Ihnen und einem Ihrer Kollegen zu festigen?

> Wir müssen lernen, das Verhalten anderer uns gegenüber gelassen hinzunehmen und uns dadurch nicht von unserem eigenen Weg abbringen zu lassen. Wie geht das? Wir können in dem Wissen, dass wir uns im Einklang mit fundamentalen Prinzipien befinden, Selbstsicherheit entwickeln – dann können wir lieben, auch wenn wir nicht geliebt werden, freundlich zu Menschen sein, die sich uns gegenüber unfreundlich verhalten, und Geduld zeigen, während andere ihre Ungeduld an uns auslassen. Wenn Sie sich das nächste Mal unfreundlich oder ungerecht behandelt fühlen, sollten Sie versuchen, Geduld zu bewahren. Wie wirkt sich das auf Ihre innere Einstellung aus?

11 Verantwortung übernehmen

»Die endgültige Formung eines Charakters hat jeder selbst in der Hand.«
ANNE FRANK

Verantwortung zu übernehmen, ist ein wichtiger Bestandteil primärer Größe. Es ist einfach, sich zu den guten Dingen in unserem Leben zu bekennen. Der wahre Test kommt dann, wenn die Dinge weniger gut laufen. Wer sich in Bezug auf sein eigenes Leben für unzuständig erklärt, indem er die Gründe für seine Situation in den Umständen oder bei anderen Personen sucht, wird zum professionellen Opfer. Wer hingegen primäre Größe praktiziert, weiß, dass die Qualität seines Lebens von seinen eigenen Entscheidungen und nicht von anderen Menschen oder gar den Umständen abhängt.

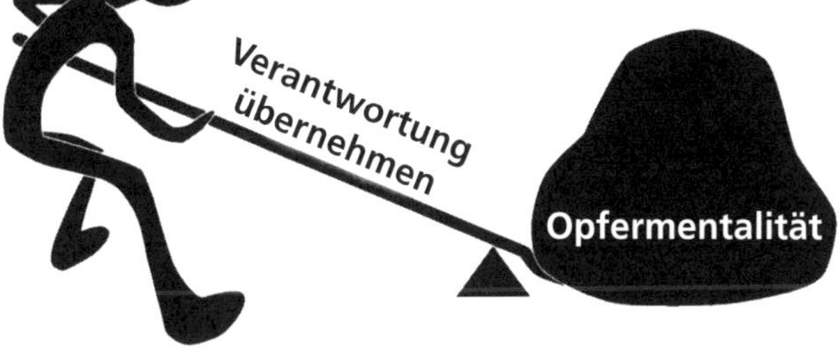

Eine Führungskraft erzählte mir einmal: »Meine größte Sorge sind meine schlechten Beziehungen zu meinen kreativsten Mitarbeitern und zu meinem pubertierenden Sohn. Ständig lasse ich mich provozieren und schreie die Leute an. Wie kann ich diese Beziehungen verbessern und den Leuten ein anderes Bild von mir vermitteln?«

Zum Glück ist keine Situation hoffnungslos. Es gibt mehrere Möglichkeiten, eine gestörte Beziehung geradezubiegen, das emotionale Bankkonto wieder aufzufüllen und erneut einen positiven Einfluss auszuüben.

Der letzte Heller

Menschen gehen häufig unfreundlich und ungerecht miteinander um, und anschließend besitzt meist keine Seite die Demut, für ihren Teil die volle Verantwortung zu übernehmen. Stattdessen versucht jeder nur, sein eigenes Verhalten zu erklären und zu rechtfertigen. Jeder sucht nach Gründen, die seine Wahrnehmung der anderen Person untermauern, womit das ursprüngliche Problem lediglich verschlimmert wird. Am Ende sitzt jeder in seinem mental-emotionalen Kerker.

Da kommt man schlecht wieder raus – das geht erst, wenn wir auch den letzten Heller bezahlen. Wir müssen also voll und ganz zu unserer Verantwortung für das Problem stehen, selbst wenn andere eine Mitverantwortung tragen. Wenn wir unseren Teil der Verantwortung übernehmen – zu ihr stehen und ehrlich und konzessionsbereit um Entschuldigung bitten –, wird die andere Person spüren, dass wir es damit ernst meinen. Natürlich muss auch unser Verhalten mit unseren Worten übereinstimmen, damit der Betrachter sieht, dass es nicht nur so dahergeredet ist.

Um den letzten Heller zu bezahlen, müssen wir über längere Zeit ein Verhalten an den Tag legen, das mit unserer Entschuldigung kongruent ist; möglicherweise ist unser emotionales Bankkonto bei dieser Person so stark überzogen, dass uns keine Entschuldigung auf der Stelle freikaufen kann. Vielleicht müssen wir viel mehr tun. Wir müssen zeigen, dass wir es ernst meinen. Wir können uns nicht mit Worten aus einer Situation befreien, in die wir uns mit unseren Taten selbst gebracht haben – besonders, wenn wir uns fortlaufend entschuldigen und zugleich mit unserem Verhalten das Gegenteil signalisieren.

Solange wir nur den ersten Heller bezahlen und anschließend erwarten, dass sich auch der andere zu seinem Teil der Verantwortung bekennt, kommen wir nicht weiter. Die andere Person zahlt dann möglicherweise einen Heller mit der Einstellung: »Okay, tut mir leid, aber das lag jetzt nicht nur an mir. Da hast du auch deinen Teil dazu beigetragen.« Und sie wird erst dann einen zweiten Heller auf den Tisch legen, wenn Sie den letzten Heller bezahlt haben.

Um dies zu tun, könnten Sie sagen: »Es war mein Fehler«, »Ich habe dich vor deinen Freunden bloßgestellt«. Oder: »Ich habe dir in dieser Besprechung das Wort abgeschnitten, nachdem du dich so sorgfältig vorbereitet hattest. Ich will mich nicht nur bei dir entschuldigen, sondern auch bei den anderen Teilnehmern, denn sie haben mitbekommen, wie ich mich dir gegenüber verhalten habe, und es hat ihnen auch nicht gefallen.« Sie versuchen gar nicht erst, sich zu rechtfertigen, zu erklären, zu verteidigen oder anderen die Schuld zu geben – stattdessen unternehmen Sie alles, um den letzten Heller zu bezahlen, der Sie aus dem Kerker bringt.

Was passiert, wenn Sie den vollen Preis zahlen? Angenommen, die Beziehungen sind angespannt und Sie sind zumindest teilweise dafür verantwortlich. Solange Sie lediglich versuchen, es künftig besser zu machen, ohne sich jedoch zu Ihrem Verhalten in der Vergangenheit zu bekennen, wird der andere Ihnen weiterhin mit Argwohn begegnen. Er hat Verletzungen einstecken müssen und ist nun auf der Hut. Er wird Ihr neues Verhalten und Ihr freundliches Gesicht zweifelnd zur Kenntnis nehmen und abwarten, was als Nächstes passiert. Mit Ihrem Verhalten allein können Sie sein Misstrauen nicht beschwichtigen. Nichts, was Sie tun, kann daran etwas ändern, denn Sie sitzen hinter den Gitterstäben und Mauern eines Gefängnisses, das er für Sie in seinem Kopf errichtet hat. Diese Gitterstäbe und Mauern sind die mentalen und emotionalen Etiketten, mit denen er Sie belegt hat. Nur durch ein vollständiges und konkretes Eingeständnis Ihrer Fehler oder Versäumnisse können Sie Ihren letzten Heller bezahlen.

Das Prinzip in der Praxis

Ich entdecke immer wieder aufs Neue die Wirksamkeit dieses uralten Prinzips, wenn ich mit Menschen zu tun habe, denen es an Zielstrebigkeit und der Bereitschaft, Verantwortung zu übernehmen, fehlt, und die die Ursachen für ihre schwachen Leistungen eher bei anderen suchen.

Einmal arbeitete ich mit einem jungen Mann, der sich äußerst schwertat, in der Organisation, die ich leitete, seiner Aufgabe gerecht zu werden. Über Monate dachte ich jedes Mal, wenn ich sein Gesicht sah oder seinen Namen hörte, nur daran, was für ein Versager er war.

> Menschen haben die Tendenz, die zu werden, als die wir sie behandeln oder für die wir sie halten.

Schließlich wurde mir bewusst, in welche Schublade ich ihn gesteckt hatte und wie daraus eine sich selbst erfüllende Prophezeiung geworden war. Ich begriff, dass Menschen häufig die werden, als die wir sie behandeln oder für die wir sie halten. Ich kam zu dem Ergebnis, dass ich den letzten Heller bezahlen musste. Ich ging auf den jungen Mann zu, beichtete ihm, was geschehen war und welchen Part ich darin gespielt zu haben meinte, und bat ihn um Verzeihung.

Unsere Beziehung erhielt ein neues Fundament der Aufrichtigkeit. Allmählich wuchs er in seine Rolle hinein und über sich hinaus.

Viele Romane handeln von unerwiderter Liebe, wenn Menschen sich weigern, bedingungslos zu lieben, weil sie zuvor schon einmal verletzt wurden. Sie legen sich einen Panzer zu oder ziehen sich in ihr Schneckenhaus zurück, werden zynisch, argwöhnisch oder sarkastisch. Sie verschließen sich, weil sie nicht erneut verletzt werden wollen.

Meiner Tochter, die in einer Beziehung verletzt worden war, gab ich einmal den folgenden Rat: »Sieh zu, dass du dir deine Verwundbarkeit erhältst.« Sie fragte: »Warum? Es tut so weh.« Und ich sagte: »Es ist nicht Sache dieser Beziehung, dir Selbstsicherheit zu geben. Wenn du deine Selbstsicherheit daraus beziehst, dass du einfach du selbst bist, kannst du dir deine Verwundbarkeit dennoch bewahren. Das macht dich gerade so schön und liebenswert – die Bereitschaft, offen und authentisch zu sein. Wenn du anderen Menschen und neuen Chancen aus dem Weg gehst, weil du Ablehnung erfahren hast, errichtest du damit einen Panzer um dich, der verhindert, dass du geliebt wirst. Zu den liebenswerten Dingen an dir gehört die Bereitschaft, anderen Vertrauen zu schenken und das Risiko einzugehen, dass man dir weh tut.«

Die juristische Hürde umgehen

Viele Menschen sehen sich aus juristischen Gründen daran gehindert, den letzten Heller zu bezahlen. Manche Anwälte beispielsweise raten ihren Klienten von jeder Art eines Eingeständnisses ab, um den Anspruch hundertprozentiger Unschuld aufrechtzuerhalten – eine Entschuldigung könnte ja als ein Schuldeingeständnis gewertet werden.

Viele Wirtschaftsführer sehen die Welt immerfort durch die juristische Brille. Auch wenn Vorsicht in manchen Fällen gerechtfertigt ist, kann diese Art zu denken Probleme für die Zukunft mit sich bringen. Das hat gewisse Ähnlichkeiten mit einem Ehevertrag: »Für den Fall einer Scheidung treffen wir folgende Vereinbarung für die Vermögenstrennung.« Solche Verträge tragen mitunter dazu bei, dass es überhaupt zur Trennung kommt. Sie sind vielleicht realistisch, aber nicht idealistisch. Und wenn wir unsere Ideale aufgeben, verzichten wir damit zugleich auf die Essenz unseres Menschseins – unsere Fähigkeit, das angeborene Bedürfnis nach Selbstschutz und Defensivität zu überwinden.

Eine legalistische Einstellung verleitet uns dazu, in Worst-Case-Szenarien zu denken, von anderen stets das Schlimmste zu erwarten und überall nur nach Bestätigungen für unsere vorgefasste Meinung zu suchen. Ein solches Denken führt letztlich dazu, dass wir überall nur Feinde sehen. Deshalb müssen wir uns Anwälte suchen, die die Fähigkeit besitzen, sich über diese Paragraphenreiterei hinwegzusetzen. Und so bewandert sie auch in juristischen Fragen sein mögen: Im richtigen Augenblick legen Sie eine positivere Einstellung zum Leben und zu den Menschen an den Tag.

Viele Probleme in den Unternehmen lassen sich nur lösen, indem sich jemand hinstellt und erklärt: »Ich habe mich geirrt.« Einmal beispielsweise sprach ich mit einem CEO, der mir von einer wichtigen Sitzung am selben Tag berichtete, auf der die Gewerkschaftsführer geschlossen den Saal verlassen hatten. Ich fragte: »Warum?«, und er räumte ein, dass das Unternehmen ein Gewerkschaftsmitglied nicht korrekt behandelt hatte, aber dass es sich dabei um ein »sehr kleines Problem« gehandelt habe.

Ich sagte: »Was für Sie eine Kleinigkeit sein mag, ist für diese Gewerkschaft ein Kernthema. Es bleibt Ihnen keine Wahl, als sich zu entschuldigen. Wenn Sie einen Fehler gemacht haben, müssen Sie dazu stehen, jetzt, noch heute. Zögern Sie keine Stunde. Rufen Sie die Leute jetzt an, solange der Kontakt noch nicht abgerissen ist.«

Der CEO tat genau das, und seine aufrichtige Entschuldigung wurde von den Gewerkschaftsvertretern wohlwollend aufgenommen – so wohlwollend, dass sie sogar in die Sitzung zurückkehrten. So viel kann eine einfache Entschuldigung bewirken.

Ich bin überzeugt, dass dieses Prinzip Wunder wirkt, um Differenzen aufzulösen, Beziehungen ins Lot zu bringen, Streiks beizulegen und internationale Geschäfte zu fördern. Wenn Menschen auf einer sehr persönlichen Ebene eine Beziehung eingehen, wächst häufig die Bereitschaft, auch den letzten Heller zu bezahlen. Die Beteiligten sagen dann im Zweifelsfall: »Ich habe mich geirrt. Ich entschuldige mich dafür und will meinen Fehler wiedergutmachen.«

Den letzten Heller bezahlen bedeutet auch, dass wir uns Mühe geben, die andere Person besser kennenzulernen. Auf diese Weise nimmt das Gefühl der Fremdheit ab. Allmählich entsteht so eine Kultur der Höflichkeit und des Einander-Wahrnehmens, in der jeder seine Schwächen hat, aber zugleich die Demut, Authentizität und Ehrlichkeit besitzt, sich und anderen diese Schwächen einzugestehen – bis zu dem Versuch, diese zu kompensieren.

Sechs Punkte

Bei der Anwendung dieses Prinzips auf Beziehungen, die bereits zerbrochen oder schwer belastet sind, sind meines Erachtens sechs Punkte wichtig.

Es empfiehlt sich, ehrlich einzuräumen, dass wir selbst zumindest teilweise zur Entstehung des Problems beigetragen haben. Bei näherer Betrachtung erkennen wir, wie wir die andere Person verletzt, beleidigt oder in ihrer Ehre gekränkt haben, wie wir es versäumt haben, uns um ein echtes Verständnis zu bemühen, oder wie wir mit uns selbst nicht streng genug und mit Sympathiebekundungen geizig gewesen sind.

Wenn Führungskräfte nicht den letzten Heller bezahlen, führt dies häufig dazu, dass sie an moralischer Autorität einbüßen. Ein Großteil der Macht, die wir als Führungspersönlichkeiten haben, beruht auf unserer moralischen Autorität – besonders in abgeflachten Organisationen mit vielen Wissensarbeitern. In einer Informationswelt kann man mit Wissen nicht punkten, weil alle Zugang zu denselben Informationen haben. Das Beste, was wir aufbieten können, ist unsere moralische Autorität.

Wenn Menschen zutiefst verletzt sind oder sich bloßgestellt sehen, ziehen sie sich in ihr Schneckenhaus zurück. Sie verstecken sich hinter einer Opfermentalität. Sie weigern sich, uns aus dem mentalen Gefängnis zu entlassen, in das sie uns gesteckt haben. Zur Vermeidung künftiger Enttäuschungen und Verletzungen brechen sie schon einmal vorsorglich über uns den Stab und beurteilen uns als unfreundlich, unfair und wenig einfühlsam.

Allein mit einer Verbesserung unseres Verhaltens kommen wir aus diesem Gefängnis nicht frei, solange der andere dem Frieden nicht traut. Es ist einfach zu riskant. Die andere Person beargwöhnt unser neues Verhalten, die neue Miene, den neuen bittenden Ton. Sie sagt möglicherweise: »Ich habe dir schon einmal vertraut, und was ist daraus geworden?« Obwohl sie sich innerlich nach einer ausgestreckten Hand und emotionaler Unterstützung sehnt, lässt sie uns in ihrem mentalen Gefängnis unsere unbefristete Strafe absitzen.

Häufig besteht der einzige Ausweg darin, dass wir auf die Person zugehen und unsere Fehler eingestehen, uns entschuldigen und um Verzeihung bitten. Bei dieser Versöhnung müssen wir konkret beschreiben, was wir falsch gemacht haben. Das ist nicht der Moment für Ausreden, Erklärungen oder Rechtfertigungen. Wir gestehen schlicht ein, dass wir Fehler gemacht haben, dass wir wissen, was uns ins Gefängnis gebracht hat, und dass wir den Preis für die Freilassung zu zahlen bereit sind. Solange wir uns nur halbherzig zu unseren Verfehlungen bekennen und innerlich denken: »Der andere sollte sich ebenfalls entschuldigen. Solange er seine Mitschuld nicht einräumt, kann ich auch nicht mehr tun«, bleibt unser friedensstiftender Versuch oberflächlich, unaufrichtig und manipulativ. Unter der Oberfläche herrschen immer noch Argwohn und Misstrauen, wie sich spätestens in der nächsten Belastungsprobe der Beziehung zeigen wird.

Diese Geste muss vollkommen aufrichtig sein und darf nicht manipulativ dazu genutzt werden, das Gegenüber umzustimmen. Wenn die Geste nur zum Einsatz kommt, weil sie funktioniert, wird sie nach hinten losgehen. Wir dürfen uns auch nicht selbst zum Opfer stilisieren. Solange sich nicht tief in unserem Inneren etwas ändert, werden wir früher oder später die zarten Gefühle der anderen Person erneut verletzen, und das neue mentale Gefängnis wird dann dickere Mauern haben als alle Vorgänger. Unser Gegenüber wird uns schlicht nicht mehr glauben, wenn wir beteuern, wie leid es uns tut. Wiederholte floskelhaft vorgebrachte Entschuldigungen fördern weder Vertrauen noch Vergebungsbereitschaft.

In den meisten Situationen können wir damit, dass wir den letzten Heller bezahlen, nicht nur unsere Befreiung aus dem Gefängnis bewirken – mitsamt den neuen Möglichkeiten der Kommunikation und der Einflussnahme; wir können auch erreichen, dass unser Gegenüber aus freien Stücken und ohne Zwang bestimmte Zugeständnisse macht und schwere Entschlüsse fast. Manchmal wissen wir im Herzen, dass wir eine sensible Grenze überschritten und einen anderen Menschen verletzt oder beleidigt haben. Vielleicht fühlten wir uns in dem Augenblick im Recht, weil die andere Person die Reaktion selbst herausgefordert hat. Aber mit der Zeit lernen wir, dass wir, wenn wir andere verletzen, anschließend auf sie zugehen, unseren Fehler eingestehen und um Vergebung bitten müssen. Häufig ist es Stolz, der uns davon abhält, den letzten Heller zu bezahlen, aber früher oder später müssen wir unseren Stolz hinunterschlucken, unser Bedauern zum Ausdruck bringen, uns entschuldigen und um Vergebung bitten.

ANWENDUNG & EMPFEHLUNGEN

- Hat Sie schon einmal jemand aufrichtig und demütig um Vergebung gebeten? Wie hat sich das auf Ihre Beziehung ausgewirkt? Wer wartet auf eine Entschuldigung von Ihnen? Versuchen Sie es. Wie ist es gelaufen? Welchen Einfluss hatte es auf Ihre Beziehung?
- Gibt es jemanden, auf den Sie wütend sind? Sehen Sie sich als Opfer? Wozu werden solche Gefühle am Ende führen? Was können Sie heute tun, um sich von diesen Gefühlen zu befreien?
- Haben Sie die Angewohnheit, sich ständig zu entschuldigen, ohne jedoch gleichzeitig Ihr Verhalten zu verändern? Wozu wird das mit der Zeit führen? Fällt Ihnen etwas ein, das Sie an sich ändern können, um die Qualität Ihrer Beziehungen zu anderen Menschen zu verbessern?

12 Nicht schlecht über Dritte reden

> *»Große Geister sprechen über Ideen.*
> *Durchschnittliche Geister sprechen über Ereignisse.*
> *Kleine Geister sprechen über Menschen.«*
> ELEANOR ROOSEVELT

Menschen von primärer Größe reden nicht über andere hinter deren Rücken, orientieren sich nicht an Stereotypen und stecken sie nicht in Schubladen. Viele Menschen tragen jedoch schwer an der Last der Geringschätzung oder gar der Verachtung für die Unvollkommenheit der Menschen in ihrer Umgebung. Diese Last würde ihnen genommen, wenn sie sich dazu durchringen könnten, keine unrealistischen Erwartungen an andere zu haben und sie als Menschen zu akzeptieren, wie sie sind.

Der ultimative Test primärer Größe ist, ob unser Verhältnis zu anderen Menschen immer dasselbe ist, egal ob sie gerade anwesend sind oder nicht.

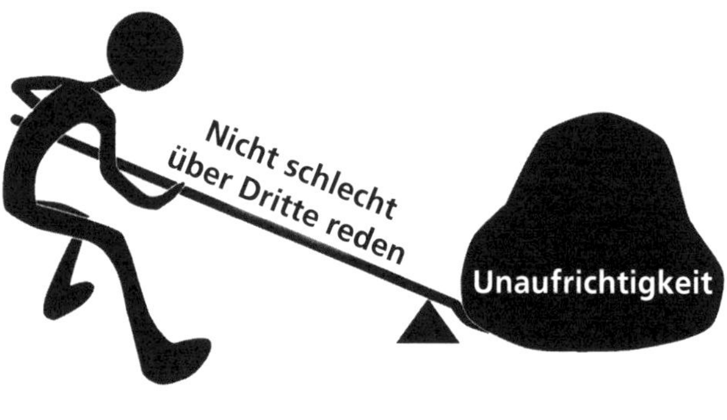

Wenn eine andere Person nicht anwesend ist, bekommt sie nicht mit, was Sie über sie sagen, ob Sie zu Ihrer Beziehung stehen oder sie verleugnen. Hier zeigt sich Ihr wahrer Charakter. Das heißt nicht, dass Sie nicht kritisch sein können. Ihre Kritik ist jedoch immer konstruktiv und aufrichtig in der Weise, dass Sie sich auch nicht scheuen würden, sie zu äußern, wenn Sie wüssten, dass der andere zuhört, oder dass er, wie so oft, über andere erfährt, was Sie gesagt haben. Aber Sie ergehen sich nicht hinter vorgehaltener Hand in stereotypen Etikettierungen und Verurteilungen, um dann verzweifelt nach Gründen zu suchen, die Ihr Urteil rechtfertigen.

Vier kurze Geschichten

Vielleicht helfen ein paar Geschichten, diesen Punkt zu verdeutlichen.

Einst hatte ich einen Lehrauftrag in einer Universität in Hawaii. Ich war höchst verärgert darüber, wie wir untergebracht waren, und wandte mich direkt an den Präsidenten, der mir auch meine Gastprofessur vermittelt hatte. Ihm gegenüber beklagte ich mich über seinen Mitarbeiter, der für die Unterbringung der Universitätsgäste zuständig war, und bezeichnete ihn als inkompetent und pflichtvergessen.

Der Präsident erwiderte umgehend: »Stephen, es tut mir leid, zu erfahren, dass Sie mit Ihrer Unterbringung unzufrieden sind. Sie sollten jedoch wissen, dass mein Mitarbeiter ein sehr fähiger und feiner Mann ist. Warum bitten wir ihn nicht jetzt sofort zu uns, damit wir das Problem gemeinsam lösen können?«

Sehen Sie, wie aufrichtig der Präsident zu seinem Mitarbeiter stand? Ich war beschämt, weil er mit dem, was er tat, so überaus Recht hatte. Ich scheute mich zu sagen: »Nein, regeln Sie das nur unter sich. Ich wollte Sie lediglich auf das Problem aufmerksam machen«, weil er mich zwang, eine ebenso aufrichtige und offene Haltung einzunehmen.

Der Präsident griff also zum Telefonhörer und lud den Mann ein, sich zu uns zu gesellen. Bald sah ich ihn über den Campus auf uns zugehen, während ich innerlich dachte: »Ob ich mich wohl richtig ausgedrückt habe? Vielleicht bin ich zum Teil selbst für die Situation verantwortlich.« Bis der Mitarbeiter ins Zimmer trat, hatte die Demut in mir die Oberhand gewonnen.

Ich war beeindruckt von der Charakterstärke des Präsidenten, davon, wie er zu seinem abwesenden Mitarbeiter gestanden hatte, auch wenn er mir, der ich anwesend war, Unannehmlichkeiten bereitete. Der Präsident lehrte mich ein korrektes Prinzip auf die harte Tour.

Bis der Mitarbeiter schließlich in der Tür erschien, hatte sich meine Einstellung von Grund auf geändert. Ich begrüßte ihn freundlich: »Wie geht es Ihnen? Ich freue mich, Sie zu sehen.« Wenige Minuten zuvor hatte ich ihn noch hinter seinem Rücken kritisiert. Der Präsident war Zeuge dieser Veränderung geworden, was meine Beschämung nur noch verstärkte.

> **Wenn eine andere Person nicht anwesend ist, bekommt sie nicht mit, was Sie über sie sagen und ob Sie zu Ihrer Beziehung stehen oder sie verleugnen. Hier zeigt sich Ihr wahrer Charakter.**

Das war für mich eine wichtige Erfahrung. Ich lernte so, nicht über andere hinter deren Rücken in einer Art und Weise zu sprechen, die mich beschämen würde, wenn sie davon Wind bekämen. Die anwesenden Personen spüren intuitiv, dass Sie sich ihnen gegenüber genauso verhalten würden, besonders, wenn Ihre Beziehung nicht frei von Spannungen ist.

Einmal erwähnte ich diese Geschichte in einem Vortrag. Anschließend kam eine hochrangige Führungskraft einer großen Bank auf mich zu und sagte: »Ich hatte ein ähnliches Erlebnis. Ich besuchte eine unserer Filialen und wurde von einer Schaltermitarbeiterin bedient. Der Service war so schlecht, dass ich mich beim Abteilungsleiter über die Frau beschwerte. Die meisten Abteilungsleiter sind so geschockt, wenn sie mir plötzlich leibhaftig gegenüberstehen, dass sie gar nicht wissen, wie sie reagieren sollen. Aber dieser Abteilungsleiter sagte: ›Es tut mir leid zu hören, dass Sie so ein Erlebnis hatten. Diese Mitarbeiterin ist sehr tüchtig. Bitten wir sie herein und besprechen wir die Angelegenheit gemeinsam. Vielleicht können Sie ihr unmittelbar berichten, wie es sich für Sie angefühlt hat.‹«

Der Topmanager erwiderte daraufhin: »Nein, das ist nicht nötig. Das regeln Sie schon selbst. Ich wollte Sie nur darauf aufmerksam machen. Weiter will ich mich gar nicht einmischen.« Aber der Abteilungsleiter blieb hartnäckig: »Nun, ich an Ihrer Stelle würde mich schon einmischen wollen. Versetzen Sie sich in die Lage dieser Mitarbeiterin. Wäre es Ihnen da nicht recht, wenn man Sie direkt anspräche?«

Stellen Sie sich vor, wie viel Mut es diesen Abteilungsleiter kostete, so direkte und vertrauliche Worte an den Executive Vice President seiner Bank zu richten. Die Antwort lag auf der Hand: »Ja, sicher, das wäre es wohl.« »Gut, dann bitte ich sie jetzt zu uns.« Die Mitarbeiterin kam also herein, und die Angelegenheit wurde besprochen. Die Mitarbeiterin erhielt ihr Feedback, und alles wurde offen und in verantwortungsbewusster Art und Weise geregelt.

Der Vice President berichtete mir weiter: »Später, als wir einen Präsidenten für eine unserer Filialen suchten, schlug ich allein aufgrund dieses Erlebnisses diesen Abteilungsleiter vor. Ich wusste einfach, dass er über so viel Mut, Ehrlichkeit und Loyalität gegenüber Abwesenden verfügte, dass er selbst gegenüber hochrangigen Personen niemals den Unterwürfigen spielen und das Vertrauen seiner Schutzbefohlenen verraten würde.«

Der Leiter einer abgelegenen Kfz-Werkstatt instruierte seine Mitarbeiter, wie sie das Kundengeschäft profitabler machen konnten; sie sollten an den Autos Probleme diagnostizieren, die gar nicht existierten.

Wenn ein Auto vorfuhr, warf der Chef zuerst einen Blick auf das Nummernschild und sagte: »Schaut, der ist nicht von hier. Das heißt, dass wir ihn vermutlich nie wieder zu Gesicht bekommen. Versucht also herauszufinden, ob der Kunde etwas von seinem Auto versteht. Plaudert mit ihm über ein paar technische Details unter der Motorhaube. Sagt beispielsweise: ›Der Anlasser sieht so aus, als könnte er bald seinen Geist aufgeben.‹ Wenn der Kunde fragt: ›Anlasser? Was ist das?‹, wisst ihr, dass ihr einen totalen Schwachkopf vor euch habt, mit dem ihr machen könnt, was ihr wollt.«

Der Mitarbeiter sollte dann zum Beispiel sagen: »Also, wenn das mein Auto wäre, würde ich beim Anlasser kein Risiko eingehen, besonders, wenn mein Weg durch die Wüste führt. Da könnte ich leicht steckenbleiben.«

»Das kann ich mir nicht leisten. Was raten Sie mir?«

»Nun, ich könnte Ihnen einen guten Preis für einen neuen machen. Sie bekommen ihn zum Materialpreis und wir bauen ihn gratis ein.«

Das Opfer denkt später: »Was für ein Schnäppchen! Ich musste nur 200 Dollar für den Anlasser bezahlen, der mich inklusive Einbau sonst 349 Dollar gekostet hätte.«

Aber der Meister zwinkerte seinen Leuten zu. Im Preis für den Anlasser waren bereits 40 Prozent Marge enthalten.

Später stecken die Mitarbeiter die Köpfe zusammen und sagen sich: »Wenn er mit seinen Kunden so umspringt, was macht er dann mit uns?« Sie wissen, dass ihr Chef auch sie betrügen wird, wenn sich die Gelegenheit dazu bietet.

Ich besuchte an der kanadischen Grenze einen Laden, der gerade in großem Stil Waren zum halben Preis verkaufte. Ich schaute mir einen Ledermantel an, auf dem etwas von 50 Prozent Rabatt stand. Ich war der einzige Kunde im Laden. Außer mir waren noch zwei Verkäufer und der Inhaber anwesend. Der Inhaber wandte sich an mich: »Was für ein Schnäppchen!« Er brachte mich wirklich in Versuchung. Der Mantel hatte genau meine Größe, und er gefiel mir.

Dann sagte ich: »Selbst bei diesem Rabatt könnte er teuer werden. Wie viel Zoll muss ich dafür bezahlen?«

Er erwiderte: »Nichts. Für den Mantel brauchen Sie nichts zu bezahlen.«

Darauf ich: »Auf dem Zollformular steht aber, dass ich sämtliche im Ausland getätigten Einkäufe deklarieren muss.«

Er sagte: »Machen Sie sich keine Sorgen. Ziehen Sie ihn einfach über. Das machen alle.«

Ich insistierte: »Aber ich habe das Formular unterschrieben.«

Er antwortete: »Hören Sie, alle machen das. Man wird Sie nicht einmal fragen. Ziehen Sie den Mantel einfach über, wenn Sie die Grenze überqueren. Machen Sie sich keine Gedanken.«

Und ich sagte: »Was mir am meisten zu denken gibt, ist, was wohl diese beiden Herren hinter Ihnen denken werden, wenn es darum geht, wie Sie mit ihnen in Fragen wie Gewinnbeteiligung, Fortbildung und so weiter umgehen.«

Der Inhaber und die beiden Verkäufer schauten betreten.

Was ist denn schon dabei?

Sie sagen sich vielleicht: »Jedes Unternehmen hat seine Wettbewerber und seine Feinde. Was ist schon groß dabei, über sie ein paar lockere oder flapsige Worte zu verlieren?«

Wenn Sie Ihren Leuten erlauben, despektierlich über andere zu reden und sie in Schubladen zu stecken, geben Sie ihnen damit indirekt zu verstehen, dass Sie wiederum dazu fähig sind, auch über sie hinter ihrem Rücken wenig schmeichelhafte Bemerkungen zu machen. Sie signalisieren ihnen, dass für Sie nicht Prinzipien im Mittelpunkt stehen, sondern Gewinn, Spaß oder Beliebtheit auf Kosten anderer. Wenn Sie lockere Sprüche über einen Kunden klopfen, liegt es nur nahe, dass Sie in derselben Weise auch über Mitarbeiter und Zulieferer reden.

Ich denke, der Schlüssel zu den 99 liegt in dem einen. Wenn Ihre Mitarbeiter mitbekommen, wie Sie eine Person mit Respekt behandeln, gehen sie unwillkürlich davon aus, dass Sie unter veränderten Umständen auch sie so behandeln, selbst wenn gewisse Spannungen hinzukommen sollten.

Der Schlüssel zu den 99 liegt in dem einen. Wenn Ihre Mitarbeiter mitbekommen, wie Sie eine Person mit Respekt behandeln, gehen sie unwillkürlich davon aus, dass Sie unter veränderten Umständen auch sie so behandeln, selbst wenn gewisse Spannungen hinzukommen sollten.

In Besprechungen lassen wir häufig Bemerkungen über Abwesende fallen, um ihre Position zu schwächen oder ihre Glaubwürdigkeit in den Augen anderer herabzusetzen.

Ich habe häufig in Besprechungen ein gutes Wort für jemanden eingelegt, der nicht da war. Ich lasse nicht zu, dass die Menschen um mich herum über Abwesende herziehen. Auf abfällige Bemerkungen antworte ich: »Moment mal. Das ist nicht die Art, wie wir über andere Personen sprechen wollen.« Manchmal erwähne ich auch explizit, was diese Person geleistet hat und leistet. Und selbst wenn auch ich meine Kritikpunkte habe, bräuchte ich mich meiner Worte wegen nicht schämen, wenn die Person neben mir stünde.

Wenn Sie für Abwesende ein gutes Wort einlegen, was signalisieren Sie damit den Anwesenden? Sie geben ihnen damit zu verstehen, dass Sie dasselbe auch für sie tun würden. Natürlich erfordert das mitunter Mut. Es ist viel einfacher, den Mund zu halten. Aber ich bin überzeugt: Wenn wir eine Chance haben, andere zu verteidigen oder für unsere Überzeugungen und Werte aufzustehen, dann müssen wir es tun.

Andere Möglichkeiten, Fairness zu praktizieren

Welche anderen Möglichkeiten gibt es, für diejenigen einzutreten, die sich nicht selbst verteidigen können? Hier sind sieben.

Verteidigen Sie die Schutzlosen – die Ausgestoßenen, die Außenseiter, die Machtlosen, die Minderheiten, die Sündenböcke. Mir gefällt, was Dag Hammarskjöld, der einstige Generalsekretär der Vereinten Nationen, sagte: »Es ist edler, sich mit ganzer Kraft für einen einzelnen Menschen einzusetzen, als sein ganzes Streben darauf zu richten, die Massen zu retten.« Indem wir uns um den Einzelnen kümmern, zeigen wir unseren Charakter, und das wirkt sich wiederum auf die vielen aus.

Schauen Sie nur, was wir in einer Demokratie zur Verteidigung der Individualrechte tun. Selbst wenn wir die perfekte Gerechtigkeit nicht erreichen, versuchen wir ihr nahe zu kommen – sie ist unser Ideal, das wir anstreben.

Bereiten Sie sich auf Diskussionen vor und verschaffen Sie sich Klarheit. Angenommen, Sie wissen im Voraus, dass eine bestimmte Person Thema in einer Besprechung sein wird. Dann wäre es klug, mit diesem Menschen im Vorfeld zu sprechen und zu sagen: »Ich weiß, dass Sie nicht anwesend sein können, aber wären Sie einverstanden, wenn ich etwas zu Ihnen sage oder Ihre Position in dieser Weise referiere?«

Melden Sie sich im Anschluss an die Diskussion bei der Person und berichten Sie ihr von deren Verlauf. Sie könnten sie anrufen und ihr mitteilen: »Das und das ist geschehen, das und das wurde gesagt, und das und das haben wir unternommen.« Das ist sehr wichtig, wenn Sie bedenken, dass das, was besprochen wurde, von anderen missinterpretiert werden könnte. Sie könnten sagen: »Ich möchte, dass Sie meine Ansichten kennen und wissen, was ich gesagt habe.«

Denken Sie an die Kunden, die nicht anwesend sind. Die ganze Qualitätsbewegung dreht sich um den Kunden. Die Unternehmen kommen zunehmend zu der Einsicht, dass Kunden und Zulieferer – überhaupt sämtliche Stakeholder – mit Respekt behandelt werden müssen.

Bringen Sie den Hintergrund der Person oder den Kontext des Vorfalls zur Sprache. Je größer die geografischen Entfernungen und die kulturelle

Vielfalt, desto größer ist die Gefahr von Missverständnissen und Meinungsverschiedenheiten. Wenn über jemanden abfällig oder negativ gesprochen wird, sollten Sie möglicherweise mahnend zu bedenken geben: »Diese Person stammt aus einem anderen Kulturkreis oder hat einen anderen Hintergrund, und so sollten wir nicht so hart mit ihr ins Gericht gehen, sondern versuchen, sie zu verstehen, und im Zweifel zu ihr stehen.«

Geben Sie der Person die Chance, in einer nächsten Besprechung ihre Position zu erläutern oder zu verteidigen oder die Situation zu erklären. Jeder wünscht sich seine Stunde vor Gericht – die Chance, das Geschehene und die Gründe dafür aus der eigenen Perspektive darzulegen.

Bringen Sie die vorteilhaften und positiven Seiten der Person zur Sprache. Auf einer Sitzung eines Projektteams begannen die Teilnehmer, über jemanden herzuziehen, den sie als Konkurrenten empfanden. Ich sagte: »Ich denke nicht, dass der Betreffende mit dieser Qualifizierung einverstanden wäre. Die hat er nicht verdient. Er ist einer der großen Präsentatoren unserer Zeit.«

Menschen spüren häufig, wenn andere hinter ihrem Rücken über sie reden. Sie merken, wenn man sie diffamiert und sich gegen sie zusammenschließt. Ich glaube, dass das häufiger vorkommt, als wir gemeinhin annehmen. Ich glaube, dass die Menschen einen sechsten Sinn für Situationen haben, in denen andere nicht offen zu ihnen sind.

Ich beobachte auch, dass viele Bemerkungen, die in vertraulicher Runde fallen gelassen oder beiläufig notiert werden, später dennoch an die Öffentlichkeit gelangen. Sich für Abwesende stark zu machen, ist also schon deshalb ratsam, weil solche unachtsamen Bemerkungen – Abqualifizierungen, Vorverurteilungen und unüberlegte Entscheidungen – nur allzu leicht wie Bumerangs auf ihre Urheber zurückfallen.

ANWENDUNG & EMPFEHLUNGEN

- Notieren Sie Ihre Antworten schriftlich: Wann haben Sie sich zuletzt selbst an Gesprächen über Abwesende beteiligt? Wie wirkt sich ein solches Verhalten auf Ihren eigenen Charakter aus? Wie beeinflusst es das Bild, das andere von Ihnen haben? Was signalisieren Sie den Anwesenden damit, dass Sie sich für eine abwesende Person stark machen?
- Wenn das nächste Mal in Ihrer Gegenwart kritische oder abfällige Bemerkungen über Abwesende fallen, sollten Sie sich weigern, sich daran zu beteiligen. Schauen Sie, was daraufhin passiert.
- Wer braucht ein konstruktives Feedback von Ihnen? Erstellen Sie einen Plan, wie Sie konstruktives Feedback geben wollen. Führen Sie Protokoll über die Ergebnisse und Ihre Gefühle zu dem Diskussionsverlauf.
- »Es ist edler, sich mit ganzer Kraft für einen einzelnen Menschen einzusetzen, als sein ganzes Streben darauf zu richten, die Massen zu retten.« Was bedeutet das für Sie? Gibt es eine Person, die Ihren Einsatz und Ihre Unterstützung benötigt? Halten Sie schriftlich fest, was Sie tun können, um sich konsequenter für diese Person stark zu machen.

13 Gewinn / Gewinn denken

»Eine absolute menschliche Gewissheit lautet, dass niemand seine eigene Schönheit erkennen oder einen Sinn für seinen eigenen Wert entwickeln kann, solange kein anderer liebender und fürsorglicher Mensch sie ihm zurückgespiegelt hat.«
JOHN JOSEPH POWELL

Primäre Größe basiert auf dem Prinzip des Gewinn / Gewinn-Denkens – was jemand gibt, kommt zu ihm zurück. Das Konzept der Fairness ist Grundbestandteil jeder Kultur. Die Anhänger der sekundären Größe wollen die Schalen der menschlichen Interaktion zu ihren Gunsten neigen – ihr Motto lautet: Was ist für mich drin? Die Verfechter des Gewinn / Gewinn-Denkens hingegen wissen, dass das Leben nur diejenigen gewinnen lässt, die auch andere gewinnen lassen.

Was ist für mich drin? Manche Menschen stellen sich immer nur diese Frage. Und wenn es sich dabei um Ihre Freunde, Kinder oder Ihren Lebenspartner handelt, haben Sie ein echtes Problem. Wenn Ihre

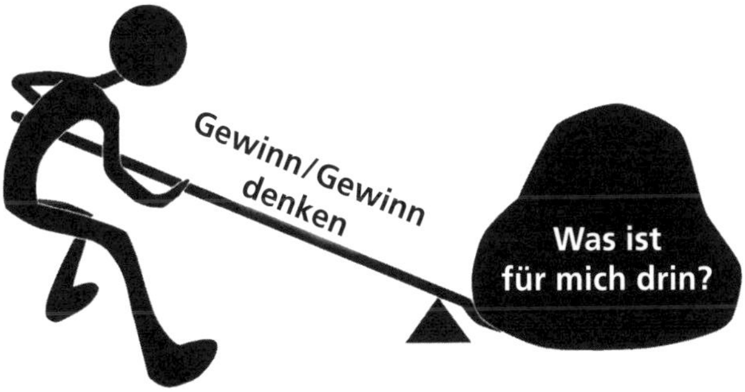

Mitarbeiter oder Ihre Kunden so ticken, stehen Sie vor einer ähnlichen Herausforderung – aus einer einseitigen Gewinn / Verlust-Beziehung eine wechselseitig vorteilhafte Gewinn / Gewinn-Beziehung zu machen. Kunden und Zulieferer werden so lange ausschließlich ihren eigenen Gewinn im Blick haben, wie Führungskräfte nicht lernen, wechselseitig vorteilhafte Beziehungen einzugehen und zu pflegen.

Der Kundenservice ist beispielsweise so ein Bereich, der häufig als Einbahnstraße verstanden wird. Man denke nur an das, was viele Verkäufer berichten: »Wir geben und geben, und die Kunden nehmen bloß und sagen nicht einmal danke.«

Oder: »Anbietertreue gibt es so gut wie nicht mehr. Sobald Kunden anderswo einen günstigeren Preis oder ein besseres Produkt entdecken, wechseln sie. Da können wir uns noch so sehr um eine starke Kundenbeziehung bemühen – am Ende zählt der Preis.«

»Häufig bieten wir unseren Kunden die fantastischsten Serviceprogramme. Sie nehmen lediglich die Vorteile mit und sind weg.«

Die Kunden sehen das häufig ganz anders:

»Unser Geld nehmen sie mit Handkuss, aber versuchen Sie einmal, eine telefonische Auskunft oder eine E-Mail-Antwort zu bekommen.«

»Wir zahlen immer mehr, und der Service wird immer schlechter – egal, ob bei Flugreisen oder in der Arztpraxis.«

Sechs Schritte in Richtung Gewinn / Gewinn-Beziehungen

Wie können wir sicherstellen, dass die wichtigsten Beziehungen in unserem Leben Gewinn/Gewinn-Charakter haben?

Von der Art der Beziehung hängt so viel ab. Wenn wechselseitiges Verständnis die Basis bildet, entsteht eine Bindung und daraus eine für beide Seiten vorteilhafte Beziehung.

Fassen Sie sich zuerst an die eigene Nase. Warten Sie nicht darauf, dass andere sich ändern, und setzen Sie nicht auf einfache Patentlösungen, wenn Sie Ihre Beziehungen verbessern wollen. Fassen Sie sich an die eigene Nase. Seien Sie ehrlich zu sich selbst: Die Wurzeln Ihrer Probleme liegen in Ihrem Charakter, und folglich ist dieser auch die Quelle der Lösungen. Stellen Sie Ihren Charakter und Ihre Beziehungen auf das Fundament von Prinzipien.

Unsere Beziehung zu uns selbst beeinflusst unsere Beziehungen zu anderen Menschen, wie auch umgekehrt unsere Beziehungen zu anderen Menschen Auswirkungen auf unsere Beziehung zu uns selbst haben. Unsere Fähigkeit, ein gutes Verhältnis zu anderen Menschen zu pflegen, ist eine natürliche Konsequenz aus unserem Verhältnis zu uns selbst – unserem inneren Frieden und unserer inneren Harmonie.

> **Warten Sie nicht darauf, dass andere sich ändern, und setzen Sie nicht auf einfache Patentlösungen, wenn Sie Ihre Beziehungen verbessern wollen. Fassen Sie sich an die eigene Nase. Seien Sie ehrlich zu sich selbst.**

Um beispielsweise unsere Beziehungen zu Lebenspartnern oder Kunden zu verbessern, müssen wir möglicherweise unsere innere Einstellung oder unser Verhalten ändern. Sobald ich mir selbst mit mehr Sympathie und Respekt begegne, fällt es mir leichter, auch anderen Sympathie und Respekt entgegenzubringen. Ich bin eher bereit, ihnen etwas von mir zu geben. Ich bin weniger defensiv und argwöhnisch und stattdessen offener und rücksichtsvoller in Bezug auf ihre Gefühle. Wenn Sie in einem Geschäft schon einmal schlecht bedient wurden, können Sie sicher sein, dass der Verkäufer in diesem Augenblick nicht frei von inneren Konflikten war.

Verständnis setzt Offenheit und Einfühlungsvermögen voraus. Beides geht jedoch mit einem Risiko einher, dem sich unsichere Menschen nur ungern aussetzen – dem Risiko, seine eigene Meinung oder Einstellung ändern oder sein Urteil widerrufen zu müssen. Zwang und Nötigung bilden niemals die Basis für ein gutes Arbeits- und Lebensklima. Es kann immer nur das Produkt innerer Veränderungen sein, die unser Leben mit zeitlosen Prinzipien in Übereinstimmung bringen. Indem wir uns an zentralen Prinzipien orientieren und uns edlen Zielen verschreiben, entwickeln wir allmählich eine innere Einheit und Unversehrtheit. Harmonie und Selbstgewissheit treten an die Stelle von Dissonanz und Unsicherheit. Wir beziehen unsere Sicherheit von innen, nicht von außen, nicht aus dem, was andere über uns denken, und nicht aus unserer gesellschaftlichen Stellung oder unseren materiellen Besitztümern.

Den Qualitätstest jeder Beziehung liefern die kleinen Dinge des Alltags, die kleinen Höflichkeiten und freundlichen Gesten, das Geben und Nehmen in kurzen Momenten. Wir zeigen unseren Charakter in den kleinen Dingen, wenn wir nicht auf der Hut sind. Gerade in den scheinbar unbedeutenden Dingen und den einfachsten Gewohnheiten kommt häufig der Egoismus der Menschen zum Vorschein.

Viele menschliche Beziehungsformeln sind Schönwetterrezepte, sie klingen simpel und funktionieren nur dann, wenn wir uns in ruhigem Fahrwasser fern von Stürmen bewegen. Solange jedoch die Wurzeln unseres Charakters davon unberührt bleiben, sind sie kaum mehr als Beruhigungs- oder Betäubungsmittel. Sobald der nächste Sturm über uns hereinbricht, versagen sie. Dann werden Menschen auf einmal ausfällig und beginnen, andere zu kritisieren oder zu beschimpfen, oder sie ziehen sich in die komplette Gleichgültigkeit zurück oder richten ihre Aggressivität sogar gegen sich selbst.

Wir alle brauchen Liebe, Verständnis und Akzeptanz. Aus Angst, diese Zeichen der Wärme nicht zu bekommen, gewöhnen wir es uns jedoch an, Rollen zu spielen: Wir versuchen, uns vor Verletzungen zu schützen, indem wir genau kontrollieren, was wir sagen, uns hinter Fassaden verstecken, uns über andere erheben und sie abqualifizieren oder in Schubladen packen. Gerade diese Verhaltensmuster führen dazu, dass wir die Liebe, die wir so dringend benötigen, nicht empfangen – selbst dann nicht, wenn es Menschen gibt, die sich darum bemühen, sie uns zu geben.

In Beziehungen sollte unsere Rolle stets die eines Lichtes und nicht die des Richters sein. Es wird viel darüber geredet, wie wir Unsicherheit und Minderwertigkeitsgefühle überwinden und Selbstvertrauen und inneren Frieden gewinnen können. Aber nur wenige dieser Ratschläge beziehen sich auf die Wurzeln des menschlichen Charakters und die Gesetze des Lebens. Wenn Beziehungen scheitern, dann häufig deswegen, weil die Beteiligten sich selbst fremd geworden sind.

In unserer Kultur wird uns eher beigebracht, Beziehungen auszunutzen und andere Menschen zu manipulieren; unseren Stolz zu verteidigen; lieber andere zu verletzen, als zuzulassen, dass andere uns verletzen; zu zweifeln und zu verdächtigen; der Welt eine künstliche Fassade zu zeigen; mehr zu nehmen als zu geben und unseren Eigennutz und unsere Interessen an die erste Stelle zu setzen, selbst wenn andere dadurch Nachteile haben. Aber indem wir uns über die negativen Normen erheben und höheren moralischen Gesetzen gehorchen, befreien wir uns Stück für Stück aus dieser kulturellen Konditionierung.

Intimität schaffen. Damit eine solche Bindung zwischen Eltern und Kindern oder zwischen Kunden und Anbietern entsteht, brauchen wir eine Gewinn / Gewinn-Einstellung. Besteht erst einmal eine solche Bindung, kommen die Kunden und sagen: »Vielleicht kennen Sie unsere Wünsche und Bedürfnisse besser als wir selbst. Wir wissen lediglich, was wir jetzt wollen oder brauchen. Wir sehen aber von unserem eigenen Wald nur die vordersten Bäume, während Sie den ganzen Wald überblicken können. Wir vertrauen Ihnen deshalb unsere gegenwärtigen und zukünftigen Bedürfnisse an. Wir werden Ihnen jedoch auch Dinge über uns erzählen, die Sie nicht wissen, und Dinge über Sie, für die Sie bisher keinen Blick hatten.«

So entwickelt sich ein Dialog, der die Beziehung inhaltlich bereichert. Wenn Sie erst einmal eine tiefere Bindung zu einer Person oder einem Unternehmen entwickelt haben, fällt es Ihnen schon schwerer, einfach nur zu fragen: »Was ist für mich drin?« Mit der Bindung wächst die Fürsorge. Jeder geht für den anderen die Extrameile. In einer für beide Seiten vorteilhaften Beziehung ist kein Platz für Egoismen. Bindung und Egoismus schließen einander aus.

Wissen und Informationen teilen. Seien Sie bereit, Wissen und Informationen ebenso wie Probleme und Herausforderungen miteinander zu teilen, und versuchen Sie, einander zu verstehen und Wege zu finden, wie Sie sich gegenseitig helfen können. Beginnen Sie einen Dialog: »Ich sehe, dass ihr Mühe mit der Reduzierung der Kosten in diesem Bereich habt. Unsere Erfahrung sieht so aus ...«

»Dieser Bereich bereitet uns ebenfalls Schwierigkeiten. Könnt ihr uns irgendwelche Tipps geben?« Beziehungen entwickeln sich vor allem dort, wo Menschen miteinander kommunizieren und sich bemühen, einander zu verstehen.

Ich fragte einmal eine Gruppe von CEOs: »Wie viele von Ihnen führen ein 360-Grad-Performance-Feedback oder eine entsprechende Bewertung durch?« Die meisten taten dies, was äußerst ungewöhnlich war. Es handelte sich um herausragende Führungskräfte. Die meisten von ihnen sehen einen unmittelbaren Zusammenhang zwischen Shareholder-Beziehungen und Aktienkurs, zwischen Mitarbeiterbeziehungen und Geschäftsergebnis. Alles hängt miteinander zusammen. Diese Führungskräfte wissen, dass es sich um ein komplexes Ökosystem handelt. In der heutigen Welt tritt die Interdependenz zwischen Anbietern und Kunden immer deutlicher zutage.

Berücksichtigen Sie sämtliche Stakeholder. Wenn Sie sich nur auf eine Stakeholder-Gruppe konzentrieren und andere darüber vernachlässigen, haben sie am Ende keine »Total Stakeholder Satisfaction« mehr, sondern möglicherweise zufriedene Kunden, aber keine zufriedenen Mitarbeiter. Effektive Manager kämen nicht auf die Idee, ihre Beschäftigten zu übervorteilen, die ja im Grunde ihre Anbieter sind. Wir alle sind sowohl Kunden als auch Anbieter. Ich bin Anbieter meiner Kunden, und ich bin Kunde meiner Anbieter. Ich werde ihren Bedürfnissen ebenso gerecht, wie sie meinen Bedürfnissen gerecht werden. Unterm Strich geht es beim Geschäft immer um Beziehungen. Natürlich gibt es auch eine technische Seite des Geschäfts, aber mir scheint es besser zu sein, sich auf die Bedürfnisse von Menschen – sämtlichen Stakeholdern – zu konzentrieren. Es gibt keine zweitrangigen Stakeholder. Gelegentlich treffe ich auf Unternehmen, die hervorragende Beziehungen zu ihren Kunden pflegen, aber ihre Zulieferer miserabel behandeln. Sie machen Unterschiede, wo keine sind. Sie töten die goldene Eier legende Gans, indem sie die Umwelt vergiften, Lasten auf kommende Generationen abwälzen oder die Bedürfnisse ihres gesellschaftlichen Umfelds ignorieren.

Kümmern Sie sich um Ihre Mitarbeiter an vorderster Front. Die Mitarbeiter, die den Kundenkontakt pflegen und nur allzu oft vom Management übervorteilt und zu wenig wertgeschätzt werden, sind der Schlüssel zum Erfolg jedes Dienstleistungsunternehmens. Was also tun Sie zur Pflege dieser Beziehungen, damit Sie einen herausragenden Service anbieten können? Hier gilt dasselbe Gewinn / Gewinn-Prinzip. Es liegt an Ihnen zu erkennen, dass diese Mitarbeiter die Mittlerrolle spielen und oft genug zwischen den Erwartungen der Kunden und den betrieblichen Strategien des Managements im Kreuzfeuer stehen. Sie befinden sich praktisch im Niemandsland und sind in besonderem Maße auf Verständnis und Wertschätzung angewiesen. Ich bin zum Beispiel schon einigen Flugbegleitern begegnet, die unter Tränen erzählten, wie sie von allen Seiten schlecht behandelt werden – mit dem Ergebnis, dass sie den vielen Fluggästen, mit denen sie täglich zu tun haben, mit zunehmender Gleichgültigkeit begegnen.

General Colin Powell beschrieb den Führungsstil eines bestimmten Generals einmal so: »Er war ein strenger Aufpasser. Er sorgte dafür, dass die Arbeit erledigt wurde, aber durch Zwang und nicht durch Motivation. Stabskonferenzen arteten in Tiraden aus. Aus Inspektionen wurden Inquisitionen. Der ständige negative Druck strapazierte die Kommandeure und das Personal der Einheit.« Ganz anders agierte General Bernard Loeffke, ein Kollege und Mentor Colin Powells; mit seinem Führungsstil schuf er einen großartigen Korpsgeist, der die Truppe stärker machte. In Vietnam belohnte Loeffke die besten Leute seiner Einheit, indem er jede Nacht einem von ihnen erlaubte, in seinem Zelt unmittelbar an der Front zu nächtigen. Wer wollte nicht unter so einem Anführer kämpfen?

Lassen Sie Gnade vor Gerechtigkeit ergehen. In seinen Stücken *Maß für Maß* und *Der Kaufmann von Venedig* untersucht Shakespeare zwei moralische Dilemmata – In dem einen Fall geht es um das Einfordern von »einem Pfund Fleisch« und in dem anderen darum, dass ein Maß ein Maß ist. Gegen Ende des *Kaufmanns* fasst die schöne Porzia die Vorzüge der Gnade poetisch zusammen: »Die Art der Gnade weiß von keinem Zwang. Sie träufelt wie des Himmels milder Regen zur Erde unter ihr; zwiefach gesegnet: sie segnet den, der gibt, und den, der nimmt; am mächtigsten in Mächtgen, zieret sie den Fürsten auf dem Thron mehr als die Krone. Das Zepter zeigt die weltliche Gewalt, das Attribut der Würd und Majestät, worin die Furcht und Scheu der Könge sitzt. Doch Gnad ist über diese Zeptermacht, sie thronet in dem Herzen der Monarchen, sie ist ein Attribut der Gottheit selbst, und irdsche Macht kommt göttlicher am nächsten, wenn Gnade bei dem Recht steht. … daß nach dem Lauf des Rechtes unser keiner zum Heile käm; wir beten all um Gnade, und dies Gebet muß uns der Gnade Taten auch üben lehren.«

Machen Sie sich klar, dass andere sich ebenso wie Sie nach Liebe, Verständnis und Gnade sehnen. Werden diese einfachen Prinzipien konsequent angewendet, garantieren sie, dass jene Art von Bindung entsteht, die zu primärer Größe führt.

Die Kunden als Retter in der Not

In für beide Seiten vorteilhaften Beziehungen kommt es gelegentlich vor, dass die Kunden ein Unternehmen aktiv unterstützen oder sogar vor der Pleite retten.

Vor vielen Jahren geriet Pan American World Airways in wirtschaftliche Schieflage. Ich kannte einige Menschen, die ihr Leben lang Pan Am geflogen waren und sich der Fluggesellschaft zutiefst verbunden fühlten. Sie versuchten zu helfen, während andere lediglich die Vorteile der stark herabgesetzten Preise mitnahmen, mit denen das Unternehmen versuchte, Kunden zu halten. Die Unternehmensführung unternahm in keinem Augenblick den Versuch, die Kundenunterstützung zu organisieren und aktiv dafür zu werben. Vielleicht wusste sie einfach nicht, wie viel wertvolles Kapital sie über die Jahre auf ihre emotionalen Bankkonten bei den Kunden eingezahlt hatte.

Das Gesetz der Gegenseitigkeit gilt ebenso universell wie das Gesetz der Schwerkraft. Ebenso wenig wie ein Naturgesetz können Sie ein moralisches Gesetz missachten, ohne dass dies schmerzliche Konsequenzen für Sie hätte. Am Ende jeder Minute wird uns die Rechnung für unser tägliches Verhalten präsentiert.

Andere Unternehmensführer greifen in dem Augenblick, in dem sie in wirtschaftliche Schwierigkeiten geraten, auf einmal zum Mittel der Offenheit und Ehrlichkeit – in der Hoffnung, sie könnten ihre Stakeholder damit bewegen, ihnen zu Hilfe zu eilen. Doch sobald es den Unternehmen dann besser geht, vergessen viele von ihnen nur allzu schnell wieder, welchen Menschen und Prinzipien sie ihre Rettung zu verdanken haben.

Dasselbe können wir in der Politik beobachten, wo Politiker, deren Stern in den Umfragen zu sinken beginnt, den Wählern wer weiß was versprechen, um eine zweite Chance zu erhalten – nur um in ihre alten Gewohnheiten zurückzufallen, sobald sie diese Chance erhalten haben.

Beziehungen, die auf dem Prinzip der Gegenseitigkeit gründen, bieten eine gesunde Investitionsrendite. Am Ende zahlt es sich für beide Seiten aus, wenn keiner die eigenen Interessen über die des anderen stellt. Am Ende ernten wir, was wir gesät haben. Das ist ein universelles Gesetz. Wer sich selbst zurücknimmt, rührt damit die Herzen der übrigen Beteiligten so sehr, dass sich der anfängliche Verzicht in aller Regel zehnfach bezahlt macht. Und in geschäftlichen Dingen gibt es, wie schon gesagt, nur zwei Rollen: die des Kunden und die des Anbieters. Wir alle spielen ständig in diversen Beziehungen die eine oder andere Rolle. Beziehungen bilden den Kern jedes wirtschaftlichen Geschehens. Solange sie auf Prinzipien beruhen, tragen sie ihre eigenen

Früchte. Die Bereitschaft, den beiderseitigen Vorteil zuzulassen, zahlt sich stets und immer aus.

Sie können Ihre Kunden, Kinder oder Wähler eine Zeit lang übers Ohr hauen, aber die Natur lässt sich niemals überlisten. Sie führt genau Buch. Das Gesetz der Gegenseitigkeit gilt ebenso universell wie das Gesetz der Schwerkraft. Ebenso wenig wie ein physikalisches Gesetz können Sie ein Naturgesetz missachten, ohne dass dies schmerzliche Konsequenzen für Sie hätte. Am Ende jeder Minute wird uns die Rechnung für unser tägliches Verhalten präsentiert.

ANWENDUNG & EMPFEHLUNGEN

> **Unsere Fähigkeit, ein gutes Verhältnis zu anderen Menschen zu pflegen, ist eine natürliche Konsequenz unseres Verhältnisses zu uns selbst. »Sobald ich mir selbst mit mehr Sympathie und Respekt begegne, fällt es mir leichter, auch anderen Sympathie und Respekt entgegenzubringen. Ich bin eher bereit, ihnen etwas von mir zu geben. Ich bin weniger defensiv und argwöhnisch und stattdessen offener und rücksichtsvoller in Bezug auf die Gefühle anderer.« Beantworten Sie folgende Fragen: Wie sieht Ihr Verhältnis zu Ihnen selbst aus? Wo haben Sie Probleme? Welche Schritte könnten Sie unternehmen, um bessere Gefühle zu sich selbst zu entwickeln?**

> **»Den Qualitätstest jeder Beziehung liefern die kleinen Dinge des Alltags, die kleinen Höflichkeiten und freundlichen Gesten, das Geben und Nehmen in kurzen Momenten.« Notieren Sie in Ihrem Tagebuch: Welche *kleinen* Schritte können Sie heute unternehmen, um eine wichtige berufliche oder private Beziehung zu verbessern? Tun Sie es und protokollieren Sie die Ergebnisse.**

14 Vielfalt suchen und fördern

»Es ist an der Zeit, dass die Eltern ihren Kindern beibringen, wie viel Schönheit und Stärke in der Vielfalt liegt.«
MAYA ANGELOU

Menschen, die viel Wert auf sekundäre Größe legen, neigen dazu, sich zu klonen, indem sie die Gesellschaft von anderen suchen, die ihnen ähnlich sind, und nur auf Meinungen hören, die sich mit ihren eigenen decken. Sie haben Schwierigkeiten, Menschen zu akzeptieren, die anderer Ansicht sind, einen anderen Hintergrund mitbringen, eine andere Ausbildung genossen und andere Erfahrungen gemacht haben. Monotonie bremst uns und raubt uns Energie. Primäre Größe sucht nach der Verschiedenartigkeit. Nichts behindert den Erfolg effektiver als die Art von Lähmung, die durch mangelnde Informationsvielfalt und beschränktes Denken verursacht wird. Ohne Vielfalt gibt es keine Synergie, und ohne Synergie passiert nichts Neues.

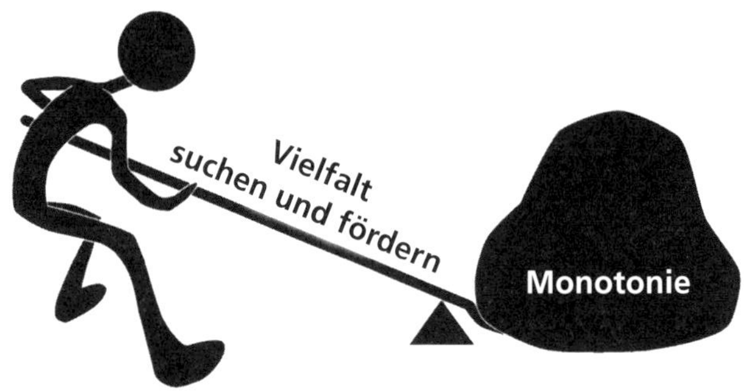

Ich beobachte heute in vielen Organisationen eine negative Synergie, die sich in der Schwierigkeit zeigt, mit Meinungsverschiedenheiten umzugehen und positive, produktive Beziehungen zu unterhalten. Häufig tötet die negative Dynamik in bestehenden Beziehungen jedes kreative Potenzial. Die Beteiligten fragen sich dann, wie sie diese Beziehungen so verändern können, dass ein kreativeres und innovativeres Denken und positivere Resultate entstehen. Die Lösung liegt darin, sich nicht länger selbst zu klonen, sondern ein Gespür für den Wert der Verschiedenartigkeit zu entwickeln.

Von Natur aus neigen wir dazu, uns mit Menschen zu umgeben, die uns ähnlich sind, anstatt uns in Gruppen von Menschen zusammenzufinden, die einander ergänzen. Der Drang, sich ausschließlich mit seinesgleichen zu umgeben, erzeugt negative Energie, weil sich die unterschiedlichen Talente und Begabungen der Beteiligten nicht entfalten können. Teams hingegen, die sich aus ganz unterschiedlichen Mitgliedern zusammensetzen – die zwar ein Ziel verfolgen, dazu aber ganz unterschiedliche Rollen, Wahrnehmungen, Methoden und Herangehensweisen verwenden –, erlauben es den Beteiligten, ihre Talente voll zur Geltung zu bringen. Solche Teams setzen positive Energie frei.

Warum ist das Bedürfnis, sich mit seinesgleichen zu umgeben, so weit verbreitet? Der Grund: Führungskräfte empfinden unter Menschen, die ähnlich gestrickt sind wie sie, ein trügerisches Gefühl der Sicherheit. Wenn Sie von Menschen umgeben sind, die wie Sie denken, handeln und reden, die sich auf Sie beziehen, Sie zitieren, sich wie Sie kleiden und ihr Haar tragen wie Sie, dann verleiht Ihnen das das Gefühl, als Führungskraft anerkannt und geschätzt zu sein. Die Tatsache, dass die anderen Ihnen ähneln, gibt Ihnen das Gefühl, dass es erstrebenswert ist, so zu sein, wie Sie sind. In Wahrheit aber erzählen die anderen Ihnen nur, was Sie hören wollen, und nicht, was Sie wissen müssen. Oberflächlich entsteht so vielleicht der Anschein von Harmonie und Einigkeit, in Wahrheit aber werden Sie Kreativität, Synergie, Geschlossenheit und Sicherheit vergeblich suchen. Das Bedürfnis, sich mit seinesgleichen zu umgeben, kommt von der Überbewertung der öffentlichen Meinung.

Viele Unternehmen zwingt die wirtschaftliche Notwendigkeit dazu, sich mit dem Prinzip des beiderseitigen Vorteils anzufreunden. Vielfalt und Synergie werden heute sogar in den meisten größeren Organisationen großgeschrieben. Wenn ich ihre Berichte lese oder ihren Führungskräften zuhöre, ist da viel von Teams, Vielfalt, Synergie und

Innovation die Rede. Diese Prinzipien sind eine unerlässliche Voraussetzung, um auf dem globalen Markt bestehen zu können. Vielen Führungskräften ist mittlerweile bewusst, dass nichts den Erfolg so sehr behindert wie die Lähmung, die das Ergebnis einer mangelnden Informationsvielfalt und eines beschränktes Denkens ist.

Sie verwechseln Geschlossenheit nicht länger mit Konformität und Eintracht nicht länger mit Uniformität. Das neue Ideal ist das komplementär zusammengesetzte Team, dessen Mitglieder eine Vision und ein Ziel haben, dieses aber in den unterschiedlichsten Rollen und mit den unterschiedlichsten Wahrnehmungen, Fähigkeiten und Pflichten anstreben. Meiner Erfahrung nach ist ein transzendentes Ziel ein guter Garant dafür, dass sich Unterschiede nicht negativ und kontraproduktiv auswirken, sondern die positive Energie und die Synergie des Teams steigern. Ist sich das Team in der grundlegenden Richtung einig, kann es Unterschiede in anderen Bereichen gut verkraften und dennoch positive Energie entwickeln.

> Führungskräfte empfinden unter Menschen, die ähnlich gestrickt sind wie sie, ein trügerisches Gefühl der Sicherheit. Wenn Sie von Menschen umgeben sind, die wie Sie denken, handeln und reden, die sich auf Sie beziehen, Sie zitieren, sich wie Sie kleiden und ihr Haar tragen wie Sie, verleiht Ihnen das das Gefühl, als Führungskraft anerkannt und geschätzt zu sein. Die Tatsache, dass die anderen Ihnen ähneln, gibt Ihnen das Gefühl, dass es erstrebenswert ist, so zu sein, wie Sie sind. In Wahrheit aber erzählen die anderen Ihnen nur, was Sie hören wollen, und nicht, was Sie wissen müssen.

In seinem Klassiker *Rat für die Ratlosen* beschäftigt sich Ernst Friedrich Schumacher mit konvergenten und divergenten Problemen. Ein konvergentes Problem ähnelt einem Problem mit einem Auto. Handelt es sich um ein mechanisches Problem, reicht es, dieses und jenes zu überprüfen, um eine Diagnose zu erstellen, die schließlich zur Lösung des Problems führt. Im Fall eines divergenten Problems hingegen führt jeder Versuch, es zu analysieren, lediglich dazu, dass die Ansichten immer weiter voneinander abweichen und die Wahrscheinlichkeit, dass eine Lösung gefunden wird, immer weiter schrumpft – es sei denn, es existiert ein gemeinsames transzendentes Ziel.

Er erläutert dieses Prinzip anhand des französischen Mottos »Freiheit, Gleichheit, Brüderlichkeit«. Wenn wir die Konzepte von Gleichheit und Freiheit weit genug treiben, erkennen wir, dass es sich um divergente Werte handelt – sie weisen in unterschiedliche Richtungen. Gleichheit bedeutet, dass alle so behandelt werden, als seien sie gleich, während Freiheit bedeutet, dass jeder das Recht hat, anders zu sein. Der höhere Wert ist die Brüderlichkeit. Wenn also Liebe oder Brüderlichkeit unser transzendenter Wert ist, kommt es zu keinem Konflikt zwischen Freiheit und Gleichheit.

Schumacher sagt, dass wir, wenn wir auf ein divergentes Problem stoßen, lediglich nach einem höheren Ziel zu suchen brauchen, dem wir das Problem unterordnen können. Damit ist es uns möglich, zur positiven Synergie zurückzukehren.

Meine Frau und ich beispielsweise saßen vor einiger Zeit mit einem Bauunternehmer und einem Architekten zusammen, um etwas zu besprechen. Ich fragte den Bauunternehmer: »Was halten Sie von der Idee des Architekten?« Er erwiderte »Ich denke, sie ist gut.« Ich sagte: »Was für ein Gefühl haben Sie dabei?« Und er antwortete: »Also, wenn er dabei ein gutes Gefühl hat, dann schließe ich mich ihm an.« Ich sagte: »Aber was sagt denn Ihr eigenes Gefühl?« Er fragte: »Was meinen Sie?« Ich antwortete: »Wenn zwei sich einig sind, ist einer überflüssig. Dann gibt es keine Synergie. Erst, wenn Sie ehrlich sagen, was Sie denken, können wir von Ihrer Expertise profitieren und Synergie im Team erzeugen.«

Die positive Synergie in unseren Besprechungen nahm daraufhin schlagartig zu, weil nun jeder sich traute, das auszusprechen, was er dachte. Meinungsunterschiede erhielten eine positive Bewertung. Wir alle hatten ein gemeinsames Ziel, und obwohl wir im Detail unterschiedlicher Ansicht waren, brachten wir alle etwas Unersetzliches in das Projekt ein. Diese Unterschiede wurden unsere Stärke: Sie ermöglichte synergistische Lösungen, die besser waren als unsere ursprünglichen Ideen.

Selbstsicherheit fördert Synergie

Ob Sie ein Haus bauen, ein Produkt entwerfen, eine Dienstleistung erbringen oder etwas für die Verbesserung Ihrer Ehe tun wollen – das Prinzip von der Vielfalt als Synergiequelle kommt überall gleichermaßen zum Tragen.

Wenn wir dieses Prinzip anerkennen, warum wenden wir es dann nicht häufiger an? Der wichtigste Grund dafür, dass es in unseren Projekten und Beziehungen zu keiner Synergie kommt, ist, dass Unterschiede unsere persönliche Selbstsicherheit gefährden. Unsere Selbstsicherheit ist dann gefährdet, wenn sie auf Selbstbestätigung beruht.

Die Fähigkeit, die Verschiedenartigkeit anderer als wertvoll zu erachten und zu feiern, setzt ganz wesentlich voraus, dass unsere persönliche Selbstsicherheit an eine übergeordnete Vision, ein gemeinsames Ziel und eine prinzipiengestützte Weltsicht gekoppelt ist. Wenn das die Quelle Ihres Selbstwertgefühls ist, können Sie improvisieren, sich anpassen, fließen, sich verändern und leichten Herzens zugeben, dass Sie sich geirrt haben, weil Sie nicht alles persönlich nehmen. Dann können Sie sehr positiv und für andere eine Hilfe sein.

Mein Sohn Joshua versuchte sich einst als Quarterback für das Erstsemesterfootballteam seiner Highschool. Eines Tages sprach er mit mir darüber, dass für ihn seine Leistung das war, was ihm Selbstvertrauen gab. Ich sagte ihm: »Deine Leistung wird ein Produkt deines Selbstvertrauens sein, sobald du dein Selbstvertrauen nicht mehr aus deinen Football-Künsten beziehst, sondern daraus, dass du nach wahren Prinzipien lebst – indem du dich um deine Teamfreunde kümmerst, das Team an die erste Stelle setzt, dich täglich verbesserst, deinen Trainern gegenüber aufrichtig bist und lernst, Unterschiede wertzuschätzen, um auf diese Weise die positive Energie und Synergie im Team zu stärken.«

Ich war mir nicht sicher, ob er mir überhaupt zuhörte. In einem Spiel eine Woche später jedoch wurde ein anderer Junge, der sich als Starting-Quarterback versuchte, von den Trainern wegen seiner Leistung in der ersten Halbzeit kritisiert und erlitt in der Pause einen regelrechten Nervenzusammenbruch. Er wollte nicht einmal mehr in der zweiten Halbzeit antreten.

Mein Sohn erzählte mir später: »Ich war wirklich nicht scharf auf dieses Spiel. Der Junge war ein guter Freund von mir, und ich machte mir seinetwegen Sorgen. Aber natürlich war mir auch das Team wichtig, für das ich das Beste tun wollte, was ich konnte.«

Er sprach mit seinem Freund und den Trainern darüber, wie sie eine Situation schaffen konnten, in der die Stärken seines Freundes – Tempo, Kraft und Größe – durch seine eigenen Stärken – Wendigkeit und Passsicherheit – ergänzt würden. Er tat das, weil ihm so viel an seinem Freund lag und er ihn aufbauen wollte.

Wir alle müssen unsere Identität, unsere Sicherheit und unser Selbstvertrauen auf etwas anderes gründen als Leistung, Position und öffentliche Meinung. Sobald wir eine gemeinsame Vision und ein gemeinsames Ziel haben, können wir unsere Identität auf das stützen, was uns verbindet, sowie auf wahre Prinzipien. Wir brauchen beides, Ziel und Prinzipien, Vision und Werte. Solange unser Leitbild nur von Prinzipien handelt, sind wir vielleicht gut, aber gut wozu? Und wenn wir nur ein Ziel, aber keine Prinzipien oder Werte haben, schaffen wir es vielleicht bis an die Spitze, aber wenn der unvermeidliche Absturz kommt, reißen wir viele Menschen mit in die Tiefe.

Albert E. N. Gray, eine legendäre Führungspersönlichkeit aus der Versicherungsbranche, suchte sein Leben lang nach dem »gemeinsamen Nenner des Erfolgs«, wie er es nannte. Schließlich kam er zu folgendem Ergebnis: »Wo immer jemand erfolgreich ist, verdankt er diesen Erfolg der Tatsache, dass er es sich zur Gewohnheit gemacht hat, Dinge zur tun, die ein Versager niemals tun würde.«[11] Auch den Erfolgreichen drängt es nicht unbedingt, diese Dinge zu tun. Aber er ordnet seine Abneigung der Stärke seines Zieles unter.

Wir alle müssen unsere Identität, unsere Sicherheit und unser Selbstvertrauen auf etwas anderes gründen als Leistung, Position und öffentliche Meinung. Sobald wir eine gemeinsame Vision und ein gemeinsames Ziel haben, können wir unsere Identität auf das stützen, was uns verbindet, sowie auf wahre Prinzipien.

Wer nach primärer Größe strebt, braucht eine inspirierende Vision und ein transzendentes Ziel. Er muss es vermeiden, sich an seine eigenen Wahrnehmungen und Methoden zu klammern. Er muss den Wert der Unterschiede kennen, denn nur wenn Menschen sich in ihrer Verschiedenartigkeit zusammentun, können sie wahrlich etwas zustande bringen.

Einmal, als ich aus einem Vorstandstreffen meines Unternehmens kam, wurde mir bewusst, dass das, was uns verband, unser gemeinsames Ziel war. Alle Mitglieder sprachen offen aus, was sie dachten, und es gab starke Meinungsverschiedenheiten bezüglich der Methoden, mit denen wir die Ziele erreichen wollten. Aber ich konnte in unserem Treffen keinerlei negative Energie ausmachen.

Wenn wir in unserer Beziehung ein übergreifendes Ziel und eine gemeinsame Vision haben, können wir es uns leisten, viele unterschiedliche Ansichten zu vertreten, und sie werden zu unserer Stärke. Wir legen sogar großen Wert auf diese Vielfalt, denn ohne sie wären wir durch zu wenige Informationen und eingeschränkte Perspektiven gelähmt. Wir wären auf unsere eigene Sichtweise, unsere eigene Vorgeschichte und unser eigenes Wertesystem beschränkt und würden alles, was sich in unserem Unternehmen oder in unserer Ehe abspielt, ausschließlich durch diese eine Linse sehen.

Wer im 21. Jahrhundert geschäftlich erfolgreich sein will, muss Engagement zeigen, ein Ohr für seine Mitarbeiter und seine Kunden haben und Partnerschaften gründen. All dies ist nicht möglich ohne eine Wertschätzung von Vielfalt und Andersartigkeit.

Früchte positiver Synergie

Zu den wunderbaren Früchten der Synergie gehören verbesserte Produkte, Dienstleistungen und Beziehungen. Hier sehen wir, dass das Ganze besser ist als die Summe seiner Teile. Echte kreative Kooperation bringt Dinge zustande, die ein Einzelner niemals hätte bewerkstelligen können. Setzen Sie einer kleinen Gruppe ein heroisches Ziel, das, wie immer Sie es drehen und wenden, unerreichbar zu sein scheint, und lassen Sie sich überraschen von den neuen Lösungsansätzen, die diese Gruppe entwickeln wird.

Ein weiterer Vorteil der Synergie besteht darin, dass sie die Menschen enger zusammenbringt. Wann immer Menschen gemeinsam eine kreative Erfahrung machen, bei der etwas entsteht, was zuvor nicht da war, erzeugt diese Erinnerung eine bleibende Bindung.

Hatten Sie schon einmal ein kreatives Erlebnis mit Ihren Kindern? Wie hat sich das auf Ihre Beziehung ausgewirkt? Wenn ich mich exklusiv mit meinen Kindern treffe, nehme ich mir bewusst nichts Bestimmtes vor. Die Kinder geben die Richtung vor, und wir tun etwas, das einzigartig ist und Spaß macht. Meine Tochter Colleen hat mehrere Tagebücher mit ihren Vater-Tochter-Erlebnissen gefüllt.

Ein anderer Vorteil der Synergie ist, dass sie ein kulturelles Immunsystem erzeugt. Wir werden immun gegenüber Problemen oder Unterschieden, weil die Kultur bereits ihre eigenen T-Zellen und weißen Blutkörperchen hat. Sie weiß, dass sie Gespaltenheit bekämpfen kann, weil sie sie schon zuvor erfolgreich bekämpft hat.

Zum Schluss eine Warnung

Ein kluger Vater gab seinem Sohn einen guten Rat für dessen Suche nach einer geeigneten Ehefrau: »Schau, dass ihr so viele Ähnlichkeiten wie nur möglich habt, denn ihr werdet der Unterschiede genug haben.« Damit hatte er nicht so Unrecht. Ich habe immer wieder beobachtet, wie Unternehmen mit allen Mitteln versuchen, Unterschiede zu kultivieren und Vielfalt zu fördern – um dann plötzlich ein echtes Problem mit der inneren Entfremdung zu haben, weil es an elementaren Gemeinsamkeiten fehlt.

Die Gemeinsamkeiten, auf die es wirklich ankommt, haben mit Philosophie, langfristigen Zielen, Werten und Wahrnehmungen und nicht mit Ethnie, Religion, Geschlecht oder Nationalität zu tun. Wenn Sie und Ihr Ehepartner beispielsweise nicht die gleichen Grundeinstellungen zur Kindererziehung hätten, könnten die Unterschiede Ihre Ehe leicht zerreißen. Und selbst wenn sich die langfristigen Ziele decken, ist die Verständigung darüber nicht immer einfach. Wenn Sie aber beide den höheren Wert im Blick haben, finden Sie am Ende eine 3. Alternative, oder einer von Ihnen sagt: »Für mich kommt es nicht so darauf an; lass es uns so machen, wie du es vorschlägst.«

> *»Wo immer jemand erfolgreich ist, verdankt er diesen Erfolg der Tatsache, dass er es sich zur Gewohnheit gemacht hat, Dinge zu tun, die ein Versager niemals tun würde.«*
> ALBERT E. N. GRAY

Viele Unternehmen tun sich schwer mit der Einführung von Diversity-Programmen, weil ihre Führungskräfte bei der Mitarbeitereinstellung und -beförderung nicht sorgfältig genug vorgehen, selbst wenn ihnen im Prinzip klar ist, dass sie die Vielfalt fördern müssen. Solange wir die Verschiedenartigkeit lediglich um ihrer selbst willen praktizieren, wird daraus leicht eine Alibiveranstaltung oder im schlimmsten Fall ein bunter Zirkus, in dem niemand mehr darauf vorbereitet ist, wichtige Aufgaben zu übernehmen. Was wir mit dem größten Ernst ersehnen, akzeptieren wir mit der größten Leichtgläubigkeit. Und wenn wir so versessen auf Verschiedenartigkeit sind, dass wir nach ihr greifen, wann und wo immer wir sie zu fassen bekommen, haben wir am Ende mehr Entfremdung als Synergie.

Was ich damit sagen will, ist, dass die Verschiedenartigkeit elastische Grenzen hat. Es braucht echte Gemeinsamkeiten in zentralen Fragen;

Verschiedenartigkeit allein führt zu nichts. Die Beteiligten müssen sich in ihren Zielen und Werten einig sein, und diese Werte sollten auf Prinzipien beruhen. Sicherheit und Zuversicht sind letztlich das Resultat der Übereinstimmung in diesen höheren Zielen und Prinzipien.

ANWENDUNG & EMPFEHLUNGEN

> **Notieren Sie in Ihrem Tagebuch: Was riskiert derjenige, der sich nur mit Menschen umgibt, die genauso denken, handeln und sich geben wie er selbst? Welche Beispiele dafür haben Sie persönlich erlebt?**

> **In einem komplementär zusammengesetzten Team bilden Menschen mit unterschiedlichen Talenten, unterschiedlichen Rollen, Wahrnehmungen, Fähigkeiten und Aufgaben eine Einheit, vorausgesetzt, sie haben eine gemeinsame Vision und ein gemeinsames übergeordnetes Ziel. Was können Sie tun, um Ihr Arbeitsteam vielfältiger zu gestalten? Welche Talente kommen darin bislang zu kurz? Welche Art von Gruppendenken hält Sie bisher davon ab, mehr Vielfalt zuzulassen? Wo besteht in Ihrem Team Ergänzungsbedarf?**

> **Halten Sie Ihre Antworten schriftlich fest: Beschreiben Sie eine ungewöhnlich kreative oder synergistische Erfahrung aus Ihrer Vergangenheit. Welche Rolle haben andere dabei gespielt? Wie können Sie die Randbedingungen, die diese Art von Synergie entstehen ließen, erneut erzeugen?**

15 Nicht aufhören zu lernen

> *»Wer aufhört zu lernen, ist alt, ganz gleich, ob mit zwanzig oder achtzig. Wer weiter lernt, bleibt jung.«*
> HENRY FORD

Sekundäre Größe ist nicht besonders erpicht aufs Lernen, während primäre Größe darauf besteht. Wer sich beruflich nicht ständig weiterbildet und seine Fähigkeiten und sein Wissen nicht ausbaut, verliert mit der Zeit seine Vertrauenswürdigkeit. Darüber hinaus ist Lernen ein sogenanntes *primäres Gut*, das seinen Wert aus sich selbst bezieht. Die Liebe zum Lernen und das Streben nach Weisheit tragen dazu bei, dass das Leben lebenswert ist. Wir alle sind es den Menschen, die uns wichtig sind, sowie uns selbst schuldig, dass wir nicht aufhören zu lernen und voranzuschreiten.

Im beruflichen Kontext sprechen wir häufig davon, wie wichtig es ist, sich ständig fortzubilden. Dabei ist uns jedoch selten bewusst, dass es sich hierbei um ein Grundprinzip des Lebens handelt. Ständiges

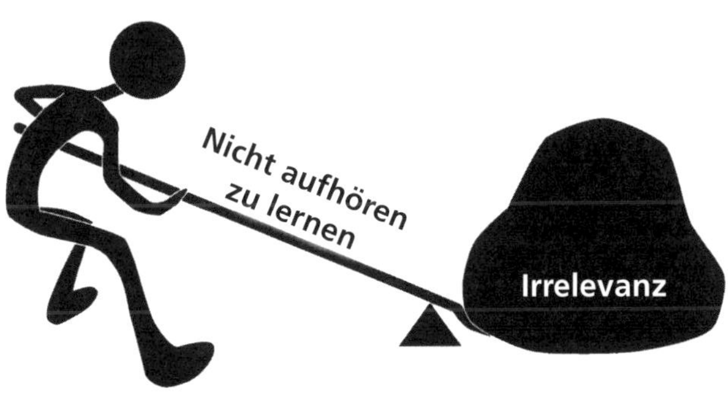

Lernen hält uns buchstäblich am Leben, denn ohne dieses Lernen versinken wir rasch in der Irrelevanz.

Wenn Sie mich fragen, so haben wir alle auch außerhalb unserer Jobs eine Verpflichtung, zu lernen und uns weiterzuentwickeln. Lebenslanges Lernen hat weniger mit großen Kampagnen, Programmen, akademischen Graden und Zeugnissen als vielmehr mit kurzen täglichen Lernsitzungen und kleinen Dosen geeigneter berufsbegleitender Fortbildung zu tun. Indem wir jeden Tag ein bisschen lernen, bleiben wir geistig fit und relevant.

Entscheidend für das fortgesetzte Lernen ist das Prinzip der Ausgewogenheit. Ich empfehle eine Mischung aus privater und beruflicher Entwicklung, aus jobbezogenen Erfordernissen und zukünftigem Bedarf, aus branchenspezifischen Inhalten und Allgemeinbildung. Gehen Sie systematisch vor und berücksichtigen Sie privates und berufliches Feedback. Kombinieren Sie in Ihrem Lernansatz Theorie und Praxis, Kunst und Wissenschaft.

Wir alle haben eine Verpflichtung, zu lernen und uns weiterzuentwickeln. Lebenslanges Lernen hat weniger mit großen Kampagnen, Programmen, akademischen Graden und Zeugnissen als vielmehr mit kurzen täglichen Lernsitzungen und kleinen Dosen relevanter berufsbegleitender Fortbildung zu tun.

Achten Sie außerdem darauf, dass Sie sich in Ihren Lern- und Entwicklungsbemühungen von dem Wunsch leiten lassen, den Bedürfnissen anderer Menschen besser gerecht zu werden. Eine solch tugendhafte Absicht ist, wie Adam Smith in seinem Buch *Die Theorie der ethischen Gefühle* vermerkt, zentraler Bestandteil primärer Größe. Viel zu viele Organisationen nutzen lediglich das Wissen und die Ausbildung ihrer Mitarbeiter, ohne in deren Weiterentwicklung zu investieren. Ebenso nehmen viele Mitarbeiter die Fortbildungsangebote ihrer Unternehmen wahr, ohne sich darum zu scheren, welchen Nutzen das Unternehmen davon hat.

Ein solches Verhalten, das sich nicht um die Belange der anderen Seite kümmert, kommt beide Seiten teuer zu stehen. Darum tragen beide füreinander Verantwortung. Unternehmen tätigen gewaltige Investitionen in die Fortbildung und Entwicklung ihrer Mitarbeiter. Ich denke, dass Beschäftigte, die von unternehmensgesponserten Schulungsprogrammen profitieren, eine Verpflichtung haben, etwas davon zurückzugeben. Adam Smith spricht von den tugendhaften Energien, die Arbeitnehmer und Arbeitgeber einbringen müssen. Beide müssen sich füreinander verantwortlich fühlen. Wenn das System des freien Unternehmertums richtig funktionieren soll, meint Smith, müssen alle wirtschaftlichen Beziehungen auf Tugend und wechselseitiger Fürsorge basieren.

Die Verantwortung der Unternehmen

Wenn ich mir die Bedürfnisse der Unternehmen anschaue, erkenne ich eines ganz deutlich: Wir können schlicht nicht im Wettbewerb bestehen, solange wir keine Kultur des kontinuierlichen Lernens erzeugen, in der die Wissensarbeiter ständig ihre Fähigkeiten ausbauen und ihr technologisches Wissen auf den neuesten Stand bringen.

Ich schätze, dass rund 20 Prozent der heute Beschäftigten mit ihrem Wissen und ihren Fähigkeiten nicht mehr auf der Höhe der Zeit sind. In noch einmal zehn Jahren könnten weitere 20 Prozent obsolet sein, wenn wir nicht die kulturelle Norm überwinden, wonach die Zeit der Ausbildung endet, sobald wir die Schule verlassen. Wir brauchen eine tiefe Bereitschaft, uns ständig weiterzuentwickeln – beruflich ebenso wie privat.

Horst Schulze, Mitbegründer von The Ritz-Carlton Hotel Company, wirbt für ein tägliches Training. Er ist überzeugt, dass der Mensch jeden Tag etwas Neues lernen muss. Das Unternehmen veranstaltet in seinen Häusern täglich kurze On-the-job-Trainingseinheiten, bei denen es sich zumeist um interaktive Dialoge unter Beteiligung der gesamten Belegschaft handelt. Jeden Tag passen die Hotelmanager die Botschaften, die sie von der Unternehmenszentrale erhalten, an die Bedürfnisse ihrer Mitarbeiter an. Solche systematischen Schulungen der gesamten Belegschaft sollten eigentlich das Gebot der Stunde sein, aber ich kann mir vorstellen, dass Horst Schulze oft zu hören bekommt, solche Schulungen seien zu teuer. Doch in turbulenten Zeiten wie diesen ist es sicherlich viel teurer, *nichts* zu tun. Ich denke, dass jede Kosten-Nutzen-Analyse zugunsten kontinuierlicher Schulungs- und Fortbildungsprogramme sprechen würde.

Dennoch weigern sich viele, den Wert kontinuierlichen Lernens anzuerkennen. Die meisten Führungskräfte kümmern sich nicht um systematische Mitarbeiterschulungen. Und weil sie sich nicht darum kümmern, könnten ihre Mitarbeiter, Produkte und Unternehmen früher oder später obsolet werden. Je mehr das Wettbewerbsumfeld ihnen zu schaffen macht, desto unsicherer werden sie.

Heute bietet nicht mehr das lebenslange Beschäftigungsverhältnis alten Stils uns Sicherheit. Was uns heute Sicherheit gibt, ist die Fähigkeit, jeweils das anbieten zu können, was der Markt verlangt, wobei sich diese Anforderungen ständig ändern. Nur solange die Menschen lernen, sich verändern, wachsen und sich entwickeln, wie der Markt es von ihnen verlangt, haben sie eine Chance auf Sicherheit. Und Sicherheit setzt voraus, dass wir nicht aufhören zu lernen.

Persönliche Verantwortung

Der Einzelne muss persönliche Verantwortung für seine berufliche Entwicklung übernehmen und kann sich nicht darauf verlassen, dass sein Arbeitgeber sich schon darum kümmert. Der pro-aktive Mitarbeiter begreift sein Unternehmen als eine Ressource und Informationsquelle; hier erfährt er, welche Lerninhalte die größte Relevanz besitzen. Es liegt aber am Einzelnen selbst, sich darum zu kümmern, dass er diese Dinge auch wirklich lernt.

Je mehr Verantwortung ein pro-aktiver Mitarbeiter für seine eigene Fortbildung und seine berufliche Entwicklung übernimmt, desto eher versteht er das Unternehmen als zusätzliche Ressource. Er wälzt seine primäre Verantwortung nicht auf das Unternehmen ab. Er erwartet nicht, dass das Unternehmen von sich aus alle Schulungen anbietet, die er benötigt, um in seinem Job gute Arbeit zu leisten. Aber er nutzt alle Schulungsmöglichkeiten, die sich ihm bieten, und bedankt sich dafür bei seinem Arbeitgeber, indem er signifikante Leistung erbringt.

Mehr kann der Arbeitgeber nicht tun. Alles Übrige ist Sache des Arbeitnehmers. Als Beschäftigte müssen wir in unseren persönlichen und beruflichen Entwicklungsbemühungen die Bedürfnisse unserer Unternehmen berücksichtigen. Andernfalls betreiben wir unsere Entwicklung aus den falschen Gründen oder zur falschen Zeit. Unsere persönliche Entwicklung sollte sich an den Bedürfnissen der Wirtschaft, der Branche, des Unternehmens und unseres aktuellen Jobs orientieren.

Gleichzeitig jedoch müssen wir uns in einem allgemeinen Sinne weiterentwickeln, um nicht in dem Augenblick obsolet zu werden, in dem unser Arbeitgeber oder unsere Funktion obsolet wird. Betreiben wir unsere Entwicklung ausschließlich unter Jobgesichtspunkten, sind wir den Marktkräften ungeschützt ausgeliefert. Wir müssen also einerseits kompetente Spezialisten in unseren aktuellen Jobs sein und andererseits anfangen, uns systematisch um unser persönliches Programm in puncto Allgemeinbildung zu kümmern.

Ich glaube, dass das am besten gelingt, wenn wir dafür jeden Tag unseres Lebens ein oder zwei Stunden reservieren. Zusätzlich benötigen wir einmal im Monat einen Tag, an dem wir uns systematisch mit Lerninhalten beschäftigen, die nicht ausschließlich mit unserem Job zu tun haben, sondern auch mit Dingen, die wir in Zukunft anbieten wollen. Ich selbst reserviere jeden Monat einen ganzen Tag und täglich ein bis zwei Stunden für die Vertiefung meiner Allgemeinbildung.

Entwicklungsmöglichkeiten

Zu den vielen berufsbezogenen Lernangeboten, die den meisten Menschen offenstehen, gehören:

> **Datenanalyse und -synthese.** Wissensarbeiter, ob im Büro oder in der Werkshalle, müssen ihre mentalen Fähigkeiten insbesondere im Bereich der Datenbeschaffung, -analyse und -synthese schärfen. Die Datenanalyse gehört zu den wichtigsten Fähigkeiten dieses Jahrhunderts. In einem unserer Firmenprojekte beispielsweise deutete eine oberflächliche Analyse auf einen Riesenmarkt für ein bestimmtes neues Produkt hin. Ein Mitarbeiter jedoch, der über gute Analysefähigkeiten verfügte, kam binnen Stunden zu einer ganz anderen Schlussfolgerung. Bald stellte sich heraus, dass für das betreffende Produkt keineswegs ein so großer Markt vorhanden war.

> **Persönliche Lektüre.** Was Sie in ferner Vergangenheit einmal gelernt haben, reicht heute nicht mehr aus. Halten Sie sich in Wirtschaftsthemen auf dem Laufenden, indem Sie regelmäßig den *Harvard Business Review, Fortune* und andere Publikationen lesen, die

gründliche Analysen bieten. Ich empfehle außerdem das eine oder andere Wochenmagazin und Zeitungen wie *Businessweek* und das *Wall Street Journal*. Werfen Sie zudem regelmäßig einen Blick in die wichtigsten Periodika aus den Bereichen Wissenschaft, Wirtschaft, Politik und Kunst. Diverse Websites liefern ebenfalls gut lesbare und anregende Analysen des Wirtschaftsgeschehens. Machen Sie sich auch mit den besten Neuerscheinungen auf dem Buchmarkt vertraut.

> **Klassische Lektüre.** Ein weiterer Teil Ihres persönlichen Lernprogramms sollte die Beschäftigung mit großer Literatur bilden. Ich selbst habe diesen Aspekt während meiner Studentenjahre allzu sehr vernachlässigt, und so versuche ich nun, das Verpasste aufzuholen. Zwei meiner Kinder haben Englisch studiert und sich mit klassischer Literatur beschäftigt. Ich kann sehen, wie viel Orientierung und Weisheit ihnen das gegeben hat.

> **Persönliche Universitäten.** Schaffen Sie sich Ihre eigene Universität. Gehen Sie ins Internet und suchen Sie nach TED-Talks und MOOCs (kostenlosen Onlinekursen), die Ihre Lernerfahrung bereichern und Ihnen wichtige Einsichten vermitteln können. In der Welt von heute kann jeder pro-aktive Mensch persönliche Verantwortung für seine berufliche Entwicklung übernehmen und seine eigene private Universität gründen, in der er sich sein persönliches Curriculum zusammenstellt.

ANWENDUNG & EMPFEHLUNGEN

> Sind Sie entschlossen, sich sowohl privat als auch beruflich kontinuierlich weiterzuentwickeln? Halten Sie Ihre Antworten schriftlich fest: Wo müssen Sie Ihr Wissen und Ihre Fähigkeiten verbessern? Was hindert Sie daran? Wie können Sie diese Hindernisse aus dem Weg räumen? Welche Möglichkeiten haben Sie, Ihre Lernanstrengungen zu intensivieren? Setzen Sie sich ein Lernziel oder einen Meilenstein: »Bis zu diesem Datum werde ich ein Zertifikat in .... erworben haben« oder: »Bis zu diesem Datum werde ich einen Onlinekurs in .... absolviert haben«.

> Gründen Sie Ihre eigene Universität mit all den verfügbaren Ressourcen, die Sie sich online beschaffen. Setzen Sie sich ein Etappenziel, damit Sie in Ihren Bemühungen nicht nachlassen. Mit welchen Websites, Periodika, Podcasts oder Konferenzen wollen Sie sich regelmäßig beschäftigen? Legen Sie sich Lesezeichen für die Websites an und planen Sie jede Woche Zeit ein, um sich diesen Informationsquellen zu widmen.

16 Kraft aus der eigenen Erneuerung schöpfen

»Worte sind wie Eier, die aus großer Höhe fallen gelassen werden. Wir können sie weder zurücknehmen noch die Schweinerei ignorieren, die sie bei ihrem Aufprall produzieren.«
STEPHEN R. COVEY

Wir können keine primäre Größe erlangen, solange wir uns selbst vernachlässigen – unsere Gesundheit, unseren Kopf, unsere Gefühle und unser Seelenleben. Jeder dieser zentralen Bereiche unseres Lebens muss sich ständig, also täglich, erneuern. Indem wir jeden Tag mindestens eine kleine Anstrengung unternehmen, können wir uns unsere persönliche Energie erhalten und so im Extremfall sogar lebensbedrohliche Krisen abwenden.

Vor vielen Jahren begann ich, Studenten und Führungskräfte mit dem Prinzip der täglichen und wöchentlichen Erneuerung vertraut zu machen. Das Prinzip fand seinen Niederschlag in meinem Buch *Die*

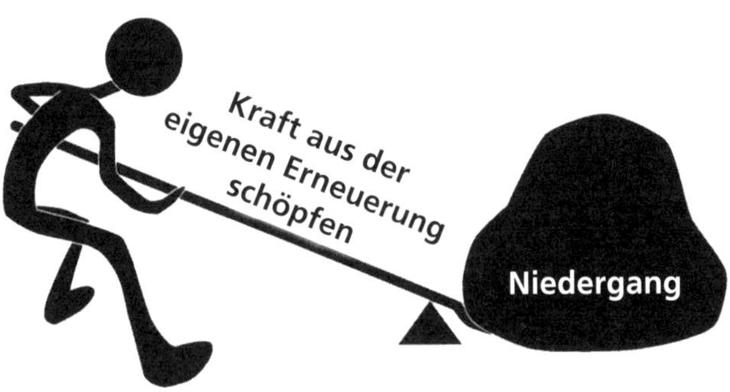

7 Wege zur Effektivität in Form des 7. Weges: die Säge schärfen. Abraham Lincoln sagte: »Wenn ich nur zwei Stunden hätte, um einen Baum zu fällen, würde ich die erste Stunde darauf verwenden, meine Axt zu schärfen.« Von diesem Zitat existieren viele verschiedene Varianten, was an der Gültigkeit des Prinzips nichts ändert. So unumstößlich es auch sein mag – wir können viele Menschen dabei beobachten, wie sie eifrig sägen (arbeiten, produzieren, schaffen) und dabei nie (oder äußerst selten) innehalten, um die Säge zu schärfen (sich ausruhen, Kraft schöpfen, studieren, sich vorbereiten, sich Gedanken machen, das Werkzeug pflegen). Ebenso wenig investieren sie in die Anschaffung einer neuen Power-Säge (neue Fähigkeiten, neue Technologien). Stattdessen hantieren sie weiter mit ihrer stumpfen alten Säge: ihren mangelnden sozialen Fähigkeiten, ihrem stumpfen Verstand, ihrem untrainierten Körper und ihrer lustlosen Art.

Vier Annahmen

Als Motivationshilfe empfehle ich, dass Sie sich vier Dinge vorstellen, die sich auf die vier Seiten der menschlichen Natur beziehen: die physische, die mentale, die soziale und die seelische. Den Zustand der ultimativen persönlichen Synergie erreichen wir dann, wenn wir uns in allen vier Dimensionen privat und beruflich erneuern.

Physische Annahme: Stellen Sie sich vor, Sie hätten bereits einen Herzinfarkt (privat) oder eine Firmenpleite (beruflich) hinter sich. Machen Sie sich mit der Vorstellung vertraut, dass Sie sehr auf sich achten, genug Sport treiben und sich gesund ernähren sollten, damit Sie noch viele erfüllende Lebensjahre vor sich haben. Viele Menschen, die einen Herzinfarkt erlitten haben, stellen daraufhin ihr Leben von Grund auf um. Mein Freund Gene Dalton beispielsweise gewann weitere 25 Lebensjahre, nachdem er während seiner Zeit als Lehrer und Wissenschaftler an der Harvard Business School mehrere Herzinfarkte überstanden hatte, die ihn fast umgebracht hätten. Er änderte seinen Lebensstil radikal und suchte sich einen weniger anstrengenden Job. Er wechselte zur Brigham Young University und war dort 25 Jahre in der Führungskräfteentwicklung tätig. Ich begegnete ihm einmal auf dem Flughafen von Atlanta, wo er zwischen zwei Flügen die Abflughalle auf- und abschritt.

Tägliche Bewegung war mittlerweile zu einem festen Bestandteil seines Lebens geworden. Im Übrigen achtete er sehr auf seine Ernährung. Es kostete ihn viel Disziplin, aber es mangelte ihm nicht an Motivation – hatte er doch erlebt, was die Alternative bedeuten würde.

Mentale Annahme: Stellen Sie sich vor, Ihr Wissen (persönlich) und Ihre Fähigkeiten (beruflich) hätten eine Verfallsfrist von drei Jahren. Wenn Sie sich das konkret vorstellen – und so aus der Luft gegriffen ist diese Annahme nicht –, beginnen Sie umgehend, sich systematisch weiterzubilden und zu lesen. Sie geben sich nicht länger mit ihren beschränkten Interessen, Ihrem Spezialgebiet oder Ihrer Komfortzone zufrieden. Sie verlassen Ihre Komfortzone, greifen zu Buch und Zeitschrift und machen sich ausführlich Gedanken zu Ihrem Gebiet und zu den zerstörerischen Kräften, die drauf und dran sind, Ihnen den Boden unter den Füßen wegzuziehen. Sie müssen lernen, strategisch zu denken, damit Sie in der Lage sind, die Annahmen und Paradigmen, die Ihrem Bereich zugrunde liegen, zu analysieren, denn schon bald könnte ein neues Paradigma, ein neuer Prozess oder ein neues Produkt an ihre Stelle treten. So sinnvoll es sein mag, gelegentlich das eine oder andere zu lernen oder diesem oder jenem Podcast oder Hörbuch zu lauschen, es reicht nicht aus. Ich empfehle Ihnen, mehrere Zeitschriften zu lesen, die nicht von Ihrem Spezialgebiet handeln und Ihr Denken herausfordern – vielleicht vier im Monat. Hören Sie nicht auf, Ihren Horizont und Ihren Interessenbereich zu erweitern. Lesen Sie Hintergrundartikel aus anerkannten Onlinequellen, Zeitschriften und Bücher.

Bedenken Sie, dass Ihr weiterer beruflicher Werdegang nicht ohne Risiken ist und dass manche von ihnen sich als schwerwiegend erweisen könnten. Schützen Sie sich schon jetzt davor. Bereiten Sie sich auf die Zukunft vor, die Sie sich wünschen.

Soziale Annahme: Stellen Sie sich vor, alles, was Sie zu Hause (privat) und bei der Arbeit (beruflich) über andere Menschen sagen, käme diesen zu Ohren. Sie können weiterhin kritisch sein, aber Ihre Kritik wird sehr viel verantwortungsvoller und konstruktiver sein, wenn Sie das Gefühl haben, dass die kritisierte Person mithört. Warum nicht immer so? Wenn Sie sich das Vertrauen der Anwesenden bewahren und nichts Unfaires über Abwesende von sich geben wollen, sollten Sie Folgendes beherzigen: Wer mit dem Schwert der Kritik lebt, wird durch das Schwert der Kritik sterben. Kritik, die hinter dem Rücken von anderen geäußert wird, schwächt ebenso, wie Verleumdung den Charakter von Mensch und Kultur schwächt.

Einmal las ich im *Scientific American* etwas über Forscher, die gerade eine neue Technologie entwickelten, mit der sich Klänge wiederherstellen ließen. Das verleiht einem alten Sprichwort neue Bedeutung: Jedes unnütze Wort, das einer spricht, sollte von den Hausdächern schallen. In dem Augenblick, in dem Sie beginnen, dieses Prinzip anzuwenden, werden Sie in allen Ihren Beziehungen verantwortungsvoller, und das hat einen heilsamen Effekt auf alles und jeden, mit dem Sie zu tun haben.

Seelische Annahme: Stellen Sie sich vor, Sie mussten schon bald Ihren Liebsten (privat) und Ihrem Vorgesetzten sowie Ihren Mitarbeitern (beruflich) in Einzelgesprächen Rede und Antwort stehen. In diesen persönlichen Gesprächen legen Sie Rechenschaft darüber ab, wie gut Sie sich um Ihre Gesundheit und Fitness gekümmert, was Sie gelernt und wie gut Sie Ihr Wissen und Ihre Fähigkeiten angewendet haben, wie aufrichtig und loyal Sie zu anderen Personen waren, besonders hinter deren Rücken, und wie sorgfältig Sie sich um Ihren Geist und Ihre spirituelle Seite kümmern. Nehmen Sie außerdem an, dass Sie in Kürze ein ähnliches Interview mit Ihrem Vorgesetzten und Ihren Mitarbeitern führen werden. Natürlich gibt es bei Ihnen schon so etwas wie die jährlichen Leistungsbewertungen, aber diese 360-Grad-Bewertung würde auch Ihre eigenen Gefühle zu Ihrer beruflichen Performance berücksichtigen. Die entscheidende Frage lautet hier: »Was haben Sie mit dem gemacht, womit Sie arbeiten mussten?«

Wer mit dem Schwert der Kritik lebt, wird durch das Schwert der Kritik sterben. Kritik, die hinter dem Rücken von anderen geäußert wird, schwächt ebenso wie Verleumdung den Charakter von Mensch und Kultur.

Starke Vorteile

Warum sind diese vier Annahmen so wirkungsvoll? Wenn Sie sich entsprechend verhalten, beginnen Sie automatisch, das Wichtigste zuerst zu tun. Warum? Sie werden einen massiven Paradigmenwechsel erleben, und Sie werden die gesamte Situation mit anderen Augen betrachten. Ein Wechsel des Paradigmas ist wirkungsvoller, als lediglich zu versuchen, Ihr Verhalten oder Ihre Einstellung zu verändern. Wenn Sie alle vier Annahmen gleichzeitig berücksichtigen, werden Sie feststellen, dass sie eng miteinander zusammenhängen. Indem Sie sich um die physische Seite kümmern, verbessern Sie zugleich das Klima für innovatives Denken. Und indem Sie so tun, als würde alles, was Sie sagen, von anderen mitgehört, verbessern Sie nicht nur Ihre Beziehungen, sondern auch Ihre seelische Gesundheit. Jede Annahme bringt ihre eigenen Vorteile mit sich.

Physisch. Präventive Gesundheitsmaßnahmen verlängern nicht nur das Leben, sondern verbessern auch seine Qualität. Sie werden sich länger gut fühlen und verlängern die Zeit, in der Sie gute Leistung erbringen können. Viele gesunde Senioren leisten in ihren letzten Lebensjahren ihre beste Arbeit und hinterlassen ein nachhaltiges Vermächtnis.

Mental. Eine nicht nachlassende Neugier und permanentes Lernen bereiten Sie auf zukünftige Möglichkeiten vor. Kontinuierliches Lernen sorgt dafür, dass Sie auch unter veränderten wirtschaftlichen Bedingungen die Kontrolle über Ihre Situation behalten. Wenn Sie jedoch insbesondere in den Bereichen, die für Ihren Berufsweg entscheidend sind, aufhören zu lernen, werden Sie in kürzester Zeit obsolet. Vermutlich nehmen Sie dann eine Opfermentalität an und schieben die Schuld Ihrem Arbeitgeber in die Schuhe. In Wirklichkeit aber werden Sie nichts Wertvolles mehr beitragen, weil Ihr Fähigkeitenportfolio obsolet geworden ist.

Sozial. Sie werden in Ihren sozialen und beruflichen Beziehungen mehr Einfühlungsvermögen zeigen und erfahren und mehr Synergie erreichen. Ihre Sorge um den Ruf und das Ansehen anderer Personen befähigt Sie, Dinge aus deren Blickwinkel zu sehen und zu verstehen, bevor Sie verstanden werden. Sie werden auch den nötigen Mut und den Willen haben, Ihre Sicht der Dinge zum Ausdruck zu bringen und sich anderen verständlich zu machen, damit Sie gemeinsam lohnende Ziele und Projekte verwirklichen können.

Seelisch. Sie werden inneren Frieden und ein neues Zutrauen in Ihre Fähigkeiten verspüren. In dem Bewusstsein, dass Ihr Leben jeden

Augenblick zu Ende gehen könnte, werden Sie den Mut haben, im Augenblick der Entscheidung das Richtige zu tun. Indem Sie sich bewusst für das Richtige entscheiden, gewinnen Sie inneren Frieden. Und als zusätzlichen Nutzen gewinnen Sie ein neues Selbstvertrauen in Ihre Fähigkeiten. Die ständige Erneuerung ist der Garant dafür, dass Sie Ihre privaten und beruflichen Ambitionen jederzeit kompetent verfolgen können.

ANWENDUNG & EMPFEHLUNGEN

> **Notieren Sie in Ihrem Tagebuch Ihre Antworten auf jedes dieser Szenarien:**

> > **Stellen Sie sich vor, Sie haben schon einen Herzinfarkt hinter sich. Was würden Sie verändern?**

> > **Was würden Sie tun, wenn Sie wüssten, dass Ihr Wissen in drei Jahren zu nichts mehr nütze wäre?**

> > **Wie würden Sie Ihren Konversationsstil verändern, wenn Sie wüssten, dass alles, was Sie über Dritte sagen, von diesen mitgehört würde?**

> > **Angenommen, Sie haben bald ein Einzelgespräch mit Ihrem Vorgesetzten und Ihren Mitarbeitern. Was würden Sie erwidern, wenn Sie gefragt würden: »Was haben Sie mit dem gemacht, mit dem Sie arbeiten mussten?«**

> **Denken Sie an die beste Art, die Säge zu schärfen: ausruhen, Kraft schöpfen, studieren, sich vorbereiten, sich Gedanken machen, das eigene Werkzeug pflegen. Wie können Sie daraus tägliche und wöchentliche Prioritäten machen? Reservieren Sie in Ihrem Wochenplan Zeit für das Schärfen der Säge in allen vier Bereichen: physisch, sozial / emotional, mental und seelisch.**

17 Gelerntes weitervermitteln

> *»Wenn du ein Schiff bauen willst, beginne nicht damit, Holz zu sammeln, Bretter zu sägen und Arbeit zu verteilen, sondern wecke in den Menschen ein Verlangen nach dem weiten und grenzenlosen Meer.«*
> ANTOINE DE SAINT-EXUPÉRY

Wie können Sie die Prinzipien der primären Größe, mit denen Sie sich gerade erst vertraut gemacht haben, am besten verinnerlichen? Ganz einfach: Vermitteln Sie sie an andere weiter. Auf diese Weise vertiefen Sie Ihr eigenes Verständnis. Andere werden in Ihnen ein Vorbild sehen, das diese Prinzipien lebt. So werden Sie zu einer Autorität in Sachen primäre Größe.

Diese Geschichte beginnt im Jahr 1975, als ich einen Kurs besuchte, in dem sich Dr. Walter A. Gong, Gastprofessor von der San Jose State University, mit der Verbesserung der Unterrichtsmethodik beschäftigte. Seine Grundthese war denkbar einfach: Die beste Methode, etwas

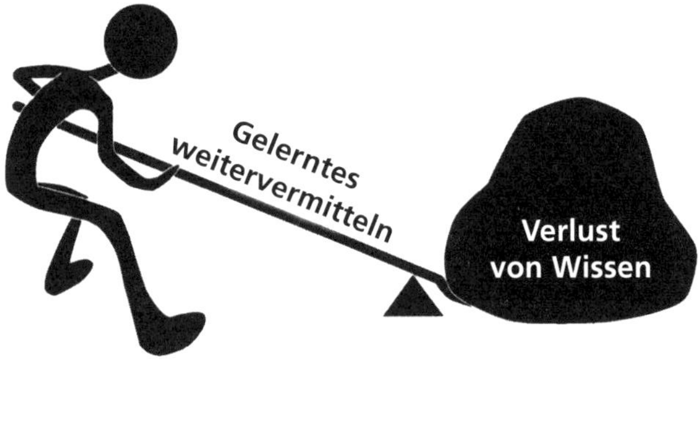

zu lernen, ist, es anderen beizubringen. Ich war beeindruckt zu sehen, wie Dr. Gong dieses Prinzip jeden Tag mit seiner Familie praktizierte. Jeden Abend beim Essen bat Dr. Gong seine Söhne Gerrit und Brian und seine Tochter Marguerite, ihm den Kern dessen zu erklären, was sie an dem betreffenden Tag in der Schule gelernt hatten. Und das Ergebnis? Alle drei Kinder wurden Rhodes-Stipendiaten mit Doktortiteln von Oxford, Stanford und der Fletcher School of Law and Diplomacy.

Die meisten Menschen wissen um die Gültigkeit dieses Prinzips. Es liegt auf der Hand. Dennoch wird es im beruflichen Kontext und in der Ausbildung nur selten berücksichtigt. Dabei ist es die wichtigste Regel, die ich jemals im Bereich der Ausbildung und persönlichen Entwicklung gelernt habe: Vermittle, was du lernst, an andere weiter.

Dr. Gongs Lernmethode weist jedem Lernenden drei Rollen zu: (1) Wichtige Informationen sammeln und verstehen, (2) dieses Wissen auf das eigene Leben anwenden und für die eigenen Zwecke und Werte erweitern, und (3) es an andere zu deren Gunsten weitervermitteln. Weil der Lernerfolg rasant zunimmt, sobald der Lernende das Gelernte an andere weitervermittelt, muss sich jeder zugleich als Lernender und als Lehrer begreifen, auch und gerade in Positionen, die mit Verantwortung zu tun haben.

Jeder muss sein Wissen und seine Fähigkeiten auf dem neuesten Stand halten. Wir alle müssen weiter zur Schule gehen. Dass Aus- und Fortbildung und die ständige Aktualisierung unserer Denkmuster und Fähigkeiten neuerdings so starkes Gewicht erhalten, ist eine Reaktion auf die Anforderungen der globalen Wirtschaft.

Als ich selbst Mitte der 1970er-Jahre begann, diese Methode anzuwenden, nahmen meine eigenen Lernerfolge rasant zu, und auch meine Lehrtätigkeit verbesserte sich. Es gelang mir nicht nur, mehr Studenten zu unterrichten, sondern auch, ein breiteres Publikum mit größerem Wirkungskreis anzusprechen.

An der Universität, wo ich anfangs kleine Kurse für 20 bis 25 Studenten gegeben hatte, unterrichtete ich zuletzt 500 bis 1000 Studenten pro Semester. Das Lehrer-Studenten-Verhältnis stieg auf eins zu 1000. Aber mit der Methode des Lernens durch Weitervermittlung konnte ich es wieder auf eins zu eins reduzieren. In den meisten Fällen erzielten die Studenten bessere Ergebnisse als jemals zuvor. Tatsächlich lernten meine Studenten in einem Kurs mit 1000 mehr als in einer Gruppe mit 20 Kommilitonen, weil sie sich gegenseitig eins zu eins unterrichteten.

Meine Kollegen und ich haben diese Methode auch in unseren Workshops angewendet, wo wir die Teilnehmer baten, sich gegenseitig zu unterrichten – und zwar darin, was sie gerade gelernt hatten. Diese kurze Übung gibt den Teilnehmern ein Gefühl dafür, wie schnell der Lernprozess ablaufen kann, und das macht sich in dem, was sie lernen und anwenden, deutlich bemerkbar. Wir lernen schlicht mehr, wenn wir wissen, dass wir es anderen weitervermitteln müssen.

Lernstoff bewusst rezipieren

Die meisten Menschen wissen nicht, wie sie das Wesentliche des Gelernten zusammenfassen und in eigene Worte fassen können. Dr. Gong empfahl dazu, sich Notizen zu fünf Stichwörtern zu machen:

Ziel: Versuchen Sie herauszufinden, worum es dem Lehrer oder Vortragenden in erster Linie geht. Selbst wenn der Inhalt nicht gut strukturiert ist oder ungeschickt vorgetragen wird, können Sie diese Strukturierung in Ihren Gedanken oder schriftlich nachholen, indem Sie fragen: »Welches Ziel verfolgt der Vortragende?«

Wesentliche Punkte: Wie lauten die wichtigsten Punkte oder Botschaften?

Validierung: Welche Belege oder Beispiele werden präsentiert? Wie hat der Vortragende selbst sich von der Richtigkeit seiner Aussagen überzeugt?

Anwendung: Wie lassen sich diese Aussagen auf das Leben anwenden?

Wert: Welchen Wert misst der Vortragende diesen Inhalten bei?

Vier Vorteile eines Lernens durch Weitervermittlung

Ich sehe in der Anwendung dieses Prinzips vier Vorteile.

Wir lernen besser, wenn wir das Gelernte unterrichten. Der wichtigste Grund, warum wir besser lernen, wenn wir zugleich unterrichten, ist unser verändertes Paradigma. Wenn wir uns als Lehrer begreifen, gehen wir an die Aufgabe des Lernens mit größerer Verantwortungsbereitschaft heran. Unsere Motivation, etwas zu lernen, ist größer, wenn wir wissen, dass wir dafür verantwortlich sind, es weiterzugeben. Wir begreifen uns dann nicht nur als Zuhörer und Lernende, sondern als Lehrer und Mentoren. Auf diese Weise werden wir viel bessere Schüler.

Wenn Sie etwas unterrichten, das Ihnen ein gutes Gefühl vermittelt, erhöht das die Wahrscheinlichkeit, dass Sie sich auch im Leben daran orientieren. Indem Sie etwas unterrichten, legen Sie ein Statement ab. Die Menschen, die Sie unterrichten, werden Sie beim Wort nehmen. Sie werden erwarten, dass Sie sich selbst an das halten, was Sie anderen erzählen. Der Vorgang des Unterrichtens schafft eine Art soziales Unterstützungssystem, eine soziale Erwartung oder einen impliziten sozialen Vertrag. Wenn Sie sich selbst an das halten, was Sie unterrichten, erhöhen Sie damit Ihre Glaubwürdigkeit – was wiederum Ihren Unterricht sehr viel inspirierender und motivierender macht.

Indem Sie unterrichten, was Sie lernen, verstärken Sie die emotionale Bindung in der Beziehung. Menschen, die von großen Lehrern beeinflusst wurden, empfinden häufig eine große Nähe zu ihnen. Bedenken Sie nur, wie viel Wertschätzung und Respekt sie ihren Lehrern entgegenbringen. Und schauen Sie, wie sehr es ein Lehrer zu schätzen weiß, wenn sein Schüler die Lerninhalte mit ganzer Aufmerksamkeit zur Kenntnis nimmt. So entsteht eine tiefe Beziehung, die die Menschen miteinander verbindet.

Indem Sie etwas, das Sie lernen, weitervermitteln, fördern Sie die Geschmeidigkeit Ihres eigenen Lern- und Wachstumsprozesses. Durch die Weitervermittlung wird Veränderung legitim, denn Sie sehen sich (und andere Sie) in einem neuen Licht, und wenn Sie anfangen, sich in einem neuen Licht zu sehen, wird sich Ihr Wachstumsprozess beschleunigen und intensivieren. Wenn Sie mir etwas weitervermitteln, das Sie selbst gerade erst gelernt oder erfahren haben, bin ich offener sowohl für die Botschaft als auch für deren Überbringer. Im Gegenzug könnte ich Ihnen sogar etwas weitergeben, was ich gelernt habe. So verändern und entwickeln wir uns beide.

Natürlich gibt es Zeiten, die sich zum Unterrichten eignen, und andere, in denen dies nicht der Fall ist. Es ist Zeit zum Unterrichten, wenn (1) der zu Unterrichtende sich nicht bedroht oder unter Druck gesetzt fühlt – der Versuch, jemandem Wissen zu vermitteln, der unter Druck steht, provoziert nur Unmut, sodass Sie gut daran tun, auf eine Situation zu warten oder eine solche zu schaffen, in der sich die andere Person sicherer und aufnahmebereiter fühlt; (2) Sie nicht wütend oder frustriert, sondern innerlich ruhig sind und dem anderen Gefühle der Zuneigung und des Respekts entgegenbringen; und (3) die andere Person Hilfe und Unterstützung gebrauchen kann. (Jemanden mit Erfolgsformeln zu traktieren, der gerade niedergeschlagen oder müde ist oder unter großem Druck steht, ist so, als würde man einem Ertrinkenden das Schwimmen beibringen wollen.)

Vergessen Sie nicht: Wir unterrichten in jedem Augenblick, weil wir unablässig ausstrahlen, wer und was wir sind.

Ein Lernen durch Weitervermittlung erschließt neue Leistungsebenen

Ich bin mittlerweile überzeugt, dass dieser Prozess des gleichzeitigen Lehrens und Lernens die alten verkrusteten Vorstellungen der Menschen voneinander aufbricht. Die neuen Vorstellungen, die dabei entstehen, erlauben es den Menschen, eine ganz andere Leistung zu zeigen.

Wir alle unterrichten in jedem Augenblick etwas, weil wir unablässig ausstrahlen, wer und was wir sind.

Wenn immer mehr Menschen einander helfen, die für sie bestimmten Rollen zu erfüllen, entsteht eine positive Kultur. Eine Lernorganisation ist nicht mehr und nicht weniger als eine Gruppe von Menschen, die sich gegenseitig dabei unterstützen, ihre Missionen, Rollen und Ziele zu verwirklichen.

Manche Menschen sehen für sich nicht die Notwendigkeit, das Gelernte weiterzuvermitteln, weil sie entweder die Vorstellung haben, dass sie ohnehin schon alles wissen, oder weil das Unterrichten ihnen fremd und unheimlich ist. Manche haben sogar eine regelrechte Furcht vor dem Unterrichten. Führungskräfte beispielsweise, die sich gern an das halten, was sie einmal gelernt haben, sehen im Unterrichten möglicherweise eine neue, nicht weit genug entwickelte Fähigkeit, mit der sie sich nicht abgeben wollen, um sich keine Blöße zu geben.

Andere zu unterrichten, ist jedoch eine gute Möglichkeit, den eigenen Einfluss zu erweitern. Unterrichten ist eine pro-aktive Verhaltensweise. Ich bin überzeugt, dass der Mensch von Natur aus dazu veranlagt ist, eigenständig zu handeln, anstatt lediglich den Vorgaben anderer Folge zu leisten. Indem wir uns pro-aktiv verhalten, haben wir nicht nur die Möglichkeit, selbst zu entscheiden, wie wir auf die Umstände reagieren wollen – wir erhalten sogar die Macht, die Umstände zu verändern oder neu zu erschaffen. In dem Maße, in dem wir uns dem Einfluss anderer Menschen öffnen (als potenzielle Schüler), haben wir selbst mehr Einfluss auf sie (als Lehrer). Indem wir andere (Studenten, Seminarteilnehmer) sinnvoll mit einbeziehen, vergrößern wir unseren eigenen Einfluss auf sie.

Ein Großteil des Geldes, das für Schulung und Entwicklung ausgegeben wird, ist reine Verschwendung, weil die Teilnehmer nur wenig von dem Gelernten mit nach Hause nehmen. Das meiste verflüchtigt sich über Nacht, weil nur wenige das Gelernte an ein breiteres Publikum weitervermitteln. Manche erwarten gar nicht mehr, dass Schulungsveranstaltungen ihnen mehr Wissen und Fähigkeiten bringen, unter anderem, weil sie wissen, dass sie niemals vor der Aufgabe stehen werden, dieses Wissen weiterzugeben.

Mein Versprechen an Sie lautet: Wenden Sie dieses simple Konzept des Lernens durch Weitervermittlung an, und es wird Ihnen eine große Rendite einbringen.

ANWENDUNG & EMPFEHLUNGEN

> Wann haben Sie zu Hause oder bei der Arbeit die Möglichkeit, anderen etwas beizubringen? Planen Sie für die nächste Woche ein, dass Sie ein Prinzip aus diesem Buch jemandem nahebringen. Tun Sie es. Wie lief es? Welchen Einfluss hatte es auf Ihr eigenes Verständnis von diesem Prinzip?

> Wie können Sie für sich mehr Möglichkeiten schaffen, Gelerntes an andere weiterzuvermitteln? Was wäre das Ergebnis, wenn Sie diese Prinzipien regelmäßig anderen beibrächten? Welchen Einfluss hätte das auf Ihre eigene Entschlossenheit, nach diesen Prinzipien zu leben?

18 Schlusswort: Vom Streben nach Weisheit

»Es zeugt nicht von Weisheit, sich seiner eigenen Weisheit zu sicher zu sein. Es ist gesund, sich daran zu erinnern, dass auch der Stärkste schwach werden und der Weiseste irren kann.«
GANDHI

Man hört und liest heute viel über die explosionsartige Vermehrung der Datenmengen, über Intelligenz und Wissen – aber wenig über Weisheit. Wo es der sekundären Größe um Selbsterhöhung geht, strebt die primäre Größe nach Weisheit.

Wir handeln nicht immer weise. Es gibt so viele Menschen, die schlicht gegen ihre eigenen Interessen arbeiten. Was ist der Grund für diese Fehleinschätzungen und diesen Mangel an Weisheit? Und wie kann in dieser Sache Abhilfe geschaffen werden? Ich will hier sechs Gründe und mögliche Korrekturen nennen.

Der Stolz der Selbstbezüglichkeit. Korrektur: Die Demut, sich wahren Prinzipien zu unterwerfen.
Wir wissen aus dem Studium der Menschheitsgeschichte, dass gut informierte und ausgebildete (intelligente) Menschen mitunter dazu neigen, sich für weise zu halten und den Rat anderer, die weiser und erfahrener sind, abzulehnen.

Warum? Ich denke, der Grund liegt darin, dass sie sich von ihrem wahren inneren Bewusstsein abwenden, und dieser Schritt hat unweigerlich Unausgewogenheit, Fehleinschätzungen, Verwirrung und Orientierungslosigkeit zur Folge – vermutlich wissen sie es nicht einmal selbst, bis es zu spät ist, besonders, wenn sie sich selbst der höchste Maßstab sind.

Wenn Sie stets Prinzipien den Vorrang vor Ihrem eigenen Urteil geben, wird dieser höhere Standard Ihnen ein Gefühl von Demut, Glück und Belehrbarkeit vermitteln, und Sie werden bereit sein, aus inneren und äußeren Quellen objektive Daten entgegenzunehmen.

Eine Sache, die ich in jenen Jahren gelernt habe, in denen ich die 7 Wege unterrichtete, ist, dass es nicht reicht, gelegentlich einmal ein Buch zu lesen, um sich diese Wege oder Gewohnheiten zu eigen zu machen. Die meisten Menschen benötigen mehrere Jahre konstanter Anstrengung, bis die 7 Wege zu ihrer zweiten Natur geworden sind. Taumel ist ein Zustand der Verwirrung und Desorientierung, in dem wir den Kontakt zu unseren körperlichen Sinnen verlieren. Unsere grundlegende Orts-, Bewegungs- und Spannungswahrnehmung ist dann gestört. Solange wir taumeln, helfen uns alle Daten der Welt nicht weiter, weil wir sie falsch interpretieren. Die Informationsflut verstärkt im Zweifelsfall nur den Taumel. Ich behaupte, dass jemand, der egoistisch ist und alles nur auf sich bezieht, an einer Art von Taumel leidet. Er schlittert haltlos abwärts, es sei denn, er bekommt einen festen Halt zu fassen, an dem er sich zurück in die objektive Realität ziehen kann. Darin sehe ich die Stärke eines prinzipienbasierten Lebens.

Der Irrsinn, sich nur auf Informationen zu verlassen. Korrektur: Die Verwandlung von Informationen in Weisheit und gerichtetes Handeln.
In meinem Leben wurde ich Zeuge der gut dokumentierten Evolution vom Industriezeitalter zum Informationszeitalter. Für mich besteht das Informationszeitalter jedoch aus vier Teilen. Den ersten bilden die Rohdaten oder Informationen. Informationen kosten heute einen astronomisch kleinen Bruchteil dessen, was sie 1946 kosteten, als die Computertechnologie ihren Anfang nahm. Heute haben praktisch alle Menschen Zugang zur selben Riesenmenge an Informationen. Informationen sind zu einer Massenware geworden. Den zweiten Teil des Informationszeitalters stellt das Wissen dar, in dem alle diese Informationen rund um Konzepte und Paradigmen strukturiert sind. Das dritte Viertel betrifft das Systemdenken, bei dem Informationsblöcke in Sinnzusammenhänge gestellt und zu einem Ganzen zusammengefügt werden. Und das letzte Viertel ist die Weisheit, die den Wissenserwerb bestimmten Zielen und Prinzipien unterstellt.

In jeder Organisation muss sich die Weisheit in sämtlichen Entscheidungen und Handlungen manifestieren. Das ist der Grund, warum die

Menschen sich heute Führungskräfte und Unternehmen wünschen, die eine klare Vision haben, mit klaren Rollen und Zielen, damit ihre Anstrengungen Sinn, Richtung und Wert erhalten.

Die durch eine Renaissance der Immoralität verursachte Verwirrung. Korrektur: Die aus der Renaissance der Moralität resultierende Klarheit.
Auf meinen vielen Reisen rund um die Welt ist mir aufgefallen, dass sich hier eine unethische Renaissance abspielt. Wir leben in einer Zeit, in der viele Menschen ihre ethische Haltung aufgeben. Sie erleben das Äquivalent eines ethischen Taumels. Ich habe dazu viele Beispiele, sowohl Individuen als auch ganze Organisationen, gesehen, die sich auf dem Weg zum wahren Nordpol wähnten, während sie in Wahrheit in die entgegengesetzte Richtung drifteten.

Aber ich bin ebenso überzeugt, dass sich zugleich eine ethische Renaissance ereignet – eine Rückkehr zu Prinzipien, die sich darin zeigt, dass Menschen die tieferen Fragen stellen: *Worum geht es letztlich in meinem Leben und in meinem Beruf? Was ist hier wirklich wichtig? Was ist mein wirklicher Wert?* Wenn Menschen diese Fragen stellen und sie beantworten, verstärken sie damit häufig ihre Verwurzelung in den Naturgesetzen und Prinzipien, die die Welt regieren.

Die Diskrepanz zwischen dem Wert, den die Mitarbeiter ihrer Leistung beimessen, und der Bewertung dieser Leistung durch das Management. Korrektur: Die Objektivität des Marktwerts.
Die subjektive und emotionale Einschätzung, was ein Mensch oder ein Produkt wert ist, weicht häufig von einer objektiven Marktbewertung ab. Ich denke, zu den schwierigsten Themen eines Managers gehören Situationen, in denen Beschäftigte eine stark abweichende Vorstellung von ihrem Wert und ihrem Beitrag haben, den sie für die Organisation leisten. Weil alle Seiten in der Regel überzeugt sind, im Recht zu sein, und diese Einschätzung mit moralischem Pathos vertreten, halte ich es für den besten Weg, die Klärung dieser Frage der Demokratie des Marktes zu überlassen und den Markt in die Welt dieser Beschäftigten einzuführen. Der Manager könnte im Prinzip sagen: »Okay, das ist Ihre Einschätzung Ihres Wertes, aber sehen Sie hier, wie der Markt Ihren Wert einschätzt.« Ich spreche nicht über Ihren finanziellen Nettowert, sondern über Ihren Gesamtbeitrag. Der Markt umfasst alle Personen, mit denen Sie beruflich zu tun haben; sie zusammen bilden Ihren Markt.

Wer solch ein objektives Markt-Feedback erhält, geht erst einmal in sich. Das erleben wir ständig. Mehr als 250 000 Personen haben an unserem 7 Habits Personal-Profile Survey teilgenommen, und für sie alle war es ein Lehrstück in Sachen Demut. Es kann aber auch sehr positiv sein, denn häufig liegen die Selbsteinschätzungen noch unter den Einschätzungen, die der Markt liefert. Der Bewertungsbericht enthält also gleichermaßen gute Nachrichten und Hinweise auf blinde Flecken.

Die Ignoranz und Apathie, die sich als Folge geschlossener Systeme ergeben. Korrektur: Systeme innerhalb der Grenzen des Vertrauens so offen wie möglich gestalten.

Der Ruf nach mehr Transparenz und offeneren Systemen mündet häufig in der Forderung, jeder sollte Zugang zu sämtlichen Daten haben. Meinem Gefühl nach sind Offenheit und Zugang jedoch abhängig vom Grad des Vertrauens. Je größer das Vertrauen, desto offener können Sie sein. Wenn das Vertrauen gering ausgeprägt ist und Sie sich zu sehr und zu rasch öffnen, verlieren die Beteiligten leicht die Orientierung. Und in dem Maße, wie sie Ihre Ziele und Absichten verkennen, unterstellen sie Ihnen möglicherweise die falschen Motive.

Die Kurzsichtigkeit, Qualität und Wettbewerbsstärke anhand lokaler Kriterien zu messen. Korrektur: Kriterien verwenden, die dem globalen Wettbewerb standhalten.

Das Geschäft lebt letztlich von Pragmatismus. Heute müssen Sie vier pragmatische Kriterien erfüllen, um überhaupt zum Wettkampf antreten zu können: Eines davon ist Qualität, ein anderes sind niedrige Kosten, aber Produzenten von günstiger Qualitätsware gibt es wie Sand am Meer. Die anderen beiden sind Tempo und Innovation. Will man alle vier Kriterien erfüllen, müssen alle Beteiligten bereitwillig und kreativ kooperieren, um Synergien zu erzeugen. Natürlich setzt Kooperation Vertrauen voraus, das nur auf einem Fundament der Vertrauenswürdigkeit entstehen kann.

Der Pfad zur Weisheit ist gepaart mit objektivem Leistungsfeedback. Wir begegnen selten Widerstand gegen die Prinzipien der 7 Wege, weil sie so offensichtlich sind. Entscheidend ist jedoch die Frage, ob diese Konzepte substanzielle Auswirkungen auf den Einzelnen und die Organisation haben. Wie wissen Sie, dass Sie auf dem Erfolgsweg sind? Wie sieht das Feedback aus, das Sie erhalten?

Finden Sie einen Wachstumspfad, bei dem Sie auf bekannten Stärken aufbauen und an bekannten Schwächen arbeiten. Das bedeutet, dass Sie einen verlässlichen Feedback-Prozess benötigen. Und lassen Sie sich nicht einschüchtern. Sobald Sie den Pfad einschlagen, werden Sie Schritt für Schritt erkennen, wo Ihre blinden Flecken liegen, und zunehmend in der Lage sein, Korrekturen vorzunehmen.

Vier Grundsätze der Weisheit

Die folgenden elementaren Grundsätze der Weisheit sollten Sie berücksichtigen.

Weisheit heißt zu wissen, dass nachhaltige, positive Veränderung von innen heraus beginnt. Die Veränderung eines Teams oder einer Familie setzt auf der persönlichen Ebene ein. Die Entwicklung und Veränderung einer Organisation bleibt illusorisch, solange die beteiligten Personen sich nicht entwickeln und verändern. Sie würde auch nichts bringen, denn der Markt fordert mehr Transparenz, mehr Ehrlichkeit und mehr Vertrauenswürdigkeit – kurz, die natürlichen Prinzipien primärer Größe.

Damit sich eine Organisation entwickeln und verändern kann, müssen sich Menschen entwickeln und verändern. Mir scheint jedoch, dass diese elementare Tatsache häufig ignoriert wird. Viel zu viele Menschen sind der Meinung, Veränderung sei etwas, das von außen kommt. Produktive Veränderung muss jedoch grundsätzlich von innen nach außen und nicht von außen nach innen erfolgen.

Weisheit setzt Charakter und Kompetenz voraus. Wenn wir übers Lernen und den Ausbau unserer Fähigkeiten und Kompetenzen sprechen, denken wir dabei häufig an technische Kompetenz und konzeptionelle Fähigkeiten. Nur selten meinen wir damit soziale Kompetenz oder Charakter. Wenn aber eine Person bedeutungsvolle und dauerhafte Veränderungen und signifikante Verbesserungen bewirken soll, muss sie zuerst in der Lage sein, Interdependenzen einzugehen, sich in andere einzufühlen und Synergien zu erzeugen. Sie muss mit offenen Karten spielen, charakterlich gereift sein und eine Überflussmentalität praktizieren. Warum? Weil unser Charakter ständig nach außen ausstrahlt und Botschaften aussendet. Und je nachdem, was andere aus dieser größtenteils nonverbalen Kommunikation herauslesen, werden sie uns vertrauen oder eben nicht.

Unsere Vertrauenswürdigkeit als Individuen und unsere Glaubwürdigkeit als Organisation hängen unmittelbar mit unserem Charakter, unserer Kompetenz und dem Grad unserer Weisheit zusammen, wie sie sich in unseren Urteilen, Entscheidungen und Handlungen manifestiert.

> Viel zu viele Menschen sind der Meinung, Veränderung sei das Produkt irgendeiner äußeren Kraft, die auf die inneren Bedingungen einwirkt. Veränderungen, die Produktivitäts- und Qualitätsverbesserungen bringen sollen, müssen jedoch grundsätzlich von innen nach außen und nicht von außen nach innen erfolgen.

Charakter setzt sich zusammen aus *Verlässlichkeit* – wie ernst wir unsere Versprechen nehmen –, *Reife* – dem Gleichgewicht zwischen Mut und Rücksicht – und *Überflussmentalität* – der Vorstellung, dass der Kuchen, den es unter uns Menschen zu verteilen gilt, unbegrenzt ist. Diese drei Charakterzüge sind nicht minder wichtig für das Herbeiführen der notwendigen Veränderungen als technische, konzeptionelle und soziale Kompetenz.

Zum Glück können wir alle uns verbessern und entwickeln. Das Zusammenspiel zwischen Charakter und Kompetenz kann uns entscheidend weiterbringen, sowohl, was unseren Charakter, als auch, was unsere Kompetenzen betrifft. Es besteht also kein Anlass, andere zu etikettieren und in Schubladen zu stecken oder anzunehmen, sie wären in diesen Bereichen nicht entwicklungsfähig. Wir können über technische und konzeptionelle Fähigkeiten hinaus Kompetenzen entwickeln. Wir können die Fähigkeit kultivieren, uns interdependente und systematische Gedanken zu Menschen, Prozessen, Technologien und den neuen Regeln und Realitäten des Marktes zu machen.

Mir gefällt, was die großartige Autorin und Lehrerin Marianne Williamson sagte:

»Es ist nicht die Angst, den Anforderungen nicht gewachsen zu sein, die uns am meisten umtreibt. Es ist die Angst, unermesslich viel Einfluss zu haben. Es ist unser Licht und nicht unsere Dunkelheit, wovor wir uns am meisten fürchten. Wir fragen uns: ›Wer bin ich, dass ich brillant, großartig oder talentiert sein könnte?‹ In Wahrheit aber sollte die Frage lauten: Wer sind Sie, dass Sie es nicht sind? … Indem Sie sich selbst kleiner machen, als Sie sind, tun Sie der Welt keinen Gefallen.

Es zeugt nicht von Erleuchtung, sein eigenes Licht unter den Scheffel zu stellen, um andere bloß nicht einzuschüchtern. Wir sind dazu da, unser Licht leuchten zu lassen. … Das gilt nicht nur für einige wenige unter uns, sondern für alle Menschen. Und indem wir unser eigenes Licht leuchten lassen, erlauben wir anderen, es uns gleichzutun. Indem wir uns von unserer Angst befreien, schenken wir automatisch mit unserer Gegenwart auch anderen Freiheit.«[12]

Die Furcht vor dem Vergleich führt lediglich dazu, dass unsere ungeheuren Qualitäten und Potenziale sich nicht entfalten können. Denken Sie darüber nach.

Weisheit manifestiert sich, wenn Charakter und Kompetenz überlappen. Menschen, die für ihre Weisheit bekannt sind, haben ein gutes und solides Urteilsvermögen. Ihr Wissen ist von Prinzipien durchdrungen, die unwandelbar sind. Weisheit oder ein weises Urteilsvermögen – wenn Charakter und Kompetenz aufeinandertreffen – ist eine entscheidende Komponente im Bemühen um Lebensqualität.

Warum ist das so? Im unternehmerischen Denken erleben wir so viele Trends und Moden. Da gab es Total Quality, dann Re-Engineering, später disruptive Innovation, und wer weiß, was als Nächstes kommt! Alle diese Trends haben ihre guten Seiten, aber echte Weisheit reicht über sie hinaus.

In meiner Vorstellung folgt jenseits davon das, was ihm zugrunde liegt. Rein technische oder konzeptionelle Problemlösungen sind zwar vielleicht notwendig, aber sie greifen regelmäßig zu kurz. Was häufig fehlt, ist die charakterliche Seite. Ohne Charakter ist Weisheit nicht zu haben, auch wenn es an Kompetenz nicht mangelt. Und ohne Weisheit lässt sich keine dauerhafte Institution gründen und aufrechterhalten, sei es eine Ehe, eine Familie, ein Team oder ein Unternehmen. Natürlich können Sie so etwas aufbauen, aber es wird nicht dauerhaft überleben. Rund 80 Prozent aller neu gegründeten Unternehmen scheitern im ersten Jahr; nur eines von zwölf überlebt die ersten zehn Jahre.

Es braucht mehr und mehr eine Art unkonventioneller Weisheit, um mit den falschen Dichotomien und wahren Dilemmata des Tages intelligent umzugehen. Ohne echte charakterbasierte und kompetenzgestützte Weisheit können wir den Launen des Marktes, den unterschiedlichen Meinungen, den harten Kompromissen und den zarten Beziehungen nicht gerecht werden.

Ich kann mich an keine andere Phase in der Geschichte erinnern, in der ein solcher Mangel an Weisheit herrschte wie heute, und das, obwohl wir uns mitten in der Wissensexplosion des Informationszeitalters befinden. Machen wir uns nichts vor: Je mehr sich Technologie ohne Weisheit entwickelt, desto schlechter ist es um die Welt bestellt. Aber Weisheit ist zugleich der wirkungsvollste Hebel von allen – eine weise Person kann passives Wissen in einen wundervollen Beitrag für die Welt verwandeln.

Weisheit ist mehr als Wissen und Informationen. In der Wissensökonomie des Informationszeitalters, in der Informationen immer leichter und zu immer niedrigeren Preisen erhältlich sind, reicht es nicht, über Wettbewerber, Kunden, Produkte und Prozesse unterrichtet zu sein. Gefragt ist eine Weisheit, die über das reine Wissen hinausgeht. Der große Philosoph Alfred North Whitehead sagte: »In gewissem Sinne nimmt das Wissen ab, wenn die Weisheit zunimmt und Details von Prinzipien geschluckt werden. Wichtige Detailinformationen werden spontan beschafft, wann immer sie benötigt werden, aber die Gewohnheit der aktiven Nutzung wohlverstandener Prinzipien ist das Privileg der Weisheit.«

Das Charakterwachstum resultiert am Ende daraus, dass wir unser Urteil mit korrekten Prinzipien in Einklang bringen. Das ist nicht nur ein intellektuelles Unterfangen. Wichtig ist vor allem, dass wir den Geist, den Willen und die Seele an dauerhaften Prinzipien ausrichten. So erreichen wir, dass der Schein mit dem Sein eins wird.

Sie mögen technisch und konzeptionell kompetent sein, sodass Sie das große Bild erkennen und sehen, wie alle Teile ineinander greifen, und doch sind Sie unfähig, produktiv mit anderen zusammenzuarbeiten, weil Ihnen bestimmte Charakterqualitäten fehlen. Nur wenn Sie über Charakter und Kompetenz verfügen, begleitet von einem weisen Urteilsvermögen, sind Sie in der Lage, Beziehungen aufzubauen, Kulturen mit einem hohen Maß an Vertrauen zu gründen und dauerhafte Institutionen zu schaffen, die den täglichen Turbulenzen des Marktes standhalten.

Ein abschließendes Wort

Menschen fragen mich, warum sie sich für primäre Größe interessieren sollten – oder für Größe überhaupt. Manche finden, dass sie bereits jetzt ein großartiges Leben führen, und sehen keine Veranlassung, es zu ändern. Und ich will ihnen das gar nicht nehmen.

Aber es gibt etwas in uns, das uns beständig auffordert, noch großartiger und besser zu werden, als wir ohnehin schon sind. Und wenn wir nicht auf diese Stimme hören, riskieren wir jeden Augenblick, der sekundären Größe anheimzufallen, wo uns die soziale Brille, durch die wir die Welt sehen, den Blick auf alles Übrige verstellt – oder schlimmer noch, wo wir auf einmal nur noch jene Kräfte wahrnehmen, die uns einschränken, und einer Paranoia verfallen, die überall nur Feinde sieht.

Im Gegensatz dazu mündet ein Leben voller primärer Größe in Weisheit – einer Perspektive, die Wert legt auf Prinzipien, ständiges Wachstum und eine integrierte Ganzheit. Es ist eine Perspektive, die der inneren Person den Frieden und Reichtum dieser Welt beschert. Es ist eine Perspektive, die uns Sicherheit gibt, weil die Prinzipien, an denen wir unser Leben ausrichten, fest, dauerhaft und unveränderlich sind.

ANWENDUNG & EMPFEHLUNGEN

> **Jemand, der egoistisch ist und alles nur auf sich bezieht, leidet an einer Art Taumel. Wenn das Ihr Zustand ist, was können Sie tun, um sich selbst nicht mehr so wichtig zu nehmen?**

> **Notieren Sie die Antworten auf diese Fragen in Ihrem persönlichen Tagebuch: Hat Sie die Beantwortung der Anwendungsfragen in diesem Buch stärker in den Naturgesetzen und Prinzipien der primären Größe verwurzelt? Haben Sie jetzt ein klareres Verständnis von den letzten Fragen: *Wofür lebe und arbeite ich? Was ist daran wirklich wichtig? Worin besteht mein wahrer Wert? Wie gut komme ich auf meinem Weg in Richtung primärer Größe voran?***

Letztes Interview mit Stephen R. Covey

In den 25 Jahren seit Erscheinen der 7 Wege zur Effektivität *hat sich der »Einflussbereich« Stephen R. Coveys auf den gesamten Globus ausgedehnt. Er beriet Könige und Präsidenten und machte Millionen Menschen über alle erdenklichen Kanäle mit den Prinzipien einer effektiven Lebensweise vertraut. Er wurde noch zu Lebzeiten zu einem der einflussreichsten Menschen der Welt und die* 7 Wege *zum wichtigsten Buch im Bereich der persönlichen Weiterentwicklung seit einem Jahrhundert.*

Covey hat nie aufgehört, die 7 Wege *zu lehren. Die radikalen Veränderungen, die der Lauf der Zeit mit sich brachte, veranlassten ihn dazu, sein Wissen noch weiter zu vertiefen und zusätzliche Erkenntnisse zu gewinnen, mit denen wir Sie im Folgenden in Auszügen vertraut machen wollen.*

Es handelt sich hierbei um eine Zusammenstellung von Antworten auf zentrale Lebensfragen, die Covey gegen Ende seines Lebens in diversen Interviews und Reden zu Protokoll gegeben hat. Wir haben uns nach bestem Wissen und Gewissen bemüht, seine letzten Gedanken mit seinen eigenen Worten wiederzugeben – gewissermaßen in Form eines »letzten Interviews«.

Was hat sich seit dem ersten Erscheinen der *7 Wege* verändert?

Der Prozess der Veränderung selbst hat sich verändert. Er ist schneller geworden, als wir es uns je hätten träumen lassen. Technologische Revolutionen scheinen sich mittlerweile im Stundenrhythmus zu vollziehen. Wir kämpfen mit ökonomischer Ungewissheit. Die globalen Machtverhältnisse wandeln sich dramatisch und über Nacht. Weite Teile der Welt sind vom Terror geplagt, psychologisch und buchstäblich.

Unser persönliches Leben verändert sich nicht minder radikal. Das Leben schreitet mittlerweile mit Lichtgeschwindigkeit voran. Wir sind rund um die Uhr mit unserer Arbeit verbunden, 24 Stunden am Tag und sieben Tage die Woche. Früher versuchten wir, mehr mit weniger zu erreichen; heute versuchen viele von uns, im Alleingang alles auf einmal zu schaffen.

Aber eines hat sich nicht geändert und wird sich niemals ändern – das Einzige, auf das wir uns wirklich verlassen können: Es existieren in der Tat zeitlose und universelle Prinzipien. Sie unterliegen keinem Wandel. Sie gelten an jedem Ort und zu jeder Zeit, solange die Welt besteht. Prinzipien wie Fairness, Ehrlichkeit, Achtung, Vision, Verantwortung und Initiative bestimmen unser Leben in derselben Weise, wie die Schwerkraft vorgibt, was passiert, wenn wir von einem Gebäude stürzen. Wer einen Schritt zu weit geht, fällt. Das ist ein Naturprinzip.

Und das ist der Grund, warum ich so optimistisch bin. Ich bin Optimist, weil ich an unveränderliche Prinzipien glaube. Ich weiß, dass sie für uns arbeiten werden, solange wir nach ihnen leben.

Anders als ein Stein, der in die Tiefe stürzt, wenn wir ihn von einem Gebäude fallen lassen, können wir selbst entscheiden, ob wir springen oder nicht. Wir sind keine geistlosen Wesen, die von unpersönlichen Kräften hin- und hergezogen werden. Als Menschen sind wir mit den Gaben des Bewusstseins, der Fantasie, der Selbsterkenntnis und des unabhängigen Willens gesegnet. Das sind wunderbare Dinge, die wir den Tieren voraushaben. Wir können Richtig von Falsch unterscheiden. Wir können uns außerhalb unserer selbst stellen und unser eigenes Verhalten bewerten. Wir können unsere Fantasie ausleben und die Zukunft nach unseren Wünschen gestalten, anstatt uns zum Gefangenen unseres Gedächtnisses und unserer Vergangenheit zu machen. Und je mehr wir diese Fähigkeiten trainieren, desto größer wird unser Gestaltungsspielraum. Wir selbst entscheiden darüber, ob die Prinzipien für oder gegen uns arbeiten. Diese Wahlfreiheit empfinde ich als etwas Wunderbares.

Um mit Veränderungen zu leben, benötigen wir Prinzipien, die keinem Wandel unterliegen.

Aber es gibt ein Problem. Viele von uns – und ich fürchte, es werden immer mehr – sind versucht, einen Bogen um die ehernen Prinzipien des Lebens zu machen. Wir wollen Liebe ohne Verpflichtung. Wir wollen Erfolg ohne Preis. Wir wollen schlanke Körper und den Kuchen dazu. Mit anderen Worten: Wir wollen etwas, das es nicht gibt – die Vorteile eines guten Charakters ohne denselbigen.

Deshalb habe ich *Die 7 Wege zur Effektivität* geschrieben. Ich bin überzeugt, dass unsere Kultur gegenwärtig dabei ist, sich aus ihrer Verankerung in diese Prinzipien zu lösen, und ich will auf die Konsequenzen aufmerksam machen – darauf, dass die Vernachlässigung dieser Prinzipien am Ende dazu führt, dass wir mit unserem Leben Schiffbruch erleiden. Umgekehrt verspreche ich Ihnen, dass Sie, solange Sie nach diesen Prinzipien leben, auf lange Sicht persönlich und beruflich erfolgreich sein werden.

Sind die 7 *Wege* immer noch relevant?

Ich bin davon überzeugt, dass die *7 Wege* heute relevanter sind als jemals zuvor.

Niemanden hat die Wirkung der *7 Wege* mehr überrascht, fasziniert und mit Ehrfurcht erfüllt als mich selbst. Ich staune immer noch darüber, wie sehr das Buch so viele Menschen in so vielen Ländern bewegt hat. Ich bin so dankbar dafür, dass so viele meiner Partner und Freunde es sich zur Aufgabe gemacht haben, die *7 Wege* zu leben und zu lehren.

Natürlich geht es mir wie jedem anderen auch und ich ringe täglich damit, die *7 Wege* in die Praxis umzusetzen. Es ist nicht einfach, aber es lohnt sich. Es tut mir gut, jeden Morgen aufzuwachen und mir Gedanken über meine Ziele im Leben zu machen und dann zu überlegen, welche kleinen Schritte ich unternehmen kann, um diesen Zielen näher zu kommen. Am schwierigsten stellt sich mir der 5. Weg dar: *Erst verstehen, dann verstanden werden.* Ich bin ständig bemüht, mehr Geduld an den Tag zu legen und besser zuzuhören, und ich denke, dass mir das in Teilen auch gelingt.

Und dennoch kann ich Ihnen versichern: Die Ausrichtung meines Lebens nach den *7 Wegen* ist eine lebenslange und immer wieder herausfordernde Aufgabe. Deshalb bin ich immer etwas besorgt, wenn Menschen berichten, sie hätten das Buch gelesen. Ich fürchte dann, dass sie in mir etwas sehen, das nicht zu dem passt, was ich geschrieben habe. Außerdem fürchte ich, dass die Leser meinen könnten, das Buch mache sie über Nacht zu effektiven Menschen. In Wahrheit ist ein Leben nach den *7 Wegen* etwas, um das wir uns ständig neu bemühen müssen – das ist eine Botschaft, von der ich hoffe, dass die Menschen sie ernst nehmen.

Es fasziniert mich zu sehen, dass immer mehr Menschen auf der ganzen Welt in den *7 Wegen* unterrichtet werden, und dass Tausende das Zertifikat erworben haben, um die *7 Wege* in ihren eigenen Institutionen weiterzuvermitteln. In mehr als 140 Ländern nehmen Menschen an Onlinekursen oder klassischen Seminaren zu den *7 Wegen* teil. Noch aufregender finde ich, dass auch Zehntausende von Schulkindern die *7 Wege* beigebracht bekommen. Mancherorts haben ganze Unternehmen, Regierungsbehörden, Universitäten und Schulsysteme die *7 Wege* als ihre Grundphilosophie übernommen und verzeichnen damit große Erfolge.

Warum haben die *7 Wege* weiterhin so großen Einfluss auf das Leben der Menschen? Ich denke, der Grund liegt darin, dass die *7 Wege* es den Menschen ermöglichen, das Beste in sich selbst zu entdecken und ihr Leben danach auszurichten. Besonders junge Menschen empfinden unmittelbar die Kraft der Prinzipien, die in den *7 Wegen* zum Ausdruck kommt, und in ihrem Innersten streben sie nach mehr als dem leichten Gang durchs Leben. Viele Menschen, die fürchten, sich in der Hyperaktivität der Welt zu verlieren, möchten ihr Schicksal wieder in die eigenen Hände nehmen.

Die *7 Wege* geben den Menschen ihr Leben zurück. Auf einmal haben die Menschen wieder die Kraft, selbst zu wählen. Sie entwickeln ein Gespür dafür, was ihnen im Leben wirklich wichtig ist. Sie bekommen ein Werkzeug in die Hand gelegt, mit dem sie ihre eigene Zukunft gestalten und steuern können.

Heute wird viel von Identitätsdiebstahl gesprochen. Der größte Identitätsdiebstahl liegt nicht dann vor, wenn Ihnen jemand Ihr Portemonnaie oder Ihre Kreditkarte entwendet. Zum größeren Diebstahl kommt es, wenn wir vergessen, wer wir wirklich sind, wenn wir zu glauben beginnen, dass unser Wert und unsere Identität eine Frage dessen seien, wie gut wir im Vergleich zu anderen sind, anstatt zu erkennen, dass jeder von uns ein unermessliches Potenzial in sich trägt, das jedem Vergleich widersteht. Diese Art von Diebstahl ist die Folge einer Kultur, in der die Menschen nicht bereit sind, den Preis für wahren Erfolg zu zahlen. In unseren Familien, unter Freunden und im Beruf stehen wir ständig im Dienst eines künstlichen Selbstbildes. Als der Mensch den Spiegel erfand, begann er, seine Seele zu verlieren. Sein Spiegelbild nahm ihn fortan mehr gefangen als die Suche nach seiner wahren Identität; er wurde ein Produkt des gesellschaftlichen Spiegels. Das Zentrum seiner Identität und seines Selbstwertgefühls verlagerte sich aus ihm heraus.

Die *7 Wege* führen Sie zu sich selbst zurück. Sie gemahnen Sie an Ihre wahre Natur. Sie erinnern Sie daran, dass Sie die Verantwortung für Ihr Leben tragen. Niemand kann Ihnen Ihre Entscheidungen abnehmen. Niemand kann Ihnen befehlen, etwas zu denken, zu tun oder zu fühlen, das Sie nicht selbst wollen. Die *7 Wege* erinnern Sie daran, dass Sie der Programmierer sind und das Programm Ihrer eigenen Zukunft selbst schreiben. Sie gemahnen uns daran, dass das Leben ein Mannschaftssport ist und dass die Verflechtung und das Zusammenwirken mit anderen eine höhere Daseinsstufe darstellt als die individuelle Unabhängigkeit.

Veränderung ist schwer. Wie kann ich mich verändern?

Ich empfehle Ihnen zwei Ansätze, um Veränderungen in Ihrem Leben zu bewirken. Der erste besteht darin, der eigenen inneren Stimme zu folgen. Ich spreche häufig davon, dass zwischen Reiz (was mit uns geschieht) und Reaktion (was wir daraus machen) ein Zwischenraum existiert, der uns Wahlfreiheit gewährt, und dass unsere Zukunft und unser Glück letztlich davon abhängen, wie wir diese Wahlfreiheit nutzen. In diesem Zwischenraum kommen die vier menschlichen Qualitäten Gewissen, Fantasie, Selbsterkenntnis und unabhängiger Wille zum Tragen. Von diesen vieren ist das Gewissen die dominante Kraft. Häufig, wenn wir mit unserem Leben nicht im Reinen sind, liegt das daran, dass wir gegen unser Gewissen verstoßen, und tief in unserem Inneren ist uns das auch bewusst. Wir können unser Gewissen sprechen lassen, indem wir uns Fragen stellen und anschließend innehalten, um die Antwort zu »hören«. Versuchen Sie beispielsweise, sich Folgendes zu fragen: Was muss ich in meinem beruflichen Leben als Wichtigstes verändern, um die größtmögliche positive Wirkung zu erzielen? Halten Sie inne, denken Sie nach und lauschen Sie tief in sich hinein. Vielleicht geht es Ihnen wie mir und Sie erkennen, was das Wichtigste ist, indem Sie auf Ihr Gewissen hören – jene innere Stimme der Weisheit, der Selbsterkenntnis und des gesunden Menschenverstands.

Eine andere gute Frage, die Sie sich stellen könnten, lautet: Um was bittet mich das Leben in diesem Augenblick? Halten Sie inne und denken Sie nach. Vielleicht spüren Sie, dass Sie sich zu sehr verzetteln in Ihrem Leben und Sie Ihre Zeit bewusster nutzen sollten. Oder Sie beschließen, dass Sie sich fortan besser ernähren und körperlich fit halten wollen, um nicht länger ständig müde zu sein. Oder Sie spüren, dass Sie für eine wichtige Beziehung zu jemandem mehr tun müssen. Was immer es ist – Sie werden merken, wie viel Kraft und Stärke es Ihnen gibt, wenn Sie das, was Ihr Gewissen Ihnen rät, auch wirklich umsetzen. Ohne tiefe Überzeugung werden Sie nicht die Kraft haben, Ihre Ziele zu realisieren, sobald der Weg dahin rau wird. Und Überzeugung gründet im Gewissen.

Wir alle führen drei unterschiedliche Leben: ein öffentliches, ein privates und ein inneres. Unser öffentliches Leben ist das, was andere zu sehen bekommen. Unser privates Leben ist das, was wir tun, wenn wir allein sind. Unser inneres Leben ist der Ort, den wir aufsuchen, wenn wir wirklich wissen wollen, was uns bewegt und antreibt. Ich empfehle Ihnen von Herzen, dieses innere Leben zu pflegen und zu entwickeln. Es ist der Ort, an dem uns unser Gewissen am meisten sagen kann, weil unsere Bereitschaft, auf seine Stimme zu hören, hier am größten ist.

Ein zweiter Veränderungsansatz besteht in der Veränderung unserer Rolle. Wie ich immer schon sagte, müssen Sie, wenn Sie Ihr Leben in kleinen Schritten verändern wollen, bei Ihrem Verhalten beginnen. Wenn Sie sich jedoch Veränderungen im größeren Stil wünschen, müssen Sie sich Ihre Paradigmen vorknöpfen und daran arbeiten, wie Sie die Welt sehen und interpretieren. Auf die Weise werden Sie möglicherweise eine neue Mutter oder ein neuer Großvater. Sie übernehmen eine neue gesellschaftliche Verantwortung. Plötzlich verändert sich Ihre Rolle; Sie betrachten die Welt mit anderen Augen und verhalten sich dementsprechend auch ganz anders.

Manchmal werden Rollenveränderungen von äußeren Ereignissen wie beispielsweise einer beruflichen Veränderung angestoßen. Ein andermal ist die veränderte Rolle lediglich Ausdruck einer veränderten Weltsicht oder einer neuen Art und Weise, eine Situation wahrzunehmen. Angenommen, Sie gelten im beruflichen Umfeld als kontrollbesessen und Sie wissen, dass Sie lernen müssen, Ihren Mitarbeitern mehr zuzutrauen und sie selbstständiger arbeiten zu lassen. Vielleicht können Sie ja Ihr eigenes Rollenverständnis verändern, indem Sie den »Aufseher« durch den »Ratgeber« ersetzen. Mit dieser mentalen Anpassung sollte es Ihnen gelingen, Ihren Mitarbeitern künftig mehr Entscheidungsbefugnisse zu übertragen und ihnen lediglich beratend zur Seite zu stehen, statt ständig das letzte Wort und die letzte

Entscheidung für sich zu beanspruchen und niemanden machen zu lassen.

Ich werde häufig gefragt, welcher der *7 Wege* in meinen Augen der wichtigste sei. Meine Antwort lautet: Der wichtigste Weg ist derjenige, den zu gehen Ihnen am schwersten fällt. Finden Sie mithilfe Ihres Gewissens und Ihrer Fähigkeit zur Selbsterkenntnis heraus, welchem Weg Sie möglicherweise mehr Aufmerksamkeit widmen sollten. Veränderungen gelingen häufig dann am besten, wenn Sie sich auf eine Sache oder einen Weg konzentrieren, sich bestimmte Dinge in Bezug auf diesen Weg vornehmen und dann auch wirklich durchführen. Schritt für Schritt steigern Sie so Ihre Disziplin und Ihr Selbstvertrauen.

Ich verstehe, wie sehr ich selbst von den *7 Wegen* profitieren kann, aber was ist, wenn mein Unternehmen sie nicht praktiziert?

Alles beginnt beim einzelnen Menschen, weil jede bedeutsame Veränderung von innen nach außen erfolgt. Nachdem Sie Ihren persönlichen Veränderungsprozess begonnen haben, werden Sie alsbald bemerken, dass sich in dem Maße, wie Sie Ihren Einfluss erweitern und mit Ihrer Aufrichtigkeit ein Beispiel setzen, auch Ihr Umfeld verändert. Nur wer erfolgreich begonnen hat, an sich selbst zu arbeiten, kann daran denken, auch sein Unternehmen zu verändern.

Mein größtes Interesse gilt der Umsetzung der *7 Wege* in unserer Kultur im Ganzen, um uns in die Lage zu versetzen, die Denkweisen des Industriezeitalters mit seinen Befehls- und Kontrollstrukturen Schritt für Schritt hinter uns zu lassen.

Das Industriezeitalter prägt uns mental noch immer. Es behandelt Menschen wie Dinge, die sich von außen steuern lassen. Dieser Denkweise zufolge sind Menschen austauschbar; dabei wissen wir im Grunde längst, dass jeder Mensch bestimmte Gaben mitbringt und einen Beitrag leisten kann, zu dem kein anderer Mensch in der Lage ist. In den Unternehmensbilanzen tauchen die Menschen als Kostenfaktor statt als wertvollstes Guthaben auf. Noch der wohlmeinendste Autokrat bleibt ein Autokrat. Das ist die verbreitetste Schwachstelle heutiger Unternehmen und Institutionen.

Die *7 Wege* können all das verändern. Eine *7-Wege*-Kultur verleiht jedem Beteiligten ein Höchstmaß an Eigenständigkeit und Eigenverantwortung. In einer solchen Kultur ist jeder Mensch unermesslich wertvoll. Arbeitsteams werden so zusammengestellt, dass die Stärken eines jeden Beteiligten maximal zur Geltung kommen und Schwächen nicht ins Gewicht fallen. Wie in einem Chor, in dem der Alt nicht versucht, die Rolle des Soprans oder des Tenors zu übernehmen. Alle werden gebraucht. Entscheidend ist, eine Atmosphäre zu schaffen, in der jeder seine eigene Stimme findet, auf dass er seinen bestmöglichen Beitrag zum Wohle der Menschheit leisten kann.

Ich registriere mit großer Demut, welche Veränderungen die *7 Wege* in Teams und Institutionen auf der ganzen Welt bewirkt haben.

So wurden die *7 Wege* beispielsweise zum Credo eines großen mexikanischen Bergbauunternehmens. Jedermann – vom CEO bis zum einfachen Bergmann – wurde in den *7 Wegen* trainiert. Jeder Mitarbeiter wurde wertgeschätzt. Die Produktivität schoss in die Höhe, während die Unfallzahlen sprunghaft zurückgingen, seitdem jeder eine Mitverantwortung für die Ergebnisse trägt. Auf einmal riefen Ehepartner im Unternehmen an, um zu fragen: »Was haben Sie mit meinem Ehemann oder mit meiner Ehefrau gemacht? Er oder sie ist wie ausgewechselt!« Mittlerweile werden ganze Familien in den *7 Wegen* unterrichtet.

Ich habe gelernt, dass es für ein großartiges Unternehmen mehr braucht als großartige Individuen. Ein Unternehmen muss auch als Unternehmen nach den *7 Wegen* leben. Das heißt, es muss Initiative zeigen, eine kristallklare Vorstellung von seinen Zielen und seiner Strategie entwickeln, ständig auf seine Prioritäten bedacht sein, den Gewinn / Gewinn-Gedanken auf alle Beteiligten übertragen und sich mit Blick auf die Zukunft synergetisch erneuern. Ein Denken auf der Grundlage der *7 Wege* ist für jede Institution erfolgsentscheidend. Die Schaffung einer *7-Wege*-Kultur ist nicht allein Aufgabe des CEO – jeder muss sich daran beteiligen. In einer solchen Kultur wird jeder zur Führungskraft.

Mittlerweile ist es mir ein leidenschaftliches Anliegen geworden, die Kultur jedweder Institution um prinzipienbasierte Führungsstrukturen zu bereichern. Solche Führungsstrukturen betreffen jeden, nicht nur den CEO. Jede echte Führung basiert auf moralischer, nicht auf formeller Autorität. Gandhi hatte niemals eine formelle Position inne. Aung San Suu Kyi und Nelson Mandela bezogen ihre moralische Autorität aus den Jahren, die sie als politische Häftlinge im Gefängnis verbracht hatten.

Mein Leben lang war ich Lehrer. Ich habe niemals eine mit großer

Verantwortung verbundene Position bekleidet, aber ich sah mich dennoch in der Pflicht, meine Mission zu erfüllen. Jeder, der die *7 Wege* ernst nimmt, wird zur Führungskraft.

Sie haben den Menschen stets beigebracht, sich darüber Gedanken zu machen, wie dereinst ihre Hinterlassenschaft aussehen wird. Was wird von Ihnen bleiben?

Persönlich hoffe ich, dass ich meine wichtigsten Spuren in meiner Familie hinterlasse, in ihrem Glück und in der Qualität ihres Lebens. Nichts bereitet mir mehr Freude und Zufriedenheit als meine Familie. Sie ist mir das Allerwichtigste. Ich stimme der Beobachtung zu, die ein weiser Mensch einmal so formulierte: »Kein anderer Erfolg kann uns für häusliches Versagen entschädigen.« Was Sie zu Hause leisten, ist das Größte, was Sie jemals vollbringen. Die Familie ist von vorrangiger Bedeutung; ihr gebührt mehr Zeit und Aufmerksamkeit, als wir ihr traditionell einräumen. Die Menschen sind bereit, im Beruf während Hunderter Stunden an den Details irgendeiner Strategie zu feilen, nur um dann mit jeder Stunde zu knausern, die sie mit ihrer Familie verbringen.

Im Übrigen glaube ich nicht an die Zweiteilung, wonach Erfolg in der Familie nur um den Preis eines geringeren beruflichen Erfolgs zu haben ist. Es handelt sich hier keineswegs um ein Entweder-oder. Mit sorgfältiger Planung lässt sich beides miteinander verbinden. Erfolg im einen Bereich macht sogar Erfolg im anderen wahrscheinlicher. Es ist niemals zu spät, einen neuen Anfang mit der Familie zu unternehmen, falls Sie sie in der Vergangenheit vernachlässigt haben.

Wenn ich gefragt werde, wofür ich in beruflicher Hinsicht den Menschen in Erinnerung bleiben möchte, ist meine Antwort einfach: für meine Arbeit mit Kindern. Ich glaube, dass jedes Kind eine Führungskraft ist und als eine solche betrachtet werden sollte.

Wir sollten Kinder nicht nach ihrem Verhalten beurteilen. Wir sollten vielmehr die Führungskraft in ihnen erkennen und fördern. Führung bedeutet, den Wert und das Potenzial der Menschen so klar zu sehen und herauszustreichen, dass diese selbst beginnen, daran zu glauben.

Wir können eine Generation von Führungskräften heranziehen, indem wir die Kinder lehren, den eigenen Wert zu erkennen, auf die eigene Stimme zu hören und ihr unvergleichliches Potenzial zur Entfaltung zu bringen.

Es stimmt mich so froh, wenn ich sehe, wie Tausende Schulen in aller Welt ihren Kindern mittlerweile die *7 Wege* nahebringen und sie erfahren lassen, wer sie wirklich sind und wozu sie fähig sind. Wir lehren sie Aufrichtigkeit, Einfallsreichtum, Selbstdisziplin und Gewinn/Gewinn-Denken. Wir bringen ihnen bei, wie sie Menschen, die anders sind als sie, mit Vertrauen und Zuversicht begegnen, und wir zeigen ihnen, wie sie ihre »Säge schärfen«, auf dass sie niemals aufhören zu wachsen, sich zu verbessern und zu lernen.

All dies geschieht im Rahmen des *The-Leader-in-Me*-Programms, das Tausende Schulen in aller Welt in ihren Unterrichtsplan aufgenommen haben. In diesen Schulen lernen die Kinder, dass jeder Mensch eine Führungskraft ist. Sie erfahren den Unterschied zwischen primärem Erfolg, der aus echten und aufrichtigen Errungenschaften resultiert, und sekundärem Erfolg – weltlicher Anerkennung – und lernen, dem primären Erfolg den Vorzug zu geben. Sie lernen das wunderbare Geschenk der persönlichen Wahlfreiheit kennen, damit sie sich nicht mit der Rolle des Opfers oder des Zahnrads in der Maschine zufriedengeben.

Stellen Sie sich eine Zukunft vor, in der die Kinder im engen Bezug zu diesen Prinzipien aufwachsen, statt in eine Opferrolle und in Abhängigkeit, Misstrauen und Defensivität zu verfallen – als mündige und eigenverantwortliche Bürger, die ihre Verpflichtungen ihren Mitmenschen gegenüber ernst nehmen. Eine solche Zukunft ist möglich.

Das ist es, wofür ich in Erinnerung bleiben möchte.

Was erwarten Sie sich von der Zukunft für Ihr Werk?

Im meinem tiefsten Herzen bin ich Lehrer. Nach Beendigung meiner formalen Ausbildung wurde ich Professor, ein Job, der mir sehr gefällt. Als ich begann, meine eigene Mission zu entdecken, wurde mir zugleich klar, dass die Vorstellung von der prinzipiengeleiteten Führung, wie ich sie in den *7 Wegen* und in anderen Arbeiten beschrieben habe, etwas war, das weit größer war als ich selbst. Ich wusste, dass ich eine Institution gründen musste, die diese Botschaft weitertragen würde, wenn ich vermeiden wollte, dass ihre Bedeutung und Relevanz abnähme, sobald ich nicht mehr wäre.

Ich beschloss also, ein Unternehmen zu gründen, eine Institution, deren Aufgabe es wäre, die prinzipiengeleitete Führung in der ganzen Welt zu verbreiten. Ich begann mit dem Covey Leadership Center, das später mit FranklinQuest zu FranklinCovey fusionierte. Ziel des Unternehmens ist es, Menschen, Institutionen und Gesellschaften zu befähigen, mittels prinzipiengeleiteter Führung Größe zu entwickeln. Heute sind wir in mehr als 140 Ländern weltweit aktiv. Ich bin stolz auf unsere Mission, unsere Vision, unsere Werte und alles, was diese Institution geleistet hat. Sie tut genau das, was ich mir von ihr erhofft habe. Und was vielleicht noch wichtiger ist: FranklinCovey hängt in keiner Weise von mir ab und wird noch lange weiterbestehen, wenn es mich nicht mehr geben wird.

Sie haben als Ihre wichtigste Botschaft bezeichnet, dass »das Leben im Crescendo stattfindet«. Was bedeutet das?

Es bedeutet, dass der wichtigste Teil unseres Wirkens stets noch vor uns liegt. Er liegt niemals hinter uns. Wir sollten stets versuchen, den Einsatz für unser Lebensprojekt noch weiter zu steigern und zu vertiefen. Rückzug in den Ruhestand ist das falsche Konzept. Möglicherweise geben wir einen Job auf; nichts aber kann uns veranlassen, unser zentrales Lebensprojekt aufzugeben oder uns von der Vorstellung zu verabschieden, in Zukunft Wichtiges zur Menschheit beizutragen.

»Crescendo« ist ein Begriff aus der Musik. Er besagt, dass wir Musik mit immer mehr Energie und Volumen spielen, mit Kraft und Zielstrebigkeit. Das Gegenteil ist das »Diminuendo«, was so viel heißt wie »Verringerung der Lautstärke«, Reduzierung, Rückzug in den sicheren Bereich, zunehmende Passivität, hin zum bloßen Dahinfristen des Lebens.

Leben Sie also ein Leben im Crescendo. Die Einstellung ist entscheidend. Unabhängig davon, was Sie bislang erreicht oder nicht erreicht haben, können Sie noch Wesentliches beitragen. Widerstehen Sie der Versuchung, in den Rückspiegel zu schauen und bei dem zu verweilen, was war. Schauen Sie stattdessen optimistisch nach vorn. Ich freue mich auf mein nächstes Buch *Life in Crescendo*, das ich gegenwärtig zusammen mit meiner Tochter Cynthia schreibe.

Ganz gleich, wie alt Sie sind und welche Position im Leben Sie gerade einnehmen – wenn Sie nach den *7 Wegen* leben, werden Sie nie aufhören, sich einzubringen. Sie werden stets nach Höherem und Besserem streben – nach der nächsten Herausforderung, nach einem tieferen Verständnis, nach einer feurigeren Romanze, nach innigerer Liebe. Vergangene Erfolge erfüllen Sie möglicherweise mit Zufriedenheit, aber Ihre nächste Aufgabe wartet bereits am Horizont. Da gilt es vielleicht, eine Beziehung zu pflegen, einer Gemeinschaft zu dienen, eine Familie zu stärken, ein Problem zu lösen, Wissen zu erwerben oder ein großes Werk zu schaffen.

Eine meiner Töchter fragte mich einst, ob *Die 7 Wege zur Effektivität* den Höhepunkt meines Wirkens darstellten. Ich glaube, meine Antwort hat sie überrascht: Ich will nicht unbescheiden klingen, aber ich bin überzeugt davon, dass meine beste Arbeit noch vor mir liegt.

Stephen R. Covey ist am 16. Juli 2012 im Alter von 79 Jahren gestorben. Auf seinem Schreibtisch lagen damals rund zehn verschiedene in Arbeit befindliche Schreibprojekte. Er hat sich zu keinem Zeitpunkt im traditionellen Sinne in den Ruhestand verabschiedet, sondern lebte bis zum Schluss »im Crescendo«. Während der Einfluss seines Denkens sich immer rascher rund um den Globus ausdehnt und allerorten das Leben von Schulkindern, Managern und anderen Menschen grundlegend verändert, sind wir überzeugt, dass seine besten Werke immer noch vor ihm liegen.

Anmerkungen

1. http://usatoday30.usatoday.com/news/nation/story/2012-04-07/titanic-rearrange-deck-chairs/54084648/1.
2. Walter Lord, *A Night to Remember*, Holt Paperbacks, 2004, S. 36 (dt.: *Die letzte Nacht der Titanic – Augenzeugen erzählen*, Fischer Taschenbuch Verlag, 2012).
3. Stephen R. Covey, *The 7 Habits of Highly Effective People*, Simon & Schuster, 2013, S. 22 (dt.: *Die 7 Wege zur Effektivität – Prinzipien für persönlichen und beruflichen Erfolg*, 29., erw. und überarb. Neuaufl., GABAL, 2014).
4. Jessica Lahey, »The Benefits of Character Education«, *The Atlantic*, 6. Mai 2013, http://www.theatlantic.com/national/archive/2013/05/the-benefits-of-character-education/275585/.
5. Paul Tough, *How Children Succeed*, Houghton Mifflin Harcourt, 2013, S. xix (dt.: *Die Chancen unserer Kinder – warum Charakter wichtiger ist als Intelligenz*, Klett-Cotta, 2013).
6. Siehe N. E. Ruedy, F. Gino, C. Moore, M. E. Schweitzer, »The Cheater's High – The Unexpected Affective Benefits of Unethical Behavior«, *Journal of Personality and Social Psychology*, 2013, Bd. 105, Nr. 4, S. 531–548.
7. Christopher Peterson, Martin Seligman, *Character Strengths and Virtues – A Handbook and Classification*, Oxford University Press, 2004, S. 5.
8. *The 7 Habits*, S. 43.
9. Charles E. Hummel, *The Tyranny of the Urgent*, IVP Books, 1994, S. 6.
10. Benjamin Franklin, *Autobiography*, Houghton-Mifflin, 1896, S. 113 (dt.: *Autobiographie*, Beck, 2010).

11. Albert E. N. Gray, »The Common Denominator of Success«, http://www.kordellnorton.com/Nort%20Notes/Nort%20 Notes%20-%20Common_Denominator%20by%20Gray.htm.
12. Marianne Williamson, *A Return to Love – Reflections on the Principles of »A Course in Miracles«*, HarperOne, 1996, S. 190 (dt.: *Rückkehr zur Liebe – Harmonie, Lebenssinn und Glück durch »Ein Kurs in Wundern«*, Goldmann Verlag, 2016).

Über den Autor

Stephen R. Covey, weltweit anerkannter Experte für Führungsfragen und Familien, Lehrer, Unternehmensberater und Autor, sah seine Lebensaufgabe in der Verbreitung des prinzipienzentrierten Lebens und Führens für den Aufbau von Familien und Unternehmen. Er studierte an der Harvard University Betriebswirtschaft und promovierte an der Brigham Young University, wo er als Professor für das Verhalten von Organisationen und Betriebsführung lehrte und auch für die Beziehungen zu anderen Universitäten zuständig und Assistent des Rektors war.

Dr. Covey hat mehrere erfolgreiche Bücher verfasst, darunter den internationalen Bestseller *Die 7 Wege zur Effektivität*, der zum einflussreichsten Wirtschaftsbuch des 20. Jahrhunderts ernannt wurde und als eines der zehn einflussreichsten Managementbücher aller Zeiten gilt. Es wurde in 38 Sprachen übersetzt und weltweit über 20 Millionen Mal verkauft. Auch *Der Weg zum Wesentlichen*, *Die effektive Führungspersönlichkeit* und *The 7 Habits of Highly Effective Families* sind Bestseller. Insgesamt wurden über 25 Millionen Exemplare seiner Bücher verkauft.

Der neunfache Vater und 43-fache Großvater erhielt 2003 den Vaterpreis der National Fatherhood Initiative, den er selbst als bedeutsamste seiner zahlreichen Auszeichnungen betrachtete. Außerdem bekam er für seinen unermüdlichen Dienst an der Menschheit die Thomas-More-College-Medaille, 1999 die Auszeichnung als Sprecher des Jahres, 1998 den Internationalen Friedenspreis der Sikhs, 1994 den Preis für den internationalen Unternehmer des Jahres und einen Preis für sein unternehmerisches Lebenswerk. Das *Time Magazine* zählt ihn zu den 25 einflussreichsten US-Amerikanern; er hat sieben Ehrendoktortitel erhalten.

Dr. Covey war Mitbegründer und Vice Chairman der FranklinCovey Company, des in 150 Ländern vertretenen führenden globalen Management-, Trainings- und Consulting-Instituts. Alle lokalen Vertretungen teilen seine Vision, Disziplin und Leidenschaft, zu inspirieren und Tools zu entwickeln für die Veränderung und das Wachstum von Einzelnen und Organisationen auf der ganzen Welt.

Über FranklinCovey im deutschsprachigen Raum

FranklinCovey ist weltweit führend, wenn es darum geht, Unternehmen zu Ergebnissen zu verhelfen, die auf der Veränderung menschlicher Verhaltensweisen basieren, häufig eine der schwierigsten Herausforderungen für Unternehmen.

Gemäß unserer Mission: „We enable greatness in people and organisations everywhere" ist es unser höchstes Ziel, durch effektive Führng Individuen, Teams und Organisationen zu befähigen, nicht nur geringfügige Verbesserungen, sondern Quantensprünge in ihrer Zielerreichung zu erleben.

Wir unterstützen Unternehmen in Deutschland, Österreich und in der Schweiz bei der Implementierung von Strategien, stärken Mitarbeiterengagement und -loyalität, verbessern Ergebnisse auf operativer Ebene und erhöhen Kundenbindung sowie Verkaufserfolg.

FranklinCovey Germany GmbH
Friedenheimer Brücke 20
80639 München
Deutschland

Tel.: +49 (0) 89 45 21 48 – 0
www.franklincovey.de
info@franklincovey.de

FranklinCovey Switzerland GmbH
General-Guisan-Strasse 6
6303 Zug
Schweiz

Tel.: +41 (0) 41 711 37 30
www.franklincovey.ch
info@franklincovey.ch

FranklinCovey Austria GmbH
Kärntner Ring 5-7
1010 Wien
Österreich

Tel.: +43 (0) 1 320 16 22
www.franklincovey.at
info@franklincovey.at

Unsere Berater und Trainer sind für Sie landesweit vor Ort erreichbar.

LESEPROBE AUS

DIE 3. ALTERNATIVE

VON STEPHEN R. COVEY

DER BAHNBRECHENDE WEG,
UM KONFLIKTE UND PROBLEME ZU LÖSEN!

DIE 3. ALTERNATIVE IN DER PRAXIS

Ob Ärzte, Polizisten, Angestellte, Unternehmer, Verkäufer, Künstler, Lehrer oder Eltern: In diesem Buch werden Sie viele Menschen kennenlernen, die beschlossen haben, sich mit nichts weniger als der 3. Alternative zufriedenzugeben. Sie werden sehen, wie viele von ihnen sich von scheinbar hoffnungslosen Konflikten nicht beirren ließen. Stattdessen haben sie auf die 3. Alternative gesetzt und Lösungen entwickelt, von denen sie zuvor nicht einmal zu träumen gewagt hatten.

NUTZEN SIE DIE KRAFT DER 3. ALTERNATIVE

Jedes der Beispiele aus diesem Buch ist eine Einladung an Sie, die Kraft der 3. Alternative zu nutzen. Denn: Die Suche nach der 3. Alternative ist Ihre größte Chance, Ihr Denken von Grund auf zu verändern, das allgegenwärtige Konkurrenzdenken hinter sich zu lassen, aufreibende Konflikte zu vermeiden und ein völlig neues Leben zu führen.

PROBIEREN SIE ES AUS!

Auf der folgenden Seite finden Sie unser Praxis-Tool »4 Schritte zur Synergie« und eine kleine »Gebrauchsanweisung« dazu. Nutzen Sie das Praxis-Tool, um eine 3. Alternative für ein aktuelles Problem oder einen akuten Konflikt in Ihrem Leben zu entwickeln.

Das KOMPLETTE PRAXISTOOL mit allen Schritten finden Sie im Buch. Hier haben wir eine stark verkürzte und vereinfachte Zusammenfassung für Sie!

www.stephen-covey.de

Index